黄明哲　著

黄明哲正解《道德经》

中华书局

图书在版编目（CIP）数据

黄明哲正解《道德经》/黄明哲著. —北京:中华书局,2020.1
（2025.4 重印）
ISBN 978-7-101-14287-7

Ⅰ.黄… Ⅱ.黄… Ⅲ.①道家②《道德经》-研究
Ⅳ.B223.15

中国版本图书馆 CIP 数据核字（2019）第 266143 号

书 名	黄明哲正解《道德经》
著 者	黄明哲
责任编辑	李若彬
装帧设计	毛 淳
责任印制	陈丽娜
出版发行	中华书局
	（北京市丰台区太平桥西里 38 号 100073）
	http://www.zhbc.com.cn
	E-mail:zhbc@zhbc.com.cn
印 刷	大厂回族自治县彩虹印刷有限公司
版 次	2020 年 1 月第 1 版
	2025 年 4 月第 5 次印刷
规 格	开本/880×1230 毫米 1/32
	印张 14 插页 2 字数 260 千字
印 数	29001-32000 册
国际书号	ISBN 978-7-101-14287-7
定 价	48.00 元

目　录

绪论

读《道德经》，要有元典意识

一个文明，能够在漫漫历史长河中生存演化，绵延不绝，必定具备某种普遍意义上的文化基因与底层代码，总结这种基因和代码的，可以叫做元典。元典不事说教，也不提供心理药剂，它阐述的是一个文明得以奠基、演化的基本逻辑。

元典是根，它的问题域往往是所有文明所共同面对的——安身立命、道路选择、社会建构、制度变革、可持续发展……这世间没有通行的方案，却有共通的问题。不同的文明，发展的路径不同，社会制度与文化不同，但在基本的问题域上，人同此心，中西方文明也是相通的。

对这些大问题的回答，确立了一个文明基本的世界观与思维方式，思维方式带来人生观与价值观，并影响着决策方式与行为方式。

根基既立，文化开枝散叶，演化出方方面面的果，其中丰硕者，成为经典。

我们不妨举出以下三种元典来稍作说明：《易经》《黄帝内经》与《道德经》。

《易经》是商周时期统治阶层通用的决策工具书，其思想大约在东周时期集大成。本质上，《易经》是一个决策学体系，一个专家系统，与其说它是在预测准确答案，倒不如说是在做形势分析和决策咨询。当然，这种形势分析是通过"天人合一"的类比而来。

路径选择、趋吉避凶是人人都关心的问题，然而思路如果锁定在吉凶上，却未必能带来正确的决策。世间的变化绵绵不绝，如果总是于一时一事求吉，贪图容易，苟且偷安，很可能会带来长期的道路性错误。因此，价值观才是决策学的起点，价值决定着道路的选择。这正是《易经》的高明之处，它的基础，是一套富有哲学意义的价值体系。

决策是一门大学问，而预见高于预测。越是大的平台，越需要有预见性。一个国家，是抓住机会繁荣爆发 30 年好，还是平平淡淡 60 年更好？两国间关系紧张了，是开战好，还是妥协好？这些其实不可预测，但的确需要战略规划，这个时候，就考验一个民族，有没有完备的价值体系与全局性的战略智慧。

回归人生的角度，财富和地位是必要的基础，否则，连做决策的一席之地都没有。然而，有了一席之地，选择面宽了，却未必能选好未来的道路。很多时候，在大的关口，征兆反而是模糊的。读哈佛好，还是抓住风口创业好？似乎各有利弊，没有可以权衡的标准。这些关口，如果没有坚定的价值立场，就只好随大流图安稳，选来选去，不得其要，百年光阴虚度。

《黄帝内经》的本质是身心系统论，它可能是人类文明史上第一部深入探讨该领域的著作。与《黄帝内经》相似的，在人类文明早期，大概只有原始佛教有一些类似的学说。

在《黄帝内经》看来，七情五志都由五脏所化生，五脏之间、情志之间、五脏与情志之间相互影响，相互制约，构成了一个相依相生的身心系统。例如，陷入了苦恋的人，梳理胃经可以疏解心灵的纠结，反过来，如果能调整好心情，当然也会对肠胃功能有利。所谓医疗，其实是对身心系统的纠偏。

一定要把《黄帝内经》的理论与西方医学做对比的话，那么，西方医学还原论的色彩是比较浓的，它致力于找到确切的致病因子——细菌或是病毒，一旦确定，则想办法杀灭之。而从《黄帝内经》来看，不管是什么原因把身心系统搞乱了，都可以通过系统纠偏来进行治疗。因此，西方医学是分析与还原的路线，而《黄帝内经》则是系统与治理的思路，两种思路并无不共戴天之仇，完全可以彼此促进、相辅相成。

如果说《易经》是最早的价值视角与决策学，《黄帝内经》是最早的系统视角与身心整体医学，那么《道德经》就是这一切得以贯通的哲学源头。它总结了中华文明最基本的世界观与思维方式，以及建立在此基础之上的修身、治世之学。

简明地说，中华文明最基本的世界观，是一种大道生万物、万物各自演化又共生互补的大生态观；最基本的思维方式，是天人合一，人道学习天道的生态演化思路。天道是可持续的，学习天道，目的不是泯灭人性，而是追求人生与社会的可持续。顺理成章下来，所谓治世，就是为了实现可持续，而对整个社会生态进行动态治理，不断变革，寻找系统性出路的学说。

《道德经》推崇"无为"。无为，主张统治者对自然法则抱有敬畏，尊重社会生态的自组织功能。为什么要尊重社会生态的自组织？为什么不能搞愚民政策？因为那样效率太低。任何组织要从0到1、从小做大，都要解决"以弱御强"和"以少御多"的问题。如果统治层的精力都用在控制人、愚弄人上，这就相当于与整个社会斗智斗勇，无谓消耗宝贵资源。这样的思路，就算一时做大，也不可持续。

一些国外学者分析明朝的衰亡，认为有两个重要的因素。其一，明朝政府官方发行纸币大明宝钞，但缺乏必要的金融知识，导致世家和民间双重反对。其二，明朝中后期的资本主义经济过于发达，以至于发达地带放弃农业，粮食全靠外运；到了大饥荒的时候，粮食无法转运，发达地区瞬间衰落。

这些分析有道理，却没有跳出还原论的框框。观察文明的兴衰，还原论可以提供素材，却难以展开研究兴衰更替的文明论视角。如果用道的思维方式来看，问题会立刻澄清——真正应该追究的，不是这个文明碰见了什么困难，而是它为什么会失去了生命力，为什么会失去开拓创新、不断解决问题的能力。大明宝钞发行成功了，也会遇见金融危机；粮食危机解决了，就没有"姜你军、蒜你狠"了吗？因此，关键是思维方式问题，是道路选择与治世之道的问题。一个文明能否长久演化，重要的不在于一时的对错，而在于做错的时候，能不能找到新的出路。

以此思考人生，我们必须接受，很多时候是做不对的，甚至于也不可能知道自己是否做对了。真正需要关注的，是我们还有没有继续演化的动力和空间，或者说变换轨道、转换得失的能力。这需要真正通达的思维方式做指引。人生的学问，根本上是如何行道的问题。

在道路问题上，经验主义是靠不住的。比如说，郎平致胜了，企业家就来学郎平式管理；任正非挺住了，大家就纷纷来刷成功经验，这种热情往往与智慧成反比。郎平和任正非确实很杰出，但我们身处于一个具备天道视角的文明，应该看到，在快速变迁的时期，经验主义、模式复制往往带有致命的风险；真正应该研究的，是这些杰出人物行道、变轨、不断自我修正，向着未来开放的思维方式。

历史上，是《道德经》第一次提出了修真的概念，"修之于身，其德乃真"。每一个人可以通过观察大自然的演化，领悟可持续发展的法则，建构开放的思维方式。老子要告诉我们的，不是去找一个终极的解决方案，而是打破思维方式的桎梏，让人生的道路向着未来开放。

领悟自然法则，与万物共生，与造化同游，是中国传统文化的最高价值。按照《道德经》的说法，最早修真的，是那些先王圣人。帝王家自称天家，也暗示着他们拥有变通致远的能力。然而，事实并没有那么美好，中国历代王朝，实际的有效组织时间大多超不过 200 年，到底是为什么？探讨这里面的问题——如何保持解决问题的能力，不要把路走穷，这是《道德经》对后世子孙温暖的关怀。

紫气东来，破开蒙昧

在中国传统文化当中，"紫气东来"最有吉祥寓意，它讲的是老子著《道德经》的故事。

春秋末年，东周王朝的首都洛邑发生大兵变。兵变的首领是名叫朝的王子。王子朝有易鼎的野心，派重兵占领了守藏室——国家档案馆，也是国家图书馆。当时档案馆的馆长李耳，又叫老聃，其实就是老子。王子朝把典籍档案夺走了一半，而老子不知道用了什么办法，留下了另一半。

王子朝兵败之后，周王室归位，老子告罪还乡。老人家骑上一头青牛，朝西边函谷关的方向行去。古函谷关位于今天河南省灵宝市境内，距离洛邑的距离大概 200 公里。

函谷关的关令名叫尹喜，会望气之术。尹喜半夜看着有紫气万丈自东边缓缓而来，知道有圣人要来，于是每日守候，把骑着青牛的老子拦在了关前。

那个时候，老子是真正的大名人，是整个体制内公认的最有学识、最有智慧的大师，体制外的大学者孔子曾多次向老子问道。固然说圣人无常师，然而孔子在关键思想上向老子请教，执弟子礼实属分内的事情。

尹喜对老子说："老人家，您是当世的圣人，在王都待了那么久，一定了解真实情况。现在天下乱象已生，还请您给我们指一条生路。"于是，老子就在函谷关停下来，著书立说，写下了《道德经》五千言。

"紫气东来"的故事意味深长，很多地方越推敲越迷离。为什么老子去函谷关？尹喜是专门接应还是阻拦？王子朝携典籍出逃楚国之后，档案馆剩下的那一部分典籍去了哪里？我们知道，到孟子的时候，这些档案几乎全丢了，就连诸侯王士大夫与周王朝臣子的工资待遇规定都找不到了。因此，一些学人认为，老子这一次往西走，是明修栈道、暗度陈仓，其目的，就是为了把另外一半典籍保护起来。老子西出函谷关，是一次中华文明典籍的历史性大挪移。

老子是中华文明道统——思想传统的真正开创者。无论从哪个方面来看，无论说老子是一个人还是代表一个群体，这一次著书立说的活动，都是中国文明史上最有良心的一件大事。天下将乱，老子把帝王家压箱底的那些哲学与治世精要，一一总结出来，并且从世界观、思维方式的高度作了批判。五千言既出，破开蒙昧，雨露均沾，民间从此有了文化思想的基石；有思想必然有批判，自此也就开创了中华文明追求真理、批判王治、百家争鸣、万类霜天竞自由的文化传统。儒家说"天不生仲尼，万古如长夜"，这个评价实在只有老子才能担得起。

按照道教的传说，老子在函谷关著五千言时，尹喜抓住机缘，拜老子为师，后来又入武当山修真得道。老子开辟了修身治世一体的道统，尹喜则第一个经道祖教化、自修得证，成为有道的真人。所谓真人，就是天人合一、体证自然法则的人。庄子在他的文章里面写道："关尹耶，老子耶，古来之博大真人也！"

老子在中国历史上的地位尊崇而超然。汉代道教已奉老子为太上老君，到了唐代，帝王家尊老子为太上玄元皇帝，老子的封位与皇帝等同，登峰造极。太上就是大上。《道德经》里用大来形容道，"大曰逝，逝曰远，远曰返"，大、逝、远、返是道的四个特性。太上老君，用今天的话说，就是伟大的有道祖先的意思。

有人说中国文化没有信仰，中国人崇尚功利主义，这话不对。中国文化有一个普遍的追求，一个超越宗教的信仰，那就是在每一个平凡人身上体证自然法则，与道合真。我们生来就受到熏陶，追求学习之道、成长之道、经营之道、养生之道、夫妻之道，甚至于茶道、花道、香道，本质上我们都是求道的人。

与紫气东来相似的，还有达摩"一苇渡江"的故事，一样是春秋笔法。

达摩是古印度的僧人，渡海来到东土，传播禅宗。梁武帝好佛，召见达摩，问："朕继位以来，造寺、写经、度僧不可胜数，有何功德？"帮佛教盖大楼、做宣传，还允许劳动力出家，不收他们的税，实在是仁至义尽——我的功德到底有多大？说完了，等待达摩山呼万岁、吹捧仁圣，然而达摩回答说："没有。"

只有外国和尚才能这么直接，本土的人无论如何也不敢。梁武帝一愣，面子下不来，就继续追问："为什么没有功德？"达摩解释说，这些都是福报，属于资源交换，跟人自身素质的提高没有关系。在佛家的语境里，功德是自身的修为，福报代表资源的多少，而一个人的修为，只有通过悟道行道才能提高。

梁武帝不甘心，又问："如何是圣谛第一义？"达摩说："廓然无圣。"廓然无圣，就是内心空明，容得下造化，不受凡圣贵贱的障碍，看得见皇朝美景，也能容得下平凡百姓。这是众生平等的大命题，正是帝王家的痛点，梁武帝心里就算有触动，一时也不便挑明，强打机锋说："对朕者谁？"达摩回答说："不识。"

就算是个外国人，这时候也醒悟过来了，所以达摩立刻辞行，从建康（今南京）往北走。走到长江南岸，梁武帝派出一队兵马来追。这场景辣眼睛，请回一个出家人，却要派全副武装的兵马来追，真是让人浮想翩翩。达摩也不呆，他看这情况就明白了，要么回去，做老实念经的和尚，要不性命难保。达摩自忖舍生忘死渡海来到中土，就是为了传播众生皆有佛性的禅法，这时前有大川，后有追兵，怎么办？于是故事说，达摩折下一根芦苇，扔到江面，赤脚踩上，径自渡江而去。

这哪里是什么"一苇渡江"，分明是"命悬一线"。

达摩的死也非常蹊跷。他在北方少室山附近面壁参禅，传授禅法，与世无争，却被人六次下毒，说是佛教教派纷争，实在让人难以置信。最后一次，达摩主动服毒而死。故事上又说，有人看到他半夜提着鞋从棺材里出来，返回印度，这真是编无可编。故事里的事，如果剥开了历史的面纱，往往让人惊诧莫名。

《道德经》的结构与视角

《道德经》共八十一章，一到三十七章为《道经》，三十八至八十一章为《德经》。

《道经》的主题是悟道，人道向天道学习，它是思维方式层面的。具体说，就是人类体悟大自然的长生之道，从而推演出无为而治、可持续发展的社会治理思路。经文说："道可道，非常道"，大道可以践行，而人们在践行中，又会在前方不断发现新的变化。既然如此，对于未来，最重要的就是保持开放的心态，保有变革演化的空间。

《德经》的主题是修德，培养领导力，它是实践层面的。具体说，就是修为自我，找到立足点，确立得道多助的运作方式，不断扩大事业的平台。经文说："修之于身，其德乃真"，领导力的关键，不在于管住别人——管住下属也管不住未来，而在于内修——打开视界，提高形势判断与决策变通能力。修德展开来，又衍生出很多主题，虚怀若谷、知雄守雌、吉凶祸福、进退取舍，涉及了战略策略、机智权谋等方方面面，这些都是古今中外相通的问题，几乎每个人都能从中找到对自己有启发的思路。

《道德经》的经文排列是碎片化的，这也是它传播广泛而久远的一个原因。今天流行微信微博，大家都说是一个知识信息碎片化传播的时代，而《道德经》似乎早就做好了准备。《道德经》五千言，几乎就是一个箴言集，每句话拿出来都是名言，像"上善若水""大器晚成""知其雄守其雌""无为而无不为""柔弱胜刚强""物壮则老""强梁者不得其死"等等，发人深省。这些知识在那个时代，只传授给帝王家的王子们，因而表达上都是大实话，没有遮遮掩掩，也不进行道德催眠。大实话往往不太动听，与社会流行的常识往往相反，"正言若反"。

说《道德经》是帝王学，也不完全对。老子阐明道尊德贵，是为了解放人，在乱世之中，把思想的种子播到民间，让大家各求造化；而帝王学的目的，则是要控制人，执天下神器，夺天下造化于一家。因此，老子的学说，与其说是帝王学，倒不如说是帝王学批判，是对整个周王朝社会治理思想的一次集中反思。

老子并不否认帝王学合理的成分，他本人是国家档案馆和图书馆馆长，完全了解统治内情，故而他对帝王学的总结高度凝练，批判则一针见血。无论是王道还是霸道，个体社会化、社会组织化都是不可避免的，都要牵扯到对人的约束以及人与人关系的调整。老子是统治阶级的内部人，对此了然于胸，根本不可能主张自然主义，奢谈理想主义。那种以为道家清高避世的，大多是想给自己的怠惰找理由罢了。至于说老子崇拜母性、有母系社会情结等等，更属于不入流的无稽之谈。

《道德经》的视角是天道的，用西方的话来说，就是上帝视角。它既不是从个人的情感道德视角出发，也不单纯服从某个组织的立场，它讲的是在所有大大小小的组织系统背后，其实有一个共生共进的社会生态。个人与组织之间、小国与大国之间、天下与自然之间，都可以建构一种合理的生态关系。天道的主流，并非弱肉强食、零和博弈。通过恰当的社会治理，健康的生态关系是可以追求的，各种社会群体共赢共生的局面，是有可能达到的。这也告诉我们，只有在社会生态健康繁荣的基础上，好人才能得好报，只有在一个良性的社会生态下，才会有良性的社会道德。

《道德经》的注本、传本与译本

传世的《道德经》注本难以统计，但影响最大的有两个：王弼注本与河上公注本。王弼是魏晋时期的玄学天才，年二十六而逝，他的注本是思辨的、玄学的，较少落实于治世实践。河上公是汉代的大隐，黄老道家集大成者，其注本侧重修真，讲修身治世一以贯之之道，有些地方甚至涉及帝王心术。河上公注本在出发点上更贴近《道德经》的原旨，因此不少学者评价其实际价值高于王弼注本。

传世本之外，现代出土有两个重要版本：1973 年湖南长沙马王堆汉墓出土的帛书《老子》，和 1993 年湖北荆门市郭店村楚墓出土的楚简《老子》。帛书本分甲、乙两个独立抄本，对比补缺之后，可以得到一部基本完整的《道德经》。甲本不避刘邦的讳，其抄写时间应该在刘邦在位之前，不排除为秦末所抄。乙本则避刘邦的讳，但不避刘恒的讳，抄写时间可推断为刘邦在位期间。两本均早于河上公注本，而河上公注本又早于王弼注本。

帛书本的排序与传世本不同，它是《德经》在前而《道经》在后，先讲"上德不德，是以有德；下德不失德，是以无德"，后讲"道可道，非常道；名可名，非常名"。这种排序，先讲社会实践而后谈思维方式，很可能是法家所传。法家与道家有很深的渊源，最早解读《道德经》的，就是法家的创始人韩非子。

郭店本比帛书本更古老，入土的时间为公元前374年，它有甲、乙、丙三个抄本，残缺不全，但传承有序，这就证明《道德经》成文时间确实很早。按每个抄本成文相距50年计，楚简老子的成文时间不会晚于公元前500年，相当于老子晚年的时间。郭店本的出土，基本坐实了老子比孔子年长的历史事实。

冯友兰先生在写《中国哲学史》的时候，把孔子与老子在年纪上做了颠倒，到了晚年回忆时，又承认是为了弘扬儒家才做的定向结论。这样的大学者，都被门户之见所闭塞，漠视传统文化传承的系统性，可见《道德经》所提倡的天道视角，对中国人的思想文化有多么重要和必要。

历代帝王大多读《道德经》，有四位皇帝留下了完整的注本，甚至于还颁行天下。他们是唐玄宗李隆基、宋徽宗赵佶、明太祖朱元璋和清世祖爱新觉罗·福临。从帝王家的注解中，我们难得地窥见了古代最高统治者的真实心态。比如，朱元璋在注解里说，为了整顿吏治，杀了很多人，情况却不见好转，自己心里也感到恐惧。后来看到《道德经》说"民不畏死，奈何以死畏之"，知道靠滥杀于事无补，于是减少了杀戮，内心也逐渐安定下来。

帝王家身在金字塔最高峰，具备真实的治世经验，对社会状况有旁人难以假设的全局性视角，说话也甚少忌讳，故而他们对《道德经》的注解有某种不可替代的价值。我们发现，一些关键的地方，一旦参考帝王家的看法，往往有直指之功，让人豁然开朗。

《道德经》的译本在全世界的翻译文化经典中，拥有海量的发行量，影响力巨大，可以与《圣经》比肩。据报道，《道德经》大约有 500 种译本，涉及 30 多种语言，单单英文的译本就超过一百种。翻译本身是一种解读，之所以有这么多种译本，大概是翻译了之后，总觉得意犹未尽，所以就反复再译。这种情况在出版界非常罕见，甚至绝无仅有。中国人翻译柏拉图的《理想国》、卢梭的《忏悔录》，都不过寥寥几个译本。

据报道，存在主义创始人、大哲学家海德格尔也曾有翻译《道德经》的计划，但翻译到第八章时，因为与中国学者的意见相左而放下了。

到西方国家游历的朋友大多有经验，随便走进一家小书店，往往就能看到开本不一的各种《道德经》译本。这些译本代表着译者的解读，不少也有可参考的价值。

有需求才有反复的翻译本出版发行。西方人爱读《道德经》的，据闻第一类是投资金融界人士，第二类是企业家人群，第三类则是政治人士。前任联合国秘书长潘基文送给奥巴马的书法作品"上善若水"，用的是《道德经》里的原话，这也是奥巴马收到的第一幅中文书法礼物。

道家的源流

老子著《道德经》，道家思想自此肇始，从此与古希腊思想并称人类两大思想体系。

道家是研究天道法则与人道运作的学派，它构建了一套完备而富有开放性的世界观，发展出人道模拟天道的基本思维方式，系统探讨了个体修身立命与社会治理的可持续思路，故而先秦各家大都有脱胎于道家的思想痕迹，这是不可罔顾的事实。因此，从广义来讲，道家思想可以说是中华文化的源头活水。

道家自身的发展，大致分出三大源流。

第一是思想的道家，或者说清净的道家。这一系关注天道、治世与修真，并不过多地谈论鬼神。老子说"其鬼不神"，他和孔子都不排除鬼神的存在，但都不主张社会治理乞灵于鬼神。不但如此，老子还倒过来把鬼神作为一种社会现象来观察，以此推断社会治理的状况。比如说，大家都去求神拜佛了，那就警示社会太不公平了，需要决策层及时调整。

老子的思想，主要关注社会治理层面，希望天下大治；庄子的思想，则放弃了对当时统治者的期待，退而修身，回归审美层面，享受逍遥的人生。社会治理考虑的是可持续发展，审美则考虑个人内心的境界，要活得通达而有趣。但从道家思维方式来看，老子说的"无为而无不为"，与庄子讲的"独与天地精神往来"，都是一脉相承的大境界。

第二个是修真的道家。这一系大致是方仙家融汇道家思想之后而来，与医家也有千丝万缕的联系。他们追求的目标，是长生不老、飞升成仙。修真道家大约以唐代为界，唐以前盛行外丹，以烧炼仙丹服用飞升而为号召，至宋则以内丹练气养生为主流，强调转化人自身的精气神，最终脱落肉身，精神长存。这些在今人看来或觉玄虚，但在古人来说，却都是认认真真、付出代价的亲身试验，其中也确实发现了很多养生延寿、身心调整的宝贵经验。自古仙医不分家，中医方子常称仙方，中医做出来的成药，经常称为仙丹、神丹。因此，很多时候，仙家摇身一变，又可以成为医家。只是医家要广泛治病，成为一个行业，其思路就逐步客观化，必须放弃那些太过于玄虚的内容。

中国本土宗教道教，是古代鬼神崇拜、道家思想、神仙方术三者结合并演化而成的宗教，自来与儒教、佛教并立。道教保存了古代科学、哲学、术数、兵法、巫术、堪舆、武术、医术、礼仪、音乐等各种原生态文化，其内容博大精深，可以说是中华文化遗产的集大成者。

第三个是黄老道家。黄老道家是帝王学鼻祖，这一派主要发源地是稷下学宫，官学宗奉道家，同时兼容并包百家争鸣式的思想研究。荀子、孟子以及法家的不少学者，都与黄老道家有深刻的联系，荀子本人更三次担任学宫之长。黄老道家是最早的、系统的社会组织学，讲究精兵简政、放任自流、搞活社会经济与社会生活，某些做法发扬了老子的思想，某些思想则曲解了老子的本意。黄老道家大盛于西汉初期，在唐代和宋代也有很大影响。实际上，中国古代兴旺的朝代，都能看到黄老道家的影响。

第一章　悟道之道

道可道，非常道；名可名，非常名。

无，名天地之始；有，名万物之母。

故常无，欲以观其妙；常有，欲以观其徼。

此两者同出而异名，同谓之玄，玄之又玄，众妙之门。

第一章开宗明义，讲悟道与行道的门径。

"道"原意为道路，引申为自然法则、源动力。"名"原意为名位，引申为组织架构、名言概念。自然的变迁永无休止，人想要可持续，就要有不断革新名位、与时俱进的觉悟。

"无"为无形的混沌，"有"为有形的天地，混沌生天地，天地生万物，万物落叶归根，如此生生不息、循环往复，道的力量在天地万物背后永恒地推动着。体会这种力量的运行，就是悟道。

万物演化"玄之又玄"，展现出无穷尽的创造力、多元化的发展路径，因此悟道也永无穷尽之时。

道可道，非常道；

谈玄论道，人们爱引"道可道，非常道"一

句——说出来的就不是真道，以示只可意会不可言传之妙。这种说法满足了玄学的意象，大概也开启了后世禅宗"说似一物即不中"的思辨之风。但"道可道"究竟是什么意思，其实需要再做考量。

"道可道，非常道"，有三种代表性的解释。第一种，可以说出来的道，就不是永恒之道。这种说法始于王弼。王弼说："可道之道，可名之名，指事造形，非其常也。故不可道，不可名也。"此解一出，"道可道"就成了本体论，"道"成了世界的本体、终极的存在。终极的存在，怎么能说出来呢？整个世界，包括我们自身，都是本体演化出来的产物。我们的认知，受限于具体和局部，因此对本体的认知，永远都如坐井观天、盲人摸象。逻辑上说，这种说法是自洽的，本体是不可能在人类认知中完全显露的。

第二种，"道可道"的第一个"道"指"经术政教之道"，也就是治世之道。这是河上公的解释。河上公说，"常道"就是自然长生之道，治世之道是达不到自然长生之道的那个高度的。"常道当以无为养神，无事安民，含光藏晖，灭迹匿端，不可称道"，也就是说，自然长生之道是自我实现、自我演化的，没有偏私，不落痕迹，因而也不可描述。这话也有道理，治国之道属于人为，怎么可能做到像自然长生之道那样完备和周遍呢？

第三种解释出自帝王家，以"道"为路，可道为行路，强调实践开拓，建功立业，付出过人的努力，超越常人的思路和规则。朱元璋说："上至天子，下及臣庶，若有志于行道者，当行过常人所行之道，即非常道。"这话在领导学上是双刃剑，一个把持不住，就变成帝王可以突破一切道德底线，只奔着成事去了。这种实用主义的道论，我们同意也好，反对也罢，在非常时期总会成为社会的呼声。

朱元璋的解读存在常识性错误。20 世纪 70 年代，马王堆汉墓出土帛书本《道德经》，证实了"常"原为"恒"，在汉文帝刘恒执政之后，为了避讳，就改做"常"。恒有恒常之意，"非恒道"，显然不是朱元璋理解的"非常道"。然而朱元璋对"道可道"的理解却大有深意，"路是可以走的"，这比道能不能说更有启发性。

道这个字作为"说"义，在先秦时代的行文中不常见，越往前越罕见，真正流行起来，大概是从唐代的白话小说开始的。古代正式文本里，一般用"曰""言"，从《道德经》自身来看，明确把道作为"说"来讲的，查遍全文也没有。因此可以说的道就不是永恒的道，虽让人有玄妙的感觉，却是很值得怀疑的。

《道德经》是帝王师对王子的教导，是对治世之学的批判与总结，试想，帝师给王子开第一课，就对自己当头一棒说：可以说出来的，都不是真道。王子肯定懵在当场，那还学什么？

"道可道"到底是什么意思？唐玄宗注说："用可于物，故云可道。"这就是说道是普遍性法则，可以普遍地落实在万物生长的具体路径之中。例如，围棋的基本规则极其简单，却能够生出无穷的战斗变化。而道本身并不局限在某一个变化之中，这叫做"非常道"。

朱元璋与唐玄宗的说法，有异曲同工之妙，"道可道"，都是可以实践的意思，只不过朱元璋直白一些，唐玄宗说得更概念化一些。

从词源上讲，"道"本来就指的是"走路"，然后才演化成"轨道""轨则""法则"。某种意义上，做任何事情，都是在走路，治世、办企业、养生，都是一个运作的过程，都会形成一个轨迹。万千条道路背后，有没有一个普适性的法则，或者说有没有某种根源性的存在，这是《道德经》要回答的问题。

"道可道，非常道"，大道是可以行走的，会形成轨迹，但随着人们的行走，轨迹也在不断地变化。换句话说，我们最初是向这个世界学习怎么做，但一旦真的践行了，我们的行为本身也会不断地改变这个世界。人们总认为好像有一个不变的世界让我们去探索和挖掘，而实际上我们的探索和挖掘本身，已经大大地改变了这个世界。

人与自然相互反馈，无穷演变，包含着非常重要、非常积极的系统论哲学思想。

因此，"道可道，非常道"可以解读为："道"是可以践行的，可以领悟的，可以学习的，但是随着人们的学习、领悟和践行，未来会展现出更宽广的、未知的世界。这个恐怕才是真实的含义。

名可名，非常名。

对这一句，常规解读是，如果一个概念可以定义的话，它就不是永恒的概念。这就完全是敷衍了。概念本来就是人认知的产物，哪有永恒的概念？

传统文化说的"名"，本质上是指名位，换句话说，就是职务、职能。最早的名言概念从哪里来？是从社会组织化的功能节点中来。有人懂得管理火，古人敬他为火神。有人会种植五谷，敬他为农神。有了某一种具象化的职能，古人才会给出一个名称。"名"来源于位，是功能、职能的抽象化。

名位来自于功能，但一旦抽象出来，结合古代礼制，就成了名分。《论语》说"名不正则言不顺"，没有恰当的身份地位，就没法发号施令。这样，名就演变成了秩序。

《左传》有云，"唯器与名，不可以假人"，唯独分封名位这个功能不能让出去。什么都可以赏赐，唯独赏赐"名位"这个权力不能给别人。用今天的话，哪怕财权委托他人，人事权必须得抓在手上，这个是核心。没有人事权的话，也就意味着整个组织的演化不受控制了。

所谓改革，基本的手段是什么？其实是"名位"的重新架构。改革的本质是利益结构的重新调整，从上位向下位做，手段就是改变组织架构。架构变了，各层管理者手上的资源也就变了，即便名称没变，但实际上他的权位已经变了。所以说，"名位"随着社会组织的演进一定是要重新架构的，它背后的意义不是一成不变的。这是"名可名，非常名"的真实意思。

"道可道，非常道；名可名，非常名"，如果写作"道可道，非常道可道；名可名，非常名可名"，就要易懂很多。或许因为省了两个字，才使得后人百思不得其解。

在现代比较文化研究中，也有人把"常道"比作西方哲学的逻各斯本体，把"常名"与基督教神学里"位格"进行比较。这些考证对学术来说不无裨益，但从《道德经》整个文本来看，老子的态度是，一切都在演变中，根本不应该设想什么一成不变的存在本体。

《道德经》总结了帝王家口传心授的心得体会，它考虑的问题是治世。老子指出，天底下的事情，都有基本法则可循，都会形成自己的轨迹，我们可以沿着这个轨迹去运作社会事务，但社会也就在不断地变迁中了。社会事务离不开组织化，在组织化工作中，要精心地进行架构，但随着自然与社会的变迁，这些架构又会成为社会发展的障碍，决策者必须对原有的架构进行重构。所谓"苟日新，日日新，又日新"，《大学》知其然而不知其所以然，而《道德经》则一语道破其底层的原因。

作为一个决策者，开放认知、顺势应变是基本要求。

参照《道德经》，再去观察帝王家，我们应该摆脱单纯的道德评判，建立起组织学、社会治理学的视角。很多时候，帝王家不是不想重构，而是想重构也重构不了，如果治理方式失道、体制僵直、世家坐大，帝王想破局也是有心无力。从这个角度上说，帝王家应该永远和老百姓结合在一起才行。

无，名天地之始；

我们用"无"去命名天地的开始，也就是天地的发端。

天地之始是一个功能节点，该怎么界定它呢？是"无"。所谓开始，就是从无到有。世界上哪一个事物不是从无到有？现代宇宙大爆炸论甚至说，宇宙最初只是一个奇点。

我们用"无"去认知天地的开始。"无"是一个名位，代表着诞生。万物都是有序的小系统，但所有系统都是从非系统当中诞生出来的。换句话说，有序来自于无序，系统来自于混沌，而混沌，是没有办法确切认知的，但我们知道它存在，因为它不断地在诞生新的系统。

哲学上或许会设定纯概念性的绝对虚无，但现实中它存在吗？道家认为，所谓虚无，是蕴含着一切可能性的混沌。这一观点深刻地影响了中国文化，甚至于修真家也服膺于此，他们设想通过修炼来找到无中生有的通道，生命直接从混沌里获得源源不断的元气补给，返老还童，长生不老。《道德经》揭示了无形混沌与有形万物之间的母子关系，故而被修真家们奉为道经之祖。

在这里，我们可以把中国古代一些重要的概念联系到一起，无，就是无形的混沌，而无形的混沌，也就是古人所讲的元气、先天一气。

无能生有，找到了这个"生"的通道，叫做"悟道"。这对任何组织化工作都有指导作用。例如，创生一个企业，最关键的是找到企业满足社会需求，也就是与社会资源接驳的那个接口。办企业和修真家修炼并无本质区别，都要找到无中生有的那个通道。

因此，"无，名天地之始"，用今天企业界流行的话说，就是从 0 到 1。

混沌演化出一个个有形的泡泡，每一个泡泡再次分化，清者上升之为天，浊者下降之为地。天地是有形世界最大的架构，也是万物的基本框架背景。我们不妨这么说，天地宇宙，不过是混沌无极中的小小浮沫。

有，名万物之母。

天地一旦分化，复杂的演化就开始了，无数个性的、小小的东西就出来了。《道德经》的镜头，从超远焦的宇宙浮泡，一下推近到地表世界的芸芸众生。

个性的东西都是暂时存在，没有谁可以永生。为什么呢？因为我们都是天地这个"大泡泡"里"搅和"出来的一些暂时存在的"小泡泡"，都是元气聚散的暂时产物。人生短暂，光阴过客，是生命的架构决定的，所谓活着，本来就是一段动态平衡的过程，在天地的搅和中生出来，又渐渐被搅没了。

庄子在《大宗师》里说了一个故事，听起来有趣，又不免让人难过。他说"天地为大炉"，"造化为大冶"，而人就像是炉中受炼的铜丸，不得自主。庄子又说，如果你领悟了这一点，千万不要说出去，尤其不能喊，不能向虚空发射信息说："啊！老天啊，我要成大器！"造物者就在熔炉外面，一听有铜丸说成大器，觉得是出妖精了，就会取出来吃掉。从这个角度来讲，"白日飞升"也可能是被造物者吃掉了。

汉代贾谊大概与庄子心有戚戚，他作《鵩鸟赋》说："天地为炉兮，造化为工；阴阳为炭兮，万物为铜……"造化弄人，人类自来都生如此感慨。

道家文化非常有意思，它大概是天底下最有趣的文化流派，有足够多的内容让人一辈子都不感到枯竭。那些奇思妙想，即便到了垂垂老矣，再来咀嚼，一样十分生动有趣。

故常无，欲以观其妙；常有，欲以观其徼。

天地为万物之母，"搅和"万象，诞生万物，又使它毁灭。《阴符经》讲"天生天杀"，也是这个意思。这其中，人有没有超脱的路径？就社会而言，就是有没有可持续发展的道？

这正是《道德经》的主题——长生。因为在这个问题上破了题，后世尊老子为道祖。佛家也类似，佛陀最早讲了解脱的路径，所以被尊为佛祖。如果考察原始佛教的经典，我们会发现佛陀讲的方法可操作性很强，和宗教传播的内容区别很大，甚至也不是我们今天耳熟能详的"活在当下"。

老子的意思，先需悟道，再求长生。

"常无，欲以观其妙"。观察这个世界的时候，要学会确立视角。先把眼光放在无中生有上，无中生有才叫做妙！这世界的玄妙到底在哪？我为什么会活着？人为什么会生下来，父母没生我之前我在哪儿？类似的问题，老子说，应该去观"无中生有"，要观察混沌生天地，混沌给天地提供能量的那个过程，观察新事物的发生。

"常有，欲以观其徼"。但是，只观察到无中生有，在实践上是不够的，大概相当于古人说的隐士，住在山里面，自己种点菜吃，过闲云野鹤的生活。如果按古人的情怀说还想入世，还想办一点自己的事，出世入世自在，要观察什么呢？观察"有归于无"的过程。万物蓬蓬勃勃地发展起来，然后又落叶归根，返本还原。

说到悟道，人们大多朝消极方向想。比如清人《桃花扇》的唱词说"眼见他起高楼，眼见他宴宾客，眼见他楼塌了"，就是十分消极的感叹，很引人共鸣。但《道德经》强调要观察事物演化的完整过程，生老病死等而观之。不要说眼看他楼塌了，就否定建高楼的意义，变得死宅和消极；更不能只顾着追求起高楼，把自己卷进去，没完没了。

这真是一个动人心弦的"悟道"体验：当我们观察到"无中生有"，从此不再沉陷于绝望的情绪，因为我们知道无中生有，它是整个天地本有的功能，因此总会在某一个时刻重新诞生出来。当我们观察到"有归于无"，我们就不会痴迷于花花世界，不会过于亢奋地追逐名利、死磕爱情，被贪欲裹挟得太甚，因为生命本身总归要返本还原。

"徼"又与"窍"通，观徼，也就是要"观窍"。有无之间的窍，在于无中生有与有归于无的转换点。我们要观察这两个节点，一个是从熄灭又重新生起的时候，一个是到了高潮而往下衰落的时候。修身也好，做事业也罢，应该掌握这个秋千一样来回的摆动节奏。大自然的运行是有韵律的，对我们的生活充满着启发。

观察"无中生有"，同时认知"有归于无"，可以让自己的心性走在中道上。"致广大而尽精微，极高明而道中庸"，必须在有无之间有真实的修为，仅仅靠自我规范的修养，是不可能自如的。

此两者同出而异名，同谓之玄，玄之又玄，众妙之门。

老子讲的无中生有、有归于无，用数学的语言来说，类似于递进与递归——从混沌中演化出纷繁复杂的世界，纷繁复杂的世界又回归混沌。生发的作用，和返还的作用，两者同根同源，但是"异名"，功能上毕竟有所区别，这种情况就叫做"玄"。

"玄"有黑色、悠远的意思，也有旋转的意思。然而就《道德经》而言，玄指的就是递进与递归作用的"同出而异名"。从无到有，从有返无，一切现象都是这样的运转轨迹。

认识到这一层，应该是悟道了吧？还不够。老子又追加一句"玄之又玄，众妙之门"，变化没有尽头，永远有新的事物在发生。世间万物是多元的、无比复杂的、普遍联系的，人参究万物的轨迹，可以领会自然法则，但不可以奢望掌控一切。

人不可能掌握道的全部。一个真正悟"道"人，他的内心是开放的，是低下的，是谦虚的，是包容的，随时准备领略新的玄变妙用。

"天地有大德曰生"，不断生发万物，而《道德经》更深刻地指出来，大道不但生发万物，同时也不断接纳万物的回归，这是一个完整的过程。生发不是永恒，返还也并非绝灭，它们都是道的运动方式，其"生"的本质如一，因此四季循环、死生一体，悟道的生命境界可以是宽广无垠的。

通译

道可以学习，可以遵循，可以践行，然而行道的历程一旦展开，整个世界也随之展现出新的面貌；组织可以架构，名位可以定义，但是必须随着社会形势的发展不断地去改革调整。

无，是天地之根源；有，是万物之母体。观察无中生有，即混沌化生天地的过程，将会领悟大道的奥妙。观察有归于无，即万物纷纭成长又不断返回混沌的过程，将会洞察造化的多元。

生发与返还，同根同源，只是运作方式不一样。这种情况就称之为玄；这个世界的有无运转、生发返还是无穷无尽的，天地万物总在推陈出新，不断呈现新的境界。

小结

法则演化轨道，轨道无穷无尽。"无中生有，有归于无"，这就是道的运作方式，如果总结为一个字就是：生！生的力量永远向前推进，但事物的演进却呈现盛极而衰的循环往复。推动事物成长的力量，也是推动事物衰亡的力量，本质上没有区别。在这种周而复始又不断推陈出新的过程之中，如果有人能不断自我重构，不断更新轨道，可持续也并非不可能。

组织演化名位，名位必须与时俱进。造化，用今天的话来说，就是组织的演化。就个人来说，首要是建立独立人格，也就是人在天地间的名位，然后放眼社会大趋势，瞻顾生存小环境，决策未来。人生在世，既要有个性视角，又要有社会架构性视角，只有个性视角会过于文青，只有社会架构性视角会变成老油条，都会失去自我。

悟道有道可循，行道需开明内心。悟道的路径，在于从有无同源中下手去观察和体悟，逐步化解自己内心僵化、偏执的欲望，从而开明心地，生机勃勃。

第二章　无为而治

　　天下皆知美之为美，斯恶已；皆知善之为善，斯不善已。

　　故有，无相生；难，易相成；长，短相较；高，下相倾；音，声相和；前，后相随。

　　是以圣人处无为之事，行不言之教；万物作焉而不辞，生而不有，为而不恃，功成而弗居。夫唯弗居，是以不去。

　　这一章讲无为。

　　从社会一窝蜂求美求善的风气中，可以发现社会治理的问题。老子连用六个比喻来说明，高下贵贱不过是社会分工的不同，而在决策者与社会的分工中，社会是母体与根源。因此社会治理的正确思路，是积极服务社会，保护大家的活力，促进社会自组织的运行。

　　这是无为的本意。

天下皆知美之为美，斯恶已；皆知善之为善，斯不善已。

　　如果天下人都去追逐美好，"斯恶矣"，情况就糟糕了。"斯"指代前面整个句子。"天下皆知",说明已经成为一种社会风气,不是个体的问题。

从造字本意上讲,羊大为美,美是一种满足感。羊长得很肥大,牧人就拥有了更多的满足感,这个叫作"美"。能让人感觉美的,未必都是好事。手里的股票涨停板,心里美;企业出台一项举措,对手不知不觉栽了,心里也很美。如果天下人都来追逐这种感觉,意味着什么?竞争白热化。选秀类节目一到关键时候,就会出现"妈妈死了",或者"爷爷病在床上,即将要死了",要不就"外婆要死了",都是一个道理。

"天下皆知善之为善",天下人都去追求高官美誉(实际是超额收益),或者某种心理优势的时候,证明社会风气就虚伪化了。这里的"斯",还是指代整个社会情况。这一句,河上公解为"有功名也,人所争也",直指帝王家利出一孔而造成社会价值单一化的弊端。

第二章开篇两句,口气很大,完全是站在帝王角度俯瞰天下,就好像是一位帝王在密授太子:"女人们争先恐后削下巴吸引男人的时候,就是一个信号……"这是帝王给自己的孩子在讲政治常识:如何观察社会风气、识别社会信号。例如,扶一个老人叫善吗?如果扶一个老人都被全社会期待和褒奖,那社会情况到底是什么样呢?各种"被暖到了""扎心了老铁"背后说明了什么?作为领导者,确实应该具备比常人更深一层的眼光。

对于这一句,某些常见解释很离谱——天下人竟然具有了审美的能力,有了美丑的分别心,生活就不幸了。人们能辨别善恶了,就会看到恶,就会痛苦了。人们不通是非了,社会就会进步了?离题甚远。

故有,无相生;难,易相成;长,短相较;高,下相倾;

音，声相和；前，后相随。

这里的断句至关重要，通行本"有无相生，难易相成"，但郭店楚简本是"有，无之相生也；难，易之相成也"，这解决了我们的大疑问。如果说有无相生，有形世界与无形混沌互为根本，说不通。无形的混沌是母体，它是广大无边的，有形世界只是其中生起的一个小"泡泡"，有如何能生出无呢？因此这一句应解读为：有形世界，是从无形混沌里诞生的。

"难，易相成"，难的事情，是很多容易的事情堆积成的，或者说，可以拆解成一系列的比较容易的环节。

"长，短相较"，优长是从劣短中脱颖而出的。一个人有了成就，只是一种比较优势。任何明确的标准下，优长的永远是少数，总是含有运气的成分。

"高，下相倾"，所谓高贵，底下是好多民众托着。对于领导者来说，理顺组织结构、让老百姓获益是根本，多吃多占其实会伤了自己的基础。

"音，声相和"，有意义的发音，都是一种声波的耦合。声学上，用滋滋声和嗡嗡声能够模拟合成任何声音，拼音也是类似的道理。皇上发出一个声音，其实是各个利益集团博弈的结果，心里对此要如明镜，如果随意决策，必定抓瞎。以戊戌变法为例，维新派在政治上的幼稚和手法上的荒唐，也是失败的一个重要原因。百日之内，康有为的建议层出不穷，光绪帝的政令则如雪片般乱洒，根本没有经过朝堂和社会的充分博弈。这个时候，经验老道的慈禧抓住了问题，与利益受损的朝廷各派很快就达成了一致，推翻了新政。

"前，后相随"，领导的地位来自跟随者。"王侯将相宁有种乎"？领导地位不是天生的，也不是神授的，只是因为他能维护大家生存的局面。

　　一口气举了六个现象，背后是人类早期统治者深刻的自我认知。所谓帝王，所谓贵族，这些名位存在的合法性在于能够维护社会基本结构。为了维护这个结构，就必须降低治理成本，因而，领导层必须限制自己的欲望，争取形成合理的平衡。社会基本要求满足了，帝王家才有可能实现孟子说的"王天下"、长治久安。

　　有形是子，无形是母；权力是子，社会是母。王权必须服务于社会，才有存在的价值，这是先贤认识到的朴素道理。

　　国家如此，家庭也是如此。女人的角色，男人的角色，妻子的名位，老公的名位，都要自己想清楚——最容易出现的，就是以爱情为名义去讹诈对方。如果真的是为了爱，双方应该一起维护小家庭的合理结构，让成本趋于最小化，才是长久之道。

　　是以圣人处无为之事，行不言之教；万物作焉而不辞，生而不有，为而不恃，功成而弗居。

　　孔夫子后，大儒也可称圣，然而上古圣人指的是社会治理者，也就是有道的帝王。儒家成了帝制长期合伙 CEO 之后，称皇上为圣上，终究还是希望皇上能够成哲学王。

　　"是以圣人处无为之事，行不言之教"，有道的统治者明了自己的职能本位，会用无为的方式来治世。

　　什么是无为呢？沿着上文的思路，就是不做背离"高，下相倾""前，后相随"的事情，不把有悖系统健康的事情强加给社会，而是积极地去维护合理的组织架构。无为，是以社会整个架构的合理性作为目标的运作方式。

　　什么是有为呢？就是单向的、强横地要实现统治层自身的利益，撕裂了自己的社会基础。老子苦口婆心地举出六个例子，就是要说明领导者是社会的产物，而并非社会是领导者的创造。

基于此，无为的治理，更多依靠由下而上的自组织，更少由上而下的强制命令，这叫"行不言之教"。"言"就是法令。皇上说话金口玉言，就是命令。"不言"，就是不用粗暴命令去强迫社会的走向。

"万物作焉而不辞"，社会事务里有很多需要协调的因素，需要有人不断地维护社会的合理架构和正常运转，作为君王就要不辞其劳。相比之下，"垂拱而治"的说法真的是缺乏说服力，野心也暴露得太明显，稍有点头脑的帝王都会明白，那是夺权的借口。

无为与不为一点儿关系都没有。帝王真不能不做事，他的名位职能，就是要应"万物作焉"的大势，去做结构化改革的事务，不断地去推动社会组织更新。这件事只有决策层能做，也必须决策层做，否则社会很快就会僵化、分化，聪明人会拥有一切，而老百姓一无所有。

"功成而弗居"，把结构调整得很顺了，也不要居功不化，这是本位的事情，没必要炫耀。再者，领导者本来就是在转动方方面面的利益，压力很大，做完了再邀功，也不知道会被挖多少坑。

夫唯弗居，是以不去。

如果领导者不居功，不断地推动社会结构优化，不断地去均衡社会利益，时间长了，大家有可能形成共识，各自回归自己的名位分工，和平共处。而这一切的前提，是整个社会形成一个能够流动的、不断自我革新的、生命力充沛的生态体系。

通译

天下人都在那议论美、追逐着美的时候，社会风气就不妙了。天下人都在自我表现以求取名位的时候，整个社会运转就有严重问题了。

有形世界产生于无形的混沌；困难是因为堆积了过多容易的事情；优长总是从劣短中脱颖而出；高贵来自于底层老百姓的托举；决策来自于对大家意见的综合；领导力来自于维护大局。

真正优秀的领导者，他尊重和维护社会自组织，他不用严刑峻法和道德说教去改变与干涉社会。万事万物都兴盛起来，他在当中做协调运转的工作，不辞劳苦。事情都做好了，也不居功。

正因为领导者不居功，所以也不会丢掉自己的名位。要知道，帝王的名位就是维护社会结构的健康，一旦居功了，也就做不好了。

小结

美丑善恶观念的泛滥，本质上是社会利益分化的一种标志。为什么大家要追逐美、表现善呢？无非是能捞好处。为什么要用这种方式捞好处呢？原因就是社会治理出现了偏颇。

决策者如果任由社会分化，损害的是自己统治的基础。这是大忌。

治世之道重在无为和不言——调整实际的结构，调动社会自身的活力，而不是做表面工作和强行发号施令。无为的核心就是尊重社会本身的自我调适功能。

第三章　震慑智者

　　不尚贤，使民不争；不贵难得之货，使民不为盗；
不见可欲，使民心不乱。

　　是以圣人之治，虚其心，实其腹，弱其志，强其骨。
常使民无知无欲，使夫知者不敢为也。

　　为无为，则无不治。

　　本章接续上一章，阐述"为无为"的含义。

　　老子分析，沽名钓誉之所以成为社会主流
的原因，在于决策层的权谋治世，典型的方法就
是：尚贤、贵难得之货、见可欲。然而，道德忽
悠与财富炒作，必然打击生产热情，扰乱人心。
正确的治理方法是"为无为"，即摒弃权谋之治，
敬畏社会运行的合理性，恢复百姓对生活的正常
预期。

　　无为不是不为，是在正确的路径上积极作为。

不尚贤，使民不争；

　　如果社会上大家都表现美、都表现自己好的
时候，背后的问题在哪里？肯定不在老百姓，而
是社会治理出现了某种失衡。例如，君王说要重

用孝子，大家都装成孝子。君王偏爱隐士，终南山就住满了人。政策是社会的风向标，给跳绳加点分，都会催生跳绳老师这样一个职业，更不要说在利出一孔的古代社会，把官位与美善连接到一起了。

"不尚贤"，不要推高贤德。一个正常的社会，大家各尽本分，怎么会有那么多贤与不贤？在老子看来，推崇贤德，不会推动大家纷纷修养自我，不过催生了各种作伪罢了。

再者，如果按照贤德来提拔人才，谁来做裁判员呢？于是，就会出现另一批人争夺贤德的评判权。裁判员在争，运动员也在争，裁判员还要下场做运动员再争一争，真是不可开交。决策者固然看了一场好戏，满足了精神需求，社会怎么办？

人力资源有一个基本原理，能力可以测试，道德是没办法测评的。我们可以考察业务水平，测试心理素质，唯独一个人贤或不贤，是很难判断的。如果一定要评定，只能是签一堆的意见，最后变成不同势力之间的博弈。所以指望通过评估贤德来招收官员，肯定会失败。

尚贤的问题，春秋时已是公议的话题，并非墨家独有。

不贵难得之货，使民不为盗；

不要推高那一些人为炒作的东西。各种奇珍异宝，对上流社会是一个棋局，对老百姓就是悲哀的幻觉。参加文物鉴定节目的藏友，个个都说收藏不是为了赚钱，只是为了学点知识，真是连变个套路说话都懒得做了。只是到最后总不免还是要问："您看看我这件东西大概值多少钱呢？"

收藏本身没有什么不好，但也不能任由各方推波助澜。炒作的价值一旦落实，实际物资的价值就被贬低了，伤害的是基层的生产者。一小块正白翡翠叫卖 80 万，难道真能变成 80 万斤大米，来填饱人们的肚子吗？极度的价值剪刀差意味着极度的社会不平等，这与决策层要以调整社会结构为己任的初衷完全违背，伤害的是统治基础。

炒作的本质，是对实际价值生产者的打劫。老百姓的对策，只能是逼上梁山。远在春秋时代，统治阶层的明智者已经意识到这一点了。

不见可欲，使民心不乱。

不炫耀那些让人心生欲念的东西，让老百姓情绪安宁。

社会可以满足人们的需求，但也不可能让每一个人都享有贵族的待遇，因此不要每天对老百姓进行朝不保夕的恐吓，也不必整天打鸡血似地推动他们追求人生顶峰。应该平息那些叫嚣与炫富，还老百姓一个踏踏实实的工作环境，让他们可以选择个性化的愿景，有一个可以预期的未来。这样人心就不会乱，浮躁和焦虑就没有那么大的市场。

是以圣人之治，虚其心，实其腹，弱其志，强其骨。

先代的那些圣王，他们怎么处理老百姓的事情呢？他们要让百姓"虚其心"，心气儿顺，不纠结；"实其腹"，吃饱肚子，满足基本需求，对生活有合理的期待。"弱其志"，"志"指刚强的意志，统治者得把百姓逼到什么样的份上，他们才会意志刚强呢？"强其骨"，活得正正当当的，挺直腰杆。

凡此种种，都是一种社会信用。老百姓一分耕耘一分收获，不用担忧成果被各种名目的洪潮卷走。生活是可期待的，腰杆就挺直了，就会回归朴实，充满正义感。这是一个民族挺立于世间的根本。培养奴性，或是刺激贪婪，不可能让一个民族的腰杆挺直。

常使民无知无欲，使夫知者不敢为也。

这里的"知"，就是前面说的"尚贤""贵难得之货"以及"见可欲"三种权谋智巧。"常使民无知无欲"，就是不要让老百姓挖空心思扮高尚、追逐不可能的幻象，更不要挑唆他们像狗一样地撕扯扑咬。决策层对社会，要有基本的尊重。

更关键的是，还要"使夫知者不敢为也"，管住精通权谋智巧的人。统治阶层里面懂这一套的人不少，民间也有枭雄蠢蠢欲动。他们最擅长的，就是无端卷起潮流，制造信息不平衡，席卷民间财富。如果决策层不明此理，他们就会攫取暴利，然后把锅甩给领导层。因此，必须有效约束"智者"。

为无为，则无不治。

一切都做好了，"为无为，则无不治"，这就把"无为"解释清楚了。"无为"不是不为，而是"为无为"，要积极地维护社会自组织，不断地去完善社会结构，保障老百姓的基本利益，管控聪明人的愚蠢贪欲。于是就没有什么事是办不好的，没有什么社会是治理不好的。

有人说本章讲愚民政策，真是南辕北辙！天底下最愚蠢的从来就不是老百姓，老百姓没那么聪明；聪明人才会干蠢事，不尊重社会的，最后都是把自己玩死。

通译

不推高贤德，使老百姓不用表演贤德去交换功利；不炒作难得的东西，使老百姓不用被逼从事非法之事；不表现浮夸诱人的奢华享受，使老百姓的心理不必焦虑失衡。

因此说，圣人对老百姓的办法，就是让他们的心安静，让他们的需求满足，不要产生那些强横的意气，同时使他们挺直腰杆。要使老百姓不受那些权谋之智的玩弄，就必须震慑那些通晓权谋之道的权贵枭雄，使他们不敢轻举妄动。

总是积极地去维护社会生态，就没有什么治理不好的社会。

小结

不要幻想用名利去购买贤德，这种做法本身就不符合道德原则，今天各种以传统文化来装扮自己的企业管理，对此应该有自省。

社会所需要满足的是基本需求，而不是无穷的欲求。每一个时代，资源终归是有限的。那些强调无穷欲求的，无非是为了浑水摸鱼、多吃多占。因此，决策者必须震慑住那些擅长玩弄权谋的人。

第四章　和光同尘

道冲，而用之或不盈。

渊兮，似万物之宗。挫其锐，解其纷，和其光，同其尘。

湛兮，似或存。吾不知谁之子，象帝之先。

这一章讲道统。

中国文化所说的"道统"，用西方法哲学的概念表述，相当于对"合法性"的哲学思考，也就是"治统"的思想文化根基。从《道德经》的文本来看，商至西周，道统与治统是合一的，圣王们依道治天下；东周以降，王道衰变，知识分子独立出来形成教育体系，传承文化思想，道统与治统逐渐分离。

本章的结构需要梳理，"道冲，而用之或不盈"是对道的总体描述。此后，用"渊兮"和"湛兮"起头，分别描述"道"的两大特点。"渊兮，似万物之宗"，讲道是万物层层叠叠演化的根本法则。"湛兮，似或存"，讲道在时间上的超越性。

本章强调"道统"高于宗教信仰。宗教形象来自于人之创造，而人是道演化的产物。

道冲，而用之或不盈。

"或"读又音，总是的意思；"冲"通中，也就是空，隐含的意思。列子在唐代被尊为"冲虚真人"，意思是内在虚静、内涵广博的真人。

"道冲"，道总是隐含着的巨大的可能性空间，不像万物那样显露无余。

规律是可以总结成文的，但"道"隐含在一切现象、一切规律的背后，就好像一只看不见的手，推动万物发生，让它们回归尘埃，然后又不断地生发新生事物。有人说这是一种"能量守恒"，其实不然。

根据热力学第三定理：在有限空间当中，熵会趋于无穷大，所有的秩序都会破灭，所剩的就只是混乱。那为什么生命能够不断有序化呢？为什么这个有序的世界能够延续下去呢？在道家看来这并不奇怪，原因在于系统外的能量输入。例如，地球生态之所以蓬勃发展，是因为有太阳稳定的能量输入。动物之所以能生存，是因为可以源源不断从大地获得营养来源。

今人批判牛顿寻找第一推动力是错的，这事很值得商榷。如果这个世界上总的物质、能量都是有定额的，所有的一切变化都只是它们在彼此转化，那么是谁让它转化的呢？谁让它们有序化的呢？所以，第一推动力是一个值得深思的话题。

从《道德经》的角度来看，天地是有第一推动力的，物质不守恒，能量也不守恒。维系宇宙天地运转的绵绵不绝的能量，来自于它的母体——无形的混沌。天地尚且如此，何况于人类社会？

"道冲，而用之或不盈"，大道隐含在一切存在的背后，它的推动力绵绵不绝，无穷无尽，永远都有余地。就人类社会来讲，我们做不到"用之或不盈"，但可以朝这个方向努力，在内部多运化，至少可以减少消耗。

现在的云计算、分布式计算、分布式仓储，都可以说是在朝这个方向努力。例如，世界各国都有公益性质的分布式计算软件，利用志愿者计算机的冗余计算能力进行计算，解决科学难题。这是好事。

然而，我们要清醒地认识到，人类能完善的是自身，源动力并不在人类这里，源动力来自于大自然。人类所做的一切，都是对源动力的应用。源动力是有信用的。宋徽宗说，道"有情有信"，"无为无形"，它的推动绵绵不绝，绝不会出现信用危机，同时又光含影藏，永远不会闭塞不通。

渊兮，似万物之宗。

"渊兮"是大道的一个基本特点，大道深远，我们无法探寻其源头。

"宗"是宗祖，这个词很多时候代表着正统。人类在寻找自己统治的合法性，或者财产合法性，也就是寻找自己占有的根本理由的时候，通常的思路就是继承；当然过程当中，也会有一些不得不承认的暴力因素，那就是征战抢夺。

合法性是政权存在的内在逻辑。比方说，不少人认为宋朝"得国不正"，因为它欺负孤儿寡母；有人说秦始皇"得国正"，是因为他通过征伐把其他国家都打败了。

明、清时候的太庙，里面供奉的都是祖宗，后来侧面也供奉那些特别受认可的大臣，强调的就是派生的合法性。还有一种合法性，就是用册封的方式把新生势力收编进来，本质上是让其进入到派生关系当中。当然，一旦被收编，就得接受既有统治体系的规制，也就谈不上自己独立的命运了。

统治的派生和谱系，绝不只是东方的事，东西方都在做这个事情，只是大家表达的方式是不一样罢了。

合法性是大问题。老百姓很少去问这个事，但资产到了一定规模，人就会不觉发问，财富的安全性到底由谁来保证？西方人说人生最美好的就是做让自己欢喜的事情，潜台词就是说，这些事情既能够让他们获得财富，让他们发展，而且是让他们欢喜的，不会遭受逼迫，受到"合法性"的保障。

合法性不止来自于外在，也来自于内心。例如，如果今天我不贷款买房，而我的邻居贷款买房了，十年之后，他的资产就会和我拉开巨大的差距，所以我今天不得不买房，这是被恐惧所驱使的行为，里面缺少某种内心的合法性。

道是一切合法性的源头，它是源动力，人类做的，只是建构起利用这种源动力的社会结构，社会结构能否顺应道的法则，就是它存亡的理由。万物都是如此。

挫其锐，解其纷，和其光，同其尘。

接下来，老子说，万物的宗主一直在派生世间万物，但是同时它也在消磨万物。对于派生出来的万物，如果过于尖锐、凶狠，这个宗主就要慢慢地把它们磨平，这叫做"挫其锐"。

"道"就像一个老祖宗，它总是希望公平公正的，但孩子们的素质却各不相同的，本是同根生，相煎何太急！有些人天赋差，总是吃亏，不得舒展，内心充满了怨怼，大道也要"解其纷"，慢慢消解他们的纠结。

有些人太聪明了，发展得太好了，或者太过超前，光芒过于耀眼了，大道要"和其光"，使他们有所收摄，变得和润一些，不至于伤人伤己。

对于那些废掉的、失败的，也要回收利用、重新造化，给他新的机会，这叫做"同其尘"。

创新与消磨是同构的。道的力量是平等的，它不断地去创生新事物，与此同时，也就是要消磨当下占有资源过多的物种。如果把道的力量比喻成一条河流，那些占有太多的，就好像大土堆，受力面太大，总归要风吹浪打去。

创新与消磨同构，是《道德经》揭示的自然法则。宗主的作用就是这样：创生弱的新物种，消磨刚强的旧物种。这种"消磨"并不等于杀戮，刚强的物种如果能够充分调整自我，协助大道进行资源配置，它同样是可持续的。但如果它总不调整，垄断而不化，就会有过不去的关节口。

老子的思想在后世被庸俗化了，比如"木秀于林，风必摧之"，比喻一个人太优秀，就会因为各种原因被消灭掉。又比如"西子之沉，其美也"，说西施会横死是因为长得太漂亮；"孟贲之杀，其勇也"，说孟贲的勇武给自己招来灾祸，这类思想太消极了。大自然是欢迎优秀者存在的，但这种优秀，应该有利于新生事物发展。大自然鼓励生态，生态是大自然造化万物的方式。

湛兮，似或存。吾不知谁之子，象帝之先。

"道"的第二个基本特点是"湛兮"。"湛"为天空之色，静谧明朗，因而有永恒感。雪后游颐和园，走过十七孔桥，站在岛的西侧，眺望西山山顶和天交接的地方，就能看到这种颜色。

"湛兮，似或存"，它安宁无比，好像永远存在着。那么，按照本章的思路，我们不觉要问，它是谁派生的呢？它的合法性由谁来决定呢？老子回答说，"吾不知谁之子，象帝之先"，我不知道它是谁派生的，只知道在人们造出造物主这个概念之前，它已经这样运作了。"象"，形象，概念。"帝"指主宰。

老子讲得太深刻了！只有帝王家最高层的人，才能说这种话。他实际上确认了帝王家的老祖宗也是"道"派生的，无论在什么地位上，大家都应该敬畏自然法则。

中国人是把自己的老祖宗尊称为神，西方人把奉献赎罪一类精神提炼出来作为神的代表，大家各有各的精神支柱。但老子讲，在我们做这些事之前，"道"已经派生了这个世界，"道"演化了人类社会的底层代码和操作系统，而所有的信仰和神灵都是被创造的，属于应用软件。

按道家的观念，当我们有问题的时候，神灵信仰可能会帮助我们，但是要彻底解决问题，还是必须找到社会运作的底层代码和基本规律。

中国古代历朝帝王敬天礼神，供奉昊天上帝（又称皇天）。"昊"，指的是天之气博大无边，也就是"元气之海"，与无形的混沌相应。昊天上帝不是一个人格神，而是道的代表。对昊天的供奉是从商代开始的，也就是说，道这个概念至少在商代已经是公认的了。中国人明白，这个世界是有底层代码的，在中国文化的本真上，人格化的造物主观念是行不通的！

皇家祭天，祭日月星辰，也不用人格神概念，而是供奉"北斗之精神"一类的牌位。显然，帝王家很清楚自己祭祀的是大自然的某种节点、某种信用，而不是某个神仙。

社稷坛上的江山石，代表着江山永固，然而江山石并不是今人想象的巨物，它看起来是一块扁扁的、矮矮的、类金字塔式的石头，身形的绝大部分，都隐藏在五色土下。由此可见，帝王家明白自己的本位，以及决策的关键，知道生死的关窍，他非常清楚自己不是暴发户。

中国传统文化最值得研究的就是帝王家，遗憾的是，现在我们找不到具体的入口，而只有从《道德经》窥见其思想。

通译

道总是空虚隐含，但造化推动一切事物的作用却永远不会闭塞。

道深远无极，就像是派生万物的宗主。"道"派生的过程，是通过挫平极端、化解纠结、柔润光耀、回收重造来完成的。

道安宁而永恒，就好像是永远都那样。我不知道是谁派生了它，但我知道在"造物主"这个概念出现之前，大道已经在运作了。

小结

道的作用，是创新与消磨同构，总是为新生事物创造机会。因此要不成为新生事物，要不站到新生事物一边，与道同行，做万物共生的工作，否则就必定走向衰亡。

作为决策者，与道同行，就是要在全社会做好"挫其锐，解其纷，和其光，同其尘"的工作，鼓励强者不断升华，同时总是协助弱者的生存与成长。

第五章　天地不仁

天地不仁，以万物为刍狗；圣人不仁，以百姓为刍狗。

天地之间，其犹橐龠乎？虚而不屈，动而愈出。

多言数穷，不如守中。

这一章讲社会治理的生态思路。

自然万物构成了自洽自足的生态系统，天地不会厚此薄彼；社会生态是一个自组织的系统，圣人也不会刻意操纵什么。生态系统的健康运作，会带来源源不断的资源产出，因此社会发展的关键，在于维护社会的健康。

任何带有偏向性的治理活动，都会带来负面的效果。

天地不仁，以万物为刍狗；圣人不仁，以百姓为刍狗。

天地是不讲"仁恩"的，它视万物为刍狗，不会施恩求报。圣人也不讲仁恩，他视百姓为刍狗，一无所求。"刍狗"，草编的狗。春秋时，楚地的巫医为人治病的时候，要在身边放一个草编的狗，以示祈福。

帝王家祭祀天地的时候用三牲，也就是牛、羊和猪。民间用草狗祭祀，只是个摆设而已。但无论是三牲，还是草编的玩具，老天爷都不会看在眼里，都一视同仁。

领导者也应该这样，不能挟仁图报。这是唐玄宗说的，"不仁者，不为仁恩也"。皇上施仁恩，无非想收买人心，在臣子当中营造一种氛围，制造一种大家都来竞争的局势。

然而，治国非儿戏，表面工作是没用的。皇帝表演仁德慈悲，就会有人表现得连虫子都不忍心踩，这样君臣只能没完没了地表演下去。因此收买人心不是社会治理的基本代码，倒不如以百姓为刍狗，没事别去招惹他们，别记挂着他们的供奉。

"天地不仁"一句，有解为圣人对百姓"始用而旋弃"，当成工具，视若草芥；也有解为老子抨击圣人对百姓始用终弃的，总体上看，都是把《道德经》提倡的冲虚恬淡理解得过于极端，变成了无情决绝，显然与老子原旨不合。

天地之间，其犹橐籥乎？虚而不屈，动而愈出。

天地之间诞生万物，就像个大风箱吧，看起来里面什么也没有，却不断地产生出新的事物。橐籥，指风箱。

既然用风箱比喻大自然，说明里面有着吐纳往返的韵律。大自然的运作，只要不破坏那个韵律，万物就会不断地生成；社会的道理，只要阶层不板结，资源就会不断地生产出来。

统治者施些仁恩、玩弄点慈悲，"橐籥"的功效就会变多吗？老百姓的日子就会好过吗？经济学其实早就告诉我们了，越是表面善良，经济就会搞得越坏；越是吹嘘情怀，翻车也会越快。好的经济状态，大家都实干，实打实地生产和交易，人们根本不愿意背负恩情债。

人心期待慈悲，社会需要质朴，人们最终需要的，还是一个公平。

多言数穷，不如守中。

已经拥有天下，还贪心不足，非要在老百姓中施恩图报，来拿好处，这是什么心态？"多言数穷"，政令太多，只会把未来的气数给堵死了。上面的手法越多，下面的情况就越复杂，直到无法处理。

正确的办法是，不玩弄暴政，也不要玩弄道德，而要归于能"守中"——没有态度，内心空明。

从《道德经》来看，发展二字，可能已经成为现代社会最大的"象帝"。但是无限发展实际上是不可能的，过剩经济时代，一切都将重新洗牌。在整个人类社会面临变局的时期，道家说的"长生"是一个很值得关注的范畴，它讲的不是好了还要更好，而是说总能演化下去。这跟西方经济学是完全不同的一个目标，所以叫"多言数穷，不如守中"。

通译

天地不玩弄仁恩，不向万物索取什么；圣人也不玩弄仁恩，不向老百姓索取什么。

天地之间就像一个大风箱，它看起来空空荡荡，生机却永不穷竭。它总是在运动，总是在产生新的事物。

法令太烦，教化太多，只会使自己的路走穷，还不如保持内在的空明。

小结

天地不干涉万物，万物蓬勃演化；决策者不操纵百姓，百姓充分发展。

对决策者来说，与其政教繁杂，还不如给自己留点转换的空间。到处发号施令，事情会人为地复杂化，头上安头，乱中添乱，搞出更加难以理顺的局面。

第六章　玄牝之门

谷、神、不死，是谓玄牝。

玄牝之门，是谓天地根。

绵绵若存，用之不勤。

这一章讲"第一推动力"。

天地自然，因为扎根在无形的混沌之中，而获得绵绵不绝的给养。道家认为，人应该向天地学习，通过学习自然法则，正确架构社会体制，找到可持续发展的源动力。

老子把这个源动力母体称为"玄牝"，玄牝就是第一章所说的"无"。无能生有，故称玄牝。

谷、神、不死，是谓玄牝。

牝为雌性，玄牝就是漫无边际、无尽深远之母体的意思。玄牝之门，与母体沟通的通道，以脐带来比喻最妥当。天地万物，都是通过某种通道与无形的混沌母体保持着联系，获取源动力。

无论是古人讲的修身、练气，还是今人讲的管理经营，道家都有一个忠告，得"玄牝"。从社会角度讲，办企业，如果找到了真实的社会需求，就是得了企业的"玄牝"。西方人把这个过程叫做从 0 到 1 了。从 0 到 1 是质变，一旦完成，企业再小也能站得住脚。

人体的"玄牝之门"在什么地方呢？

河上公认为，人的"玄牝之门"就在口鼻，呼吸是人与外界交换能量的通道。佛家也说，生命就在一呼一吸之中，断一口都不行。这难道不是"玄牝"么？对此我们不做断论。

玄牝之说是方仙家的重要理论依托，包含着古人追求超脱的美好愿望。试想，如果人真的与大自然的生命力母体实现沟通，那岂不意味着长生不老！从这样的设想出发，派生出无数种修行方法，服食、炼丹等等，其理论前提都是人与天地同根同源，重视汲取玄牝的生命力。

什么是"玄牝"？老子讲了三个特征：谷、神和不死。

自来"谷神"被连读，有说山谷之神，也有说五谷之神，至于它们为啥不死，就说不出道理了。我们参照《道德经》三十九章"神得一以灵，谷得一以盈"可以推知，"谷"和"神"是两种存在方式，不是五谷之神，也不是山谷之神。

"谷""神"和"不死"是"玄牝"的三大特征：

谷，虚空容受，生命力是在空虚的地方发生的。怀着满心成见，是得不到"玄牝"的。时时刻刻评论别人、抱怨世界，或者执着于严密的逻辑推理、学理架构，都与玄牝渐行渐远。得玄牝是一种与自然相得的体验，并不服从逻辑的安排。憋足劲论述虚空容受，也是不能得玄牝的，需要心里真的清空了才行。

神，清明地觉察。一个国王站在城楼上，看着百姓们的市井生活，他心中清明，没有挂碍，不会在城楼上大呼小叫，这就是神。

如果谷和神两者都做到了，会体验到不死。我们端正心思，看着这个世界熙熙攘攘地变迁，绵绵不绝，就会豁然发现，这种生机不是局限在谁身上、或者是对谁格外青睐。整个世界总是在不停地运作，造化不休——它怎么会死呢？造化是不死的。于是心意豁然开解，变得空明、有灵性了，也变得更加谦虚和平等了。

玄牝之门，是谓天地根。

天地能生生不息地运作是为什么？是因为它扎根在"谷、神、不死"的玄牝当中，或者说，天地深深地体现着"谷、神、不死"的特点！

老子说玄牝的本意，或许是希望人们在自家身心上调整出"谷""神"和"不死"的状态，而不是单单指某个身体部位。正因为如此，后世才会出现各种各样关于"玄牝"的解释，甚至与修真家提出来，每个人得玄牝时的情况是不一样的。我们完全可以说，凡是能让人与自然相得的那个状态就是得玄牝。

要得玄牝，就要把自己修为出"谷"与"神"的特性，成大器，能容受自然的馈赠。如果迷恋外在的荣耀，越发觉得众生可怜，想要照着自己的意图度化他们、改变他们，其实是自己变"小器"了。毋庸讳言，越是靠各种高尚的观念来壮实自己，离道越远。

天地是得道的大器，人应当如何？

绵绵若存，用之不勤。

据说西方哲学有三大原初问题：我从哪里来？我到哪里去？我为什么活着？都是对自我的扣问，其逻辑中，包含着"问题属于自我的范围"的假定，而自我之外的自然，被视作了他者。人与自然的关系在发问的时候，就被割裂了。

道家思想，从来没有割裂天人关系。老子告诉我们，有一种力量绵绵不绝地在补给这个世界，然后这个世界又补给了我们。天地深深地扎根在玄牝之中，人类是通过天地的运作而诞生出来的。因此人类应该向天地学习，也深深地扎根到玄牝之中，把成见放下、心量放开。

大自然是真正的老师，人类本身，并没有自己想象的那么伟大。当"自我"朝着谷、神、不死的方向修为，重返自然之时，所有因割裂而产生的问题，也就消解了。

"吾不知谁之子，象帝之先"，在宗教与哲学发明各种伟大观念之前，"道"就这么运作了。人类的想象也好，逻辑也好，是不可能绝对自洽的，但生命却总在演化之中。这就决定了人类在思辨中寻找生命的意义，必定是镜花水月。要消除那种亢奋的自我烦恼，关键是低下头来，去向大自然学习。

通译

低下包容、神明感应、不死不绝，是"玄牝"的基本特点。

"玄牝"的通道，就是天地扎根的地方。它的作用绵绵不绝，怎么用也用不完。

小结

在道家看来，各种对价值、意义的烦恼困惑，都与生命力匮乏有关。人的生命力来自于大自然，因此我们应该向自然去学习，珍惜自然的馈赠。

学习天地的虚静容受，清明感应，造化常新，就要把自己的成见打扫干净。身心安逸下来，自然之光才会照入心灵。

追问终极，不如实践当下。生命的极致境界，在于扎根到"玄牝"当中。"玄牝"是无边际的母体，提供源源不绝的动力，包含着无穷无尽的可能性。人活着到底是要什么？财富资源固然是重要的支撑，但最重要的还是一种自由度更宽的选择权。

第七章　长生之道

天长地久。

天地所以能长且久者，以其不自生，故能长生。

是以圣人后其身而身先，外其身而身存。非以其无私邪？故能成其私。

本章承接上一章，讲长生的原因。

天地之所以长生，是因为没有偏执的目标。天地始终扎根在玄牝母体之中，因此不会断了给养。圣人学习天道，也放下了偏执的意志，把自身深深地扎根于民众之中，因而安全长久。

圣人之道，是效法天地之道的结果。

天长地久。

天长地久，久通有。天地之间，一切事物变迁不息，而天地作为最大的有形存在、最大的世间框架，却能够穿越悠久岁月，承载万物，庇护生灵，因此说天地具备值得人类学习的大德。

天地所以能长且久者，以其不自生，故能

长生。

人类总想着长生、长有，这并非全然是妄念。天地已经做出了长生的表率，它就是人类面前的最典型的长生个案，所谓法天象地，正是此意。

天地为什么能够长久运作？老子给出的答案是，"以其不自生，故能长生"。天地不是为了某种具体的目标而活，不是在某种意志驱使下去活。

庄子早就说了，为了某种目标而活的，也将有待于具体事物。必须这样活，必须那样活，本身就是对生命最大的消耗。

天地不自生，她没有偏执，只是保守着"谷、神、不死"的状态，因而深深地扎根于玄牝之中，长生长有。

是以圣人后其身而身先，外其身而身存。

天地不搞人类热衷的那些花花肠子。她"不自生"，故而接受了"玄牝"的给养。如果它像人类那样，她还能"谷、神、不死"吗？大概是"天若有情天亦老"了吧。因此，作为君王，如果想要家国长久、子孙安全，就应该"后其身"，把自己的身家需求放到"老百姓"后头，把财富地位的虚荣欲求放下，这样就接地气了、扎根于"玄牝"了。

生产是社会的玄牝之门，老百姓是社会的根本。领导者扎根于百姓，才能得玄牝。决策者"外其身而生存"，就是去做那些让"玄牝"能够长期运作的事，而不是必须获取什么东西。维护好决策层与老百姓之间的通道，就不至于走到老百姓没法过、精英也不得好死的田地。

放下身家执念，重归平凡，是不容易的。唐代文益禅师去拜访贵琛禅师，每日论道，贵琛常常哑口无言。临别的一天，贵琛很客气地把文益送到门外，发一问："门前石狮子，是在心里头呢？还是在心外头呢？"文益禅师张口就来："佛经上说心外无物，这石狮子当然在心里头了。"贵琛禅师就叹息："行脚的人啦，每天心里揣个石狮子，累不累呢？"文益怵然变色，突然明白以前全搞错了，赶紧留下来向贵琛请教。"心外无物，身外无境""宇宙即我心，我心即宇宙"这一类宏大话语，看起来气吞山河，但真正悟道的人，则把这些伟大的感觉轻轻揭过，告诉我们，真正有意义的，还在于自心是不是真的放下了。

非以其无私邪？故能成其私。

正是因为圣人无私，所以身家性命都得到了保全。

有人批评老子阴柔，说他在老百姓面前，故意装出退一步、让一步的样子，最后还是想要他那么一点私利。这真是坐着说话不腰疼！决策者也是社会一分子，那一点身家，难道就不该保全吗？一个社会伦理说教时间太久了，道德讹诈就占了上风。想要教导大家老实听话，结果反弹回来的都是揶揄。这是中国文化深刻的教训。

通译

天地长久。天地之所以能够长久存在，是因为她没有偏执的意志，保持了她的"玄牝"通道。

圣人模仿天地、效法长生，也去维系自己的"玄牝"。他们把自己的身家放到老百姓后面，反而能走在前面；把自己的利益置之度外，反而保全自己。

正是这种无私应了"玄牝"的特点，圣人的身家也就真正地得到了实现。

小结

求生自利是人之常情，这是一种本能，也是社会应该予以保护的权利。离开常情去要求高尚是很不正常的，在常情的基础上处理问题，社会群体才会安定，发展才有基础。

大自然之所以能够长久运行，是因为它没有功利性，包容多元性，如此就不会脱离"玄牝"。相应的，决策者也要比老百姓看得更透一点、更远一些。老百姓追求利益是社会发展的动力，决策者应该予以整合与疏导，而不要与民争利。老百姓发展了，决策者自己也会长久安全。

第八章　上善若水

上善若水。水善利万物而不争，处众人之所恶，故几于道。

居善地，心善渊，与善仁，言善信，正善治，事善能，动善时。

夫唯不争，故无尤。

这一章是千古名章，从水的德性去阐明道的德性。

决策者具备水的德性，就接近于道了。他们"居善地，心善渊，与善仁，言善信，正善治，事善能，动善时"，这就是《道德经》反复强调的不争之德。事功成就，与世无争。

与世无争，不只是一种心态，更是一整套领导学理念。

上善若水。水善利万物而不争，处众人之所恶，故几于道。

道家讲向大自然学习，但是如果我们要直接去领会"道"，那就需要观察整个宇宙变迁，难度未免太大。古人说法天象地，但也要提纲挈领。比如《周易》的八个卦，用乾、坤、艮、兑四个卦，代表天、地、山、河四个大物象，震、巽、坎、离四个卦，代表雷、风、水、火四大现象。四大物象配合四大现象，就构造出一套认知世界的基本框架，然后在这个基本框架之上，再来观察世间万物纷繁复杂的关系。这是极有智慧的发明，虽然做不到完备，但极具启发性。

《道德经》里，老子用更为简洁的比喻来阐述道的德性。

"上善若水"，"善"是妥当的意思，不是善恶的意思。道无善恶，大道不断地生发万物，本身没有好恶偏向。所谓"天地不仁，以万物为刍狗"，好恶是人的事情，天地并不需要反过来配合人类的观念。

"上善"，大致相当于古希腊人追求的"至善"，也就是真理的状态。这是一种不能完全表达出来的、最妥当的状态。简单地说，合于大道"生"的特性则是善，否则就是不善。举个例子，一个人搞套利投资算不算"善"？不能一概而论。善或是不善，不是做投资或者做投机来决定的，而是由做法本身是否合道来决定的。也就是说，要看未来有没有进一步演化的路径，他有没有能力符合"生"的特性。反过来讲，一个没有财富运作能力的普通人，突然中了两亿的彩票，结果是什么，其实也不难推测。

不必讳言，仅仅从道德观念出发去评判这个世界，肯定也称不上"善"，我们要从"道"出发，去观察这个世界。

"水善利万物而不争"，水善于调配资源，给万物带来利益，自身并不争利。人们常常会疑问，持有财富的合法性是什么？从本章看来，就是善利万物而不争，运作财富以服务于社会，这就是财富的合法性。任何人，如果能够用他们的资源善利百姓而不与百姓争利，都是"上善"。

不但不争，水还"处众人之所恶"。

《道德经》里，人指贵族，能够掌管资源的人，"民"指的是老百姓。这句话是个比喻，点明了让贵族不情愿的，正是服务社会、流通资源、让社会利益得到合理配置的事情。但这件事水能做到，水德的人能够做到，有些领导者，他们能够做那些让贵族们心生厌烦的事情，待在服务者的位置上。他们的德性，"几于道"，接近于道了。

从本章看，道家对水的评价非常高，但并不单单是道德评价。

居善地，心善渊，与善仁，言善信，正善治，事善能，动善时。

水有七种德性，喻圣人的七种德性。老子实际上是在说，我们可以从这七个方面去向水学习。

第一"居善地"。他总是能从低处，从社会最基本的代码、基本需求去考虑问题，这是一个管理者最大的德性。他不会任由高层利用各种经济泡沫去伤害最底层的生态。泡沫炒作，会带来社会的两极分化，更会让人们失去事业的愿景，沉沦在赌徒的心态中，这会使得一个民族在精神上失能。

第二"心善渊"。"渊"指"挫其锐，解其纷，和其光，同其尘"的深远运作，也就是心里头要有万物宗主般的包容性。事物经过层层演化与派生，变化纷繁复杂，但作为管理者，内心还是要柔和包容，不去跟自己的后代争利益，不拿后代的利益来养活现代。

第三"与善仁"。与人结交，始终以仁爱为本，与人为善、待人以仁。真实的仁善，不是强硬地去干涉他人的轨迹，而是尽量帮助他们的道路能够走得通畅一些。例如，有些企业家意识到，老板不要和下属交朋友，不要搞什么打成一片，否则就容易产生偏私。对管理者来说，公平正义才是仁，天地不仁才是大仁。

第四"言善信"。政令精简而有效。"多言数穷，不如守中"，教化太多，迟早会把自己带偏，政令繁多，必然会执行不力。眼里要容得下事。社会的有效运作，毕竟需要一个长期博弈以达到利益的合理配置，本质上不是靠谁的感化，也不能靠各种法令的威逼。

第五"正善治"。"正"最早是讨伐不义的意思。如果统治者暴虐地对待百姓，大家去讨伐他，叫做"正"。一个统治者暴虐，最核心的问题是什么？那就是横征暴敛，所以"正"的本质是合理的税收。"治"的含义则得自于治水，是梳理的意思，用今天的话讲，就是做好公共服务、梳理好社会各阶层的利益，相当于政府的财政功能。

在古人看来，一个政权的根本职能是财政与税收，军事则是捍卫作用。维持统治，首先考虑的是钱能不能妥善地收上来，再者就是能不能合理地花出去。至于君王娶多少个老婆，属于私德，关键还是看他对老百姓的态度。

资源总是有限的，"正善治"，说的是要善于进行财政上的调节，要精打细算、妥当安排。决策层常常会体验到钱不够花的困难，草根倒是经常幻想自己富了马上去捐好多款。那种心态，根本就富不起来。

第六"事善能"。做事情要找到恰当的人，把不同才能的人安排到不同的位置上去。"事善能"也可以推及行业管理，以"正善治"为前提，对于某些行业泡沫高起，迫使其他行业萎缩的情况，显然是需要治理的。

第七"动善时"。善于寻找机会，审时度势，择机而动。到这里已经是具体的技术环节。要做好这一点，必须有深入的行业研究。纵观历史，孔夫子在这一点上做得最高明。办私学，培养君子，其实是在历史的关节点上抓住了年轻人。毕竟任何时代，年轻人的心都不会完全封闭，利益立场尚在形成之中，还有可教育、可改变的空间。

夫唯不争，故无尤。

以上七个方面，是得道的状态。做好了这些方面，也就不用再争什么了。"流水不争先"，因应潮流，不断地去演化自己的轨迹就可以了，心里头也不会有什么过不去的事情。

作为君王，把这七个方面做到了，属下和子民不会积累怨恨，所以说"无尤"。

通译

最妥当的德性，就是向水学习，学习它善于利益万物，而不与万物争利，总是处在贵族们不愿意待的位置上，执行贵族们不愿意执行的功能。这种水一样的德性，近乎于"道"。

好的领导者，总是待在低处，内心包容平等，与人为善，政令守信，财税平衡，知人善任，顺时而动。做好自己的事情，而从不与民争利。

做到这七个方面，整个社会就不会有什么积怨了，这就叫妥当。

小结

水的特性是向低处流动、柔弱、利他、善于积累，应时应势而动。

　　向水学习，能够体悟道的德性。第一章提示从有形与无形的关系中去领悟道的法则，这一章则讲从水的特性中感悟道之德。考诸历史，大成就的领导者，往往具备这样的德性。

　　不与天下争利，则无人能与其争。身处领导的位置，如果不能修德利人，镇之以静，就会不断制造出对立面，陷入无穷尽的利益旋涡之中。

第九章　功成身退

持而盈之，不如其已；

揣而锐之，不可长保；

金玉满堂，莫之能守；

富贵而骄，自遗其咎。

功成身退，天之道也。

本章讲进退，涉及了中国传统文化一个重要话题：持盈保泰。

所谓持盈保泰，即如何保全既得利益，完全是富贵人群的问题。在现代来讲，特有一种所谓精致的利己主义，既要站在道德制高点上，又挖空心思，唯利是图。

老子给出的答案是：月满则亏，抱紧不如放下。解除身家性命与事功目标的绑定，功成身退，大可以去创造新的人生。

持而盈之，不如其已；

把满满的一盆水抱在怀里，不如放下。持盈保泰，一向是富贵人群的难题。泰是平安，既要盈满又要平安，老百姓想都不会想这件事，但富贵人群每天都面对着这件事，处理不好，则寝食难安。

老子的回答是："不如其已！"不要一直拿着，要把它放下。如果只知进不知退，就会像《红楼梦》中贾雨村逛破庙时遇见的对联那样："身后有余忘缩手，眼前无路盼回头。"财富多到管不过来，手还不缩回来，这是奔着尽头去，连转弯的余地也不留。

揣而锐之，不可长保；

"揣"通锤，这一句是用打造兵器来作比喻。

有能力的人往往想着极致。就像一把剑，已经打造得非常锋利了，还要拼命地打磨，最后就折损了。小孩子削竹签，总觉得不够尖，一直削到最后，竹杆都削没了。特别聪明的人，已经浑身是刺，谁跟他说话都担心被怼，他还觉得自己不够高明，恨不得每句话点到别人的死穴上。这些做法，都是与生存环境为敌，不可能长久保全。

细节上的控制欲，会导致大局观的丢失，这是大毛病。老是强调自己的优势，总是算计周围，不留余地，很容易挫伤到自己。投资的机会抓不住很正常，也不碍事，但如果总是全力以赴，做错一次就会折戟沉沙。所以，留余地比做得精更重要。投资界有笑谈曰：第一是本金，第二是本金，第三还是本金！的确是金玉良言。

人生到了某一阶段，难免会钻进牛角尖。然而在大的关节点上，人生又能有几次容错的机会呢？所以时时要强是死路。所谓"揣而锐之，不可长保"，其实讲的是进退。这是讲给精英人群的，普通人要解决的是衣食温饱的生活问题。

金玉满堂，莫之能守；

京剧《满床笏》中，子孙们来给郭子仪拜寿，床榻之上堆满了笏板，这比金玉满堂更进一步，全家都是官员。"满床笏"这一典故，常被借喻家门福禄昌盛、富贵寿考，而郭子仪本人，深通为臣进退之道，所谓"功盖天下而主不疑，位极人臣而众不嫉，穷奢极欲而人不非"，甚至还高寿八十五而终。唐代民间流行供奉郭子仪画像，以求全福全寿。然而既求全福全寿，又如何能做到进退有道呢？

有个鸡汤故事说，发洪水的时候，地主揣了一包金玉爬到了树上，他的佃户揣了几个红薯也爬到了树上。洪水一直不退，地主饿的要命，就问佃户能不能给他一个红薯吃，佃户说不行，因为他不知道洪水什么时候退。三天之后，洪水退了，地主也饿死了，农民下了树，捡起地主的财宝扬长而去。这种老故事看了发一笑便罢。

其实这一章说的，是当一个人金玉满堂、占有社会财富比例过大的时候，实际上也就找不到进一步演化的路径了，往哪儿走好像都通往衰败，这是最危险的事情。一个人的财富，一定要跟他的能力相匹配，德能配位，德也要能配财。莫之能守，对策就是不要守，应该把财富以恰当的方式融入社会，合理流通，造福于民众。

富贵而骄，自遗其咎。

富贵，是说一个人既有财富，又有了名位。一个富人，已经和运作社会的权力系统勾连起来了，这时他最想要什么呢？合法性。他会想通过体制性的办法来固化自己的财富和地位。这种看起来常规的想法，就叫做"骄"。说穿了，就是要过河拆桥，要破坏他自己富起来的桥，断后人的路。为了这个隐晦的目的，人们迷信权力，擅用权谋，整合裙带，甚至要去操纵政策。

老子对这种情况的评价只有一个字："骄！"要知道，在自然界里，就算是最大的掠食动物也不能这么做，更何况他们还不是！他们真正应该做的是反过来的，维护那个让草根也可能富贵的通道，维护公平的规则，让自己继续参与演化。

"自遗其咎"的人，都是有选择的，但他偏要选择追求绝对的控制权，最后，把自己的身家性命托付给了运气。权力是天底下变动最大的东西，当一个人攀附上权力的时候，他觉得自己很安全，但他却下意识地不去考虑权力本身是否安全。金字塔顶尖上的权力，只要是清醒的，一定考虑的是老百姓的基础。因此，每逢时代变迁的关口，各种攀附在层层权力之上、希望既得利益万年不变的富贵人群，就要面临巨大的变数。

在古人看来，富贵不学道，那真是危险之至。人的本能追求永久的安全，但究其实质，只有变迁是永久的。因此，只有不断解决新的问题，才有安全可言。安全是体系运作顺畅的一种表现，它本身是不可占有的。

良知代表着生命力，贪欲等于作死，它会使人变得偏执和癫狂，挤压了自己的决策空间。所谓退一步海阔天空，如果一个劲地往前挤，"揣而锐之"都觉得不够，就会发展为"自遗其咎"。

"咎"，是天灾的意思，所谓天灾，是没有具体原因的，它是一种系统性惩罚，在什么时间点爆出来是无法预知的。

功成身退，天之道也。

这一句，河上公本作"功成名遂身退"。

在事业前进的过程当中，很多事情是不得已的，总会留下一些问题，但是，只要把握一个基本原则，就能保证基本安全。那就是，当事情做成之后，要及时退步抽身，把身家与功业解绑，合于"天之道"。

富贵人群多能人，但如果每个能人做成一件大事，都占领了成果不放，整个社会很快就会无法负担。因此作为能人，要上善若水，修不争之德。所得已经甚多，就不要抱怨命运对自己刻薄寡恩。

《道德经》是很温暖的经典，它总是抱着救人的原则，而不是要追究谁的原罪。它警告能人们，要在成功的节点上主动转换，求得身家事业的可持续之道。转换之后做什么？从事新的创造！这大概就是今天讲的"主动创新"吧。

功成身退，可以总结经验，多做一些新的创造，重新成为新生事物，这样就应了好生之德。与好生之德同行，可以无灾无咎。

通译

装得满满的，还要抱在怀里，不如放下。

已经非常锋利了，还要登峰造极，这是保不住的。

财富累积得太多，不能服务社会，谁也守不住。

已经致富贵了，却采取各种手段障碍社会发展，只会给自己招来灾祸。

把自己的身家与事功成就解开绑定，轻装前进，这符合老天的运作方式，符合"天道"，所以是安全的。

小结

事物到了高潮，人生到了巅峰，必定面临转机。如果不能及时转换的话，就容易被形势变化所磨灭。大道的好生之德，在于"挫其锐，解其纷，和其光，同其尘"，驱使极端的事物回归，社会运行也是如此。

生死存亡都与好生之德有关，生长的力量也是死亡的推手。资源固化会阻碍好生之德的运行，因而成为天道磨灭的对象。有道之人应该主动回归，学习"天地不自生"的精神，放下包袱，重返柔弱，开创新的局面。

我们学《道德经》，学的是好生之德，求的是一线生机。

第十章　修身养性

载营魄抱一，能无离乎？

专气致柔，能婴儿乎？

涤除玄览，能无疵乎？

爱民治国，能无为乎？

天门开阖，能为雌乎？

明白四达，能无知乎？

（生之，畜之。生而不有，为而不恃，长而不宰，是谓玄德。）

如果说第一章讲悟道的路径，那么本章讲的就是修道的"次第"。修道的次第，分为调身、行气、修心、返朴、感应、通达六个层面，境界逐层上升，最终天人合一、与道合真。

从本章来看，老子所说的修道，涵盖身心自修、治世化人、感应天道三个方面，强调行道于世，达到自然、社会、人三者的和谐共生。

载营魄抱一，能无离乎？

"载营魄抱一"，"载"本身没有实义，是语气词，"载"的后面才是正文。"营魄抱一，能无离乎"？传统的解释为，魂和魄抱在一起，能够不分开吗？这话本身没错，符合道家魂魄相守的修真理论。魂是主观意识，非常活跃，总想追求更多，但作为身体机能的魄更愿意安静，它有自己的规则，不愿意被主观意识差使。如果一个人的魂总是在工作，比如半夜看小说不忍睡去，身体就会跟着过度消耗。如果魂能够反过头来抱住魄，尽量尊重身体的自然规律，那身体状况自然会好很多。

中医古来就认为，情绪会影响身体，现代医学也意识到这个问题。比如，情欲影响的是脾胃。暗恋某个人，突然看到那时会感觉心抓紧了。如果进行医学检测的话，可能是轻微的胃痉挛。按中医的考量，投资的焦虑，反复思索，举棋不定，也会大伤元气，其实是伤肾。

《黄帝内经》中说，"取血与营，取气于卫"。营，指在血液当中流动的营养，它是人体深层的能量，叫做营气；卫，是人体表运行的保护身体不受风寒侵扰的能量，叫做卫气。"营魄抱一"，是说气血与体魄都要"抱一"。"圣人抱一为天下式"，"一"就是无形的混沌，代指自然状态、生死的枢纽，所以"营魄抱一"，不是说它俩抱在一块，而是两者都要合乎于自然。

用今天的话来讲，魄应指身体的组织功能。植物神经，以及凡是不受理性指挥的身体功能，都属于魄。魄不等于肉身，它是身体的那一套自组织信息体系。它不需要用理性去指挥，理性也指挥不了它。我们可以不断思想着"胃啊，你要正常蠕动啊"，但胃不会听令，它本来有一套指挥系统，这叫魄。

放下身心，放过身体，让身体恢复它自然的运行状态，这就是"抱一"，而"能无离乎"，是指不用理性意识强行干扰它们。

专气致柔，能婴儿乎？

身体回复了基本的自然节律，还需要主动去促进元气周流。自然的运作是周遍的，但并不代表是最佳的，对于自然运作不到位的地方，人可以做恰当的干预。

"专"通抟，抟是在手心里揉，用的是巧劲。老子强调对待自家身体里的元气，要用抟丸子的那种巧劲来使其循环周流、无所不至。对于这一点，古来丹家有"勿助勿忘"的说法。静坐时，既不能忘了元气的运作，又不能够用意念推着它走。通过这样一种仿佛不干涉的关照，帮助身体调节气血循环。做的得法，就能够"致柔"，整个身体的韧带、肌肉、关节全部像孩童一样柔和，而气血则是饱满而鲜活的。

涤除玄览，能无疵乎？

前面讲了调身、调气，进一步还要调心。"涤除玄览"，"玄"通"炫"。《荀子》说"上周密，则下疑玄"，这里的玄，是猜疑的意思，引申为总想窥探一切。

父母偷看孩子的日记，老板在员工看不见的地方装上摄像头，都是玄览。摄像头这个东西，真是小老板的天敌，装上的头几天，小老板啥都不干了，每天窝在办公室里看，恨不得冲出去跟员工谈话，要了解他的心理状况，这就叫"玄览"。

人们往往高估了情报工作的重要性，却忽视了内心平静对决策的根本意义。

玄览的妄念一定要放下、洗干净，"能无疵乎"，一点儿都不能有。疵是毛皮上的疵点。毛皮上有一个点掉毛了，周围就容易不断掉毛，叫做疵。因此检查毛皮的时候要吹，要边吹边检查疵点，这叫做吹毛求疵。"能无疵乎"，是说内心的平和要非常完整，完全放下妄念。

爱民治国，能无为乎？

无为的涵义需要再做一下探讨。

第二章说"处无为之事，行不言之教"，可见无为是社会治理方面的一种思路、一种境界。第三章说"为无为，则无不治"，说明这种思路是要积极作为的，要维护好社会枢纽的运作，保障社会生态的健康，不要把自己陷入无穷无尽的复杂矛盾中去。从整部《道德经》的文本来看，汉代以来把无为解做"放任自流"是很难理解的。

"爱民治国"，是因爱民而治国，爱护民生是治国的出发点。社会事务纷繁复杂，又总是在利益上趋于两极分化，如此看来，无为的价值也就呼之欲出了。

这一句王弼本作"爱民治国，能无知乎"，而河上公本作"能无为乎"，帛书《老子》作"毋以为乎"，权衡起来，治国无为更为妥帖，故取"爱民治国，能无为乎"。相应地，后文"明白四达，能无为乎"，也调整为"明白四达，能无知乎"。

天门开阖，能为雌乎？

在治国的问题上无为了，到处插手的强迫症治愈了，各种被遮蔽的信息就会显现出来，这大概是"天门开阖"的寓意。至于修真家认为，天门开阖指元气冲开头顶囟门，元神与天地相往来，其实牵强。试想如果就是求阳神出窍，何须前面的爱民治国？

"能为雌乎"，无为而治，各种信息显明了，你还能在社会面前保持一种雌柔、谦逊的态度吗？用今天的话说，大数据都出来了，你还能守住自己的本心清明、不用大数据去谋求不正当的利益吗？

王弼本此处为"能无雌乎"，与文义不合，这里根据河上公本和帛书本，校订为"能为雌乎"。

明白四达，能无知乎？

真正通达了，心里能否安然？一切都理顺了，心理上会失重吗？还会去寻找什么人生意义吗？还会为人生、为社会设定终极目标吗？

真的天人合一了，能无知乎？这个无知，不是说没知识、没见识，而是说没有强加给社会和自然的价值观。一定要对应到中国古代社会，就是没有圣人情结；对应到今天，就是成功了，却毫无做"教主"的心思。

绚烂复归平淡，如溪流汇入大海，终得长远之道。

（生之，畜之。生而不有，为而不恃，长而不宰，是谓玄德。）

这一句很可能是错简重复，应为第五十一章的内容，五十一章专门讲道尊德贵，讲"玄德"，本章到"无知"的最高境界就结束了。

最高境界既玄妙又实在，它没有目的性、没有价值感、没有对人生的困惑，一切只是鲜活地发生，又当下返回自然。

通译

气血与体魄的运行合于自然，能够不破坏它们吗？

帮助元气的流动，使得身体柔软，能达到婴儿那样吗？

摒弃刺探社会隐私的想法，能够完全清净吗？

爱惜百姓，治理邦国，能够抓住枢纽、不烦扰社会吗？

感应天地，获得社会的海量信息，还能够低下谦逊吗？

智慧通达，天人合一，能够无私无我、坦坦荡荡吗？

小结

本章才是庄子说的去除机心。去除机心，从来不是不研究科学，不搞技术，不做实事。后人以为老子反对科学技术，反对智识，是对道家思想彻头彻尾的错解。

本章又是对决策者的要求和鼓励。通过一系列身心修为与治世实践，决策者可以洗净自己的内心，达到天人合一、坦荡无我的高境界。

第十一章　以实求虚

三十辐共一毂，当其无，有车之用；埏埴以为器，当其无，有器之用；凿户牖以为室，当其无，有室之用。

故有之以为利，无之以为用。

本章讲有、无，运用到生活里，就是处理好虚、实之间的关系。

老子举出车轮、陶器、房屋三种基本工具为例，劝导世人建立以实求虚、取万物之功用的视角。

以实求虚，以虚驭实，虚则实之，实则虚之，是一种具体结构为我所用，而我不为其所惑的治理艺术。

三十辐共一毂，当其无，有车之用；

三十条车辐插在车毂上，因为车毂上留下的空口，车辐才能固定在上面。

中国人很早就发明了车轮，结构上是轴连着毂，毂外围插着辐，辐外面则是轮圈。战国时期出土的马车实物，车轮确实是三十辐。古代没有橡胶，为了使轮子的运行比较稳定，车毂尽量做得要大一点，车辐也要多一些，利于减震。

有考证说，中华文明最终延展的地域界限，受限于两轮马车，两轮马车的负重一半压在马身上，运载能力始终是有限的。之所以没有普及四轮马车，是因为没有研究出四轮马车的灵活转弯技术，而欧洲人发明的四轮马车能够灵活转弯，是因为配备了一个巧妙的连杆系统。

无论如何，中国是最早使用轮子和车的国度之一。据李约瑟的考证，早在四千五百年前的殷商时期，中国人已经开始大量制造战车了。轮与车的使用，大大推动了社会生产的发展。

埏埴以为器，当其无，有器之用；

做陶器，是先锤砸黏土，做成泥胎，再烧制出来。究其实质，人类制作陶器，要的是器皿的容积，是用器皿去盛放东西。

轮子与容器是人类最基本的发明。屋子本质上是也是一个容器。轮子改变了交通方式，器皿则放大了储存的能力。物资在储存之后就会发生变化，这其实也是早期科学的一个源头。炼丹家则干脆把人体作为元气的存储器来看待，还要对元气加以烹炼，促使其反应，转化成更为高级的能量。这其中，蕴含着朴素的科学思想。

有段时间，社会上流传着成功人士肌肉大的奇谈怪论，把一众欧美企业家的裸身图片拿出来秀，说如果肌肉都练不好的话，工作也不会有成绩。赤裸裸的成功学吹嘘。在道家看来，人生的关键问题还是要成器，所有的磨练，最终应该开启的是心胸和智慧，有容人之量，能够容受世事变迁。显然，能否成器，与练出巨胸翘臀没有直接关系。

成器是中国文化一个重要的人生范畴。孔子也讲"君子不器"，大概是说君子不应该拘泥于形而下的器用，而要具备形而上的道的眼光。但因为《论语》的记录过于细碎，缺少说话的背景，坊间的解释就千差万别，有说"君子不能作别人的工具"的，竟然还有人解做"君子要把别人当成自己的工具"的。

成器，也有协调综合的意思。古人用鼎器烧煮食物，功用在于成熟与调和，所以定鼎的含义，君临天下只是表象，根本上是协调各方面利益，大家能够在一起长期吃饭的意思。

凿户牖以为室，当其无，有室之用。

盖房子需要留下门窗，人才能进出起居。人们需要的不是墙壁屋顶本身，而是它们所区隔出的生活空间，

古人盖房子都要堪舆。堪舆极重视门窗的方向与大小，追溯其源头，应该是基于古人对常见风向的规避和利用。如果大风长驱直入，显然对健康不利。如果从古代的堪舆学说来看，现代建筑学似乎忙于建造各种奇观建筑，空有奇怪的外形，却很少有宜居的考虑。例如，为了格调，大都市都忙着盖玻璃房子，浑然不顾几十年后，这些玻璃幕墙会成为城市的安全杀手。

盖房子是为了有"室之用"，那些背离了人的需要的"艺术品"，其实是真正意义上的违建。

故有之以为利，无之以为用。

有形事物提供材料和架构，无形的空间才能为人所用。

前面举的三个例子，都是人类最基本的工具：轮子、容器和居所。车毂、陶土、砖瓦，提供的是有形的框架，真正发挥作用的，是它们所搭建出来的空间。

这一章的哲学意味很浓，它探讨了人类追求中的一些误区。

比方说，富有是一个框架，人真正追求的，还是能够活得自在。对于框架性的东西，要善于配置，不能把自己也卷了进去。又比如，企业主建构一套制度，真正想要的是员工在制度框架当中发挥出更大的效率，而不是为了对付人、管住谁。有人说，MBA那套管理理论学得越多，企业就死得更快。其原因，恐怕也是背离了虚实相成之道。一大堆理论在一个企业里刚性地落地，再有能动性的员工也给箍死了。

如果离开了对"无"的重视，任何"有"的建构都是纯消耗性的。而想要拥有"无"，就必须追求"有"；想要自由，就不能假清高，就要积极建构制度框架，参与社会建设。

当然，对"有"的追求，又将演化出无穷无尽的故事，但任何时候，心里都要牢牢地把定一个原点："无。"文青进终南山里避世，大多是因为缺乏现实的磨练，做不好自己的社会结构，待得越久，越是添堵。富贵人群跑到终南山里隐居，只是喘口气而已，终究还是要回头处理自己的现实生活。有无、虚实之间，追求与手段之间，需要把握好法度。

有无虚实，相反相成。想要虚灵的境界，就要做实在的功夫。《道德经》告诉我们一个基本的道理：人生在世，一定要处理好那个看起来的对立面，才会达成夙愿。脚往后蹬，人才会往前走。修行人、高尚的人，常常认为我品行高洁就够了，老天会自动地安排好一切。这是另一种意义上的懒惰，最终会把自己的生存空间堵死。

通译

三十条车辐插在一个车毂上，正因为车毂当中留空，才能够组合成车轮。摔揉黏土制作陶器，正因为陶器是中空的，才有储蓄容纳的器皿之用。建造房屋开凿门窗，正因为房屋是空廓的，才有居住的功用。

所以，有形的事物提供了手段，而其中无形的空间，才是我们想达成的功用。

小结

结构产生功能，想要什么样的功能，就该去研究、实现它的结构。空虚是一切功能之母，人的内心也应该虚静一些。虚静才有包容，包容就会有更好的运化。

好的制度要尽量精简，尽量多一些空虚包容的枢纽作用。建构制度的目的，是保证工作空间，协调关系，而不是为了玩弄人。

从《道德经》的角度来讲，学可以多一些，用起来则是越少越好，活学活用，精兵简政，这是治理的一个重要思路。

第十二章　为腹不为目

五色令人目盲，五音令人耳聋，五味令人口爽。

驰骋畋猎令人心发狂，难得之货令人行妨。

是以圣人为腹不为目，故去彼取此。

本章讲取舍。

老子连举五例来说明问题：物质层面，举出五色、五音、五味过度皆会伤害感官功能；心灵层面，举出疯狂打猎刺激残暴心理的例子；社会层面，举出财富炒作导致行为失范的例子。

故而，于己、于人、于社会着想，决策者真正应该关照的，是社会基本需求，为此应该舍去各种奢欲冲动。

五色令人目盲，五音令人耳聋，五味令人口爽。

五色，是青、赤、黄、白、黑五种颜色，古代称为正色，因为青、赤、黄为三原色，加上黑、白，可以调制出所有颜色。五音，指宫、商、角、徵、羽五个音阶。五音都是全音，而今天流行的七音则加了两个半音阶。五味，指酸、甘、苦、辛、咸五味，其中，辛辣在现代医学被归为痛觉，故而今人归纳基本味觉为甜、酸、苦、咸、鲜。舌头的味觉和鼻腔的嗅觉一起工作，就产生无穷无尽的味道体验。

老子说，贪看太多美妙的色彩会让人眼睛失去辨识力；贪听太多的音乐会让耳朵的灵敏度下降；贪吃太多的好味道，会让人败了胃口。声色之好，口腹之欲，人皆以为善福，然而《淮南子·精神训》说："五色乱目，使目不明；五声哗耳，使耳不聪；五味乱口，使口爽伤；趣舍滑心，使行飞扬。此四者，天下之所养性也，然皆人累也。"可见按照道家的看法，凡所欲好，都会带来消耗。把消耗当做补养，是走错了方向。

驰骋畋猎令人心发狂，难得之货令人行妨。

驰骋猎场、追捕猎物，使人心狂暴。追逐各种稀有的宝物，让人行为失范。美色、好声、厚味伤身，驰骋打猎、追逐奇珍，则容易膨胀情绪，失去道德底线。这些都是老子对贵族阶层的规劝。

为什么贵族喜欢"驰骋畋猎"，果真是为了保持尚武精神吗？世界上最刺激人的是战争，与战争媲美的和平方式是套利投资。"难得之货令人行妨"，人类对于资源的猎取，心理上存在某种本能。老子很直接地批评说，人如果沉迷在这些刺激当中，身心会失常，行为也会走样，对于贵族来说，是非常危险的。"趣舍滑心，使行飞扬"，身心找不到定位，不辨是非，不知安危，最后变得异常焦虑，一点就爆。所以，贵族最需要修身养性，身心保持明澈，有长远的考量。动辄喊打喊杀，和草根过不去的，必定不能长久。

"难得之货令人行妨"。"难得之货"是一个潜台词，有人欲得，才会难得，或者是被垄断，或者是被炒作。这里的人，指的是贵族，只有贵族才能炒作这些事。老子说，你们是可以蒙老百姓，但会把你们自己也搞坏。10 万块钱一斤的"金骏眉"是难得之货？其实是个心理过程。有人炒作说，好茶可以按照芽头来计价，一斤十万个芽头卖 10 万块钱，且不说他会不会数数，我们只问一个问题：谁来消费它？他真的为了喝茶吗？昂贵无非是用来制造一种氛围，一种类似行贿的气氛。

需求从来不贵，欲求则可以炒作到天上。"驰骋畋猎"，"难得之货"，本质上是贵族阶层搞出来的投机泡沫。这种事情历史上太多了，虎骨、虎鞭不过是俗物，君子兰可以高雅到让人破家。问题是人类其实并不需要这些东西，没有这些东西，人们照样活得好好的。

从本章的警告来看，帝王家对炒作欲求的危害心知肚明，类似的知识已经贯穿到王子的日常教育当中。谁跟帝王家玩这套，那是自己找死，但贵族玩暴发户，一玩一个准。庞氏骗局横亘古今，总会有人去饰演待宰的羔羊。

是以圣人为腹不为目，故去彼取此。

从决策层角度来说，考虑的是社会的基本生产和分配，需要满足的，是社会的实际需求，而不是泡沫的愉悦。泡沫不能带来社会发展，它既不能促进良性生产，也不能促进技术进步。习惯了投机的人，是没法安心下来好好做事的，这和吸毒没啥两样。至于那些完全够不着的人，就更绝望了。因此制造泡沫，会把一个民族的道德断送，这件事一定不能做，要"为腹不为目"，"故去彼取此"，态度要坚决。

一切炒作的本质都是抢夺，其潜意识与"驰骋畋猎"相通，若论理论依据，无非老掉牙的弱肉强食之说。其实信奉弱肉强食，和鸵鸟也没啥两样，试想一个人认同弱肉强食来求生，其实也就同时承认了更强者可以吃掉自己。这等于说，任何人都没有本体的价值，都可以随时被干掉。这哪里是求生的道理？这是彻头彻尾的死亡认同！

真正求生的意识是"不欲盈"的，不求盈满。占有不是目的，能够不断转换才是目的。因此柔弱是生的潜意识，刚强是死的潜意识。吃饱了还要再吃，还不想让别人吃，那是求死的意识在作怪。

某种意义上说，爱欲也是一种死亡意识。西方人说爱与死是永恒的主题。浓情蜜意到了无法解释的地步，会幻想同生共死。讽刺的是，自从房价涨到某个位置之后，这话也不敢乱讲了。过去一个男人出轨离婚，社会的道德律要求他净身出户，他是可以承受的，因为房子是他挣来的。房价大涨之后，大多数男人都不敢了，因为房子的价值早就与他们的劳动不对等了，他可能再也挣不到另一套，所以就不能分享，实际上也没有权力分享。泡沫其实混淆了所有人的真实价值。

"为腹不为目"的意义就在于此。"为腹不为目"，社会分配模式才能相对公平公正。一旦炒作泡沫，所有人的道德都会失范。

通译

贪求绚丽的色彩，让人眼目不明；贪求动人的音乐，让人听觉麻木；贪吃美食厚味，让人味觉败坏。疯狂打猎，让人心失去标杆，狂暴疯狂；炒作难得之货，会使社会的行为失范。

所以管理的出发点，应该落在社会的实际需求上，而不要被泡沫浮华所左右。一定要坚定这个立场。

小结

感官刺激疲劳身心，泡沫的刺激会导致人们的行为失范，它的害处还要大过名利的刺激。名利至少是可规范、可利用的，而泡沫则天然含着求死的欲望。

需求总是有限的，欲求却是无限的，而且越往上快乐越少、恐惧越多。如果不能够返璞归真，财富即便到了纯数字水准，也不能放下被恐惧所驱赶的"追求"。

绝对前进的发展观很值得警惕。一个社会，有繁荣周期，就会有萧条周期，人类要做的是，找到应对萧条周期的办法。人的身体也是这样，有高潮期就有低潮期，不能总是一往无前。我们需要顺应自然的节律。

第十三章　宠辱不惊

宠辱若惊，贵大患若身。

何谓宠辱若惊？宠为下，得之若惊，失之若惊，是谓宠辱若惊。何谓贵大患若身？吾所以有大患者，为吾有身，及吾无身，吾有何患？

故贵以身为天下，若可寄天下；爱以身为天下，若可托天下。

本章讲独立人格。

宠辱是驭下的常策，也是决策层本身衰变的缘由。用宠辱去驾驭下属，分而治之，玩弄于股掌之上，把全社会都变成奴家妾身，还有什么团队精神、创新精神？

人格独立、不受权力魅惑、爱惜自己身家性命的人，才会有可靠的底线，他们才是管理层的恰当人选。

宠辱若惊，贵大患若身。

"宠辱若惊"是一种常态。我们的教育，习惯从小用宠辱来引导孩子，而对错的标杆来自家长的主观，并非事情本身。鲜少见家长能跟孩子讨论做一件事情的正确路径，那样真是太容易露怯了，因此家长习惯评价孩子本身，好掩饰自己的任性。

本章还是针对决策层、贵族阶层讲的。"宠辱若惊"——不管是受宠还是受辱，都让内心充满了一种惊惧、一种不平静。得宠了怕失宠，受辱的心里更恐惧，怕横遭祸患，这叫做"宠辱若惊"。

本真的一个人，自然地活在世上，有谁可以宠他，有谁可以辱他呢？当然，人活着总是要面对社会、面对人际关系，都要相互依赖，但是这不代表就要活成依附物。人活的意义，究竟是来自外部宠辱的条件反射的调教，还是要活出自己的目标，树立一个自我评价系统？这是个大问题。

电视剧里那些哭哭闹闹的情节，其实是传统文化里某些残渣的反映。自屈原以降，大儒们就喜欢以香草美人自居、以妾自居，把君上比作夫君，情诗写得缠绵悱恻、要死要活，这究竟是怎样的一种奇怪人格呢？

一个人如果仔细回想偶遇上位者时的心理活动，大多会发现有很多不堪，只是久而不觉其臭罢了。当一个人正视自己、认真面对生活的时候，就必须卸掉那些无言的枷锁，去掉那些从小就打在身上的文化烙印。这个时候，他需要一个好的文化观念，帮自己渡过一段痛苦而混乱的时期。《道德经》正好提供这样的帮助。

"宠辱若惊，贵大患若身"。"宠辱"这种东西，很多人一辈子都死在这当中，却把它看得比身家性命还重要。"宠辱若惊"本身是人生的枷锁，是大患，但被权力异化的人们，竟然把它当成最宝贵的东西。

朋友圈的时代，人们惯于用口水来淹死人，何尝不是宠辱若惊？人们没有想过，今天一起淹死别人，明儿也能被别人淹死。舆论暴力与道德监督无关，它只能制造喷子的狂欢。进一步讲，一个人如果竟然连这点自觉都没有，一旦失去了社会认同就觉得不如去死，那是更难以描绘的悲剧。

周王朝的统治阶层是相对开明的，"宠辱若惊，贵大患若身"的道理，在贵族阶层里，应该是一个常识。秦朝以后，这种事大概只能教太子一人。我们知道，帝王家在培养太子的时候，都要有允执厥中的格局和气度，同时还要有使唤人的时候毫无顾忌的自由精神，但只属于他一人而已。

秦大一统之后，独立人格在中国传统文化中成为稀缺品。

何谓宠辱若惊？宠为下，得之若惊，失之若惊，是谓宠辱若惊。

接着解释什么是"宠辱若惊"。"宠为下"，宋徽宗把这句话戳穿了，说"宠者在下，贵者在上"，这就是说，如果你被宠了，就证明你的地位是低下的，或者说你已经默默地把人格放到了地上。宋徽宗又说："居宠而以为荣，辱矣。"受宠了觉得很光荣，生活突然有了色彩，那是对人格的羞辱。这话真是凌厉，只有皇上作注解的时候才如此毫无顾忌。宋徽宗是个不成器的皇帝，但是他身居帝位，明白帝王家玩弄的精神陷阱，而且他有文青精神，愿意说出来。

"得之若惊，失之若惊"，人生目标条件反射化了，整个被宠辱所调教、所左右。这是用训练宠物的办法来分配资源，实在是文明进步的大敌。

有些时候，宠辱若惊也会深入到异常隐晦的社会行为中。日本室内设计师青山周平非常羡慕中国的社区文化，在接受《澎湃新闻》采访时，周平说，自己的设计理念，就是希望家庭与家庭之间还原到过去那种相互融合、界限不那么明确的社区状态。在周平看来，现代家庭的私密性观念，一方面是社会生活方式变化造成的，另一方面"住宅的商品化也在使用'私人空间'的概念给我们洗脑，慢慢地使我们相信我们需要私人的空间"。周平甚至认为，使得家庭之间变得个体化、彼此隔绝起来，在日本是"国家的某种治理术"，是有意为之。

这话发人深省，人们自认为拼命维护的某种独立价值，恰恰是被利用来激发竞争、让某些特定群体获益的谋略。"难得之货"都是做出来的，教育的三六九等也是一种安排。"群氓"们的竞争再激烈，也不会增加社会的优质资源，最终不过是一场消耗的游戏。赢家到底是谁呢？人类社会发展至今，"宠辱若惊"已经深入血髓，觉醒这一点，实在需要勇气和智慧。

何谓贵大患若身？吾所以有大患者，为吾有身，及吾无身，吾有何患？

流行的解释说：人生中最大的患，就是有身家性命，要是死了，也就没有忧患了，不用再追求什么了。这种观点用死来解除忧患，显然是在糊弄自己，也根本没法操作。

前文讲"有之以为利，无之以为用"，已经否定了虚无主义，有形身家是基础，关键在于如何合理建构，使其发挥无形的功能。这一句老子是在模拟宠辱若惊的极端心态，这类人为了追求宠辱，甚至会责怪身家性命的存在，恨不得没有任何负累，放手一搏才好。

至于修真家说，通过修行而元神独立，跳出三界外，不在五行中，也只能说是另类解读。

生活在重重社会关系之中，独立人格永远是稀缺品。管理者用宠辱去驯化下属，下属一样可以假装热爱宠辱来媚上惑主。一群独立的人在一起是龙，一群彼此魅惑的人在一起成虫。童话

《小王子》里，狐狸告诉小王子，什么叫魅惑——魅惑就是你来驯服我吧。这就叫魅惑。真是王者大忌！

故贵以身为天下，若可寄天下；爱以身为天下，若可托天下。

什么样的人可以治理天下呢？老子说，"贵以身为天下，若可寄天下"，把身家性命看的和天下一样重，才不会被人用天下来催眠。这是一个王者必须有的独立人格，

"贵"，是不交换的意思——不论拿什么来也不换。作为一个王者，必须要贵身。不看重身家性命的人，随时可以被别人催眠，而且来催眠的，都自称是善举，根本没法分辨。"若可寄天下"，我们可以把天下暂时让他来帮帮忙。

"寄"比"托"的程度低，寄是暂时的，托是长期的。寄放和托孤是两回事。

"爱以身为天下，若可托天下"，爱，就是永远不会考虑牺牲它，它是我的底线。没有底线，怎么能做领导者呢？底线就是他的身家。讲身家的，就还有道理可讲。所以真正看重自己的身家，永远不把它放弃的人，才可以说把天下的管理托付给他。

从本章看来，老子似乎并不认为谁是天生的天子，他有选择的意识。而且老子说的管理天下只是大家对统治者的"寄"和"托"，也并没有让渡所有权。这说明，在周王朝的时候，"普天之下，莫非王土"只是统治阶层其中某一派的观念，而老子这一派是不认可的。

通译

"宠辱若惊"，宠辱明明是悲催的事情，很多人却看得比身家

性命还重要。

什么叫"宠辱若惊"，一旦接受宠，就证明你已经把人格放到了奴仆的位置，所以得宠感到惊恐，失宠就更惊恐，这就叫做"宠辱若惊"。

什么叫把宠辱大患看得比身家性命还重要，就是被宠辱刺激到了极端，恨不得干脆不要身家性命，可以无底线地去追求。

所以说，我们必须找到坚守底线的人，他们把身家性命看得用天下都换不了，这样的人，才可以暂时把天下交给他。他们爱惜自己的身家性命，绝对不愿意把它付出去，我们才可以考虑让他来长久治理天下。

小结

一个人为什么会追求荣宠？无非是爱惜自己。但顺着宠辱去做人，反而迷失了自己，心为形役，徒增祸患。历史上按照宠辱去追求人生的，大多下场不妙。毕竟，宠物都是随时可以牺牲的棋子。

爱惜自己，就要爱惜身家。把自己融会到大道当中去，把身家这个有形的形式建构好，保证它无形的功用。这是基本思路。

决策者必须爱身、贵身，实事求是，协调各方利益。天下不属于任何人，"寄天下于天下"，无为一些，真正把社会生态治理好，那些打着奉献牺牲的魅惑就无处落脚了。

第十四章 执古御今

视之不见名曰微；听之不闻名曰希；搏之不得名曰夷。此三者不可致诘，故混而为一。

其上不皦，其下不昧，绳绳不可名，复归于无物。是谓无状之状，无物之象，是谓惚恍。迎之不见其首，随之不见其后。

执古之道，以御今之有。能知古始，是谓道纪。

这一章讲存在的元逻辑。

"存在"是最基本的哲学概念，比精神和物质更基本。物质是一种存在自不待言，唯心论者说一切都是精神的显现，这精神同样是一种存在。

从本章来看，道家认为最基本的存在是模糊、混沌、不确定的。它超脱时间的流变，也超越空间的局限；它的演化贯通古今、周遍万物。人虽然身处于形而下，但如果对此有所感悟，就具备了形而上的眼光。

视之不见名曰微；听之不闻名曰希；搏之不得名曰夷。

老子说，有这么一种存在，我们知道它存

在，但是看不见、听不到、摸不着，换句话说，它在感官的认识范围之外。在感官范围之外有某种存在，又怎么知道它存在？这似乎是个矛盾的命题。我们回到第一章，老子强调观察无中生有，也要观察有归于无。这个时候，我们就知道，在有形事物的来处和归处，有着某种不可思议的存在。

无是无形，不是没有。现代科学已经证明，真空并不绝对，真空中不断地闪现各种粒子又瞬间消失。2015年，瑞典科学家用磁场制造出一面以四分之一光速震动的"镜子"，在虚空中一气乱打，这样，就抢在一些光子闪现但还没来得及消失的档口，把光子打飞了出来。这就像是打鼹鼠的游戏，只是科学家要把鼹鼠打飞出来，而不是给打缩回去。实验证明了无中能够生有，而且一直都在生有。

王弼本这一句为"视之不见名曰夷"，这里参照帛书本改为"视之不见名曰微"。夷在《道德经》里用为平坦光明之意，如"大道甚夷，而人好径"，说夷是视之不见，有些勉强。

说到微，量子力学如今已是朋友圈的显学，尤好谈量子态坍缩。据说任何物象在人们没有观察它的时候，都只是不确定的量子态。一旦有人观察它，量子态就"啪"地一下坍缩了，所有可能性都坍缩了，只剩下一种确定性，也就是我们所看到的样子。这样似乎就证明了这个世界并不存在，意识比物质更为根本。其实量子坍缩理论争议很大，爱因斯坦几十年前就批评说，在自然界根本找不到一种无比混乱的波形，可以不需要时间就坍缩成完全平衡的确定波形。这是根本不可能的事情，科学家们不应该做这种抽象的想象。

此三者不可致诘，故混而为一。

既然看不到、听不清、摸不着，却又屡屡观察到一切事物都生发于此、回归于此，我们只能认为它是混然一体的。"混"有先天的意味，本来如此。混沌、混元一气中的混，都不是人为的标准。

道家的混一观点，名家未必同意。名家有著名的坚白石论，认为天下不存在一块坚硬的、白色的石头。因为坚硬是手摸着的，白色是眼睛看到的，我们无法确定摸到的就是看到的，人类只是本能地把触觉和视觉组合成一个东西，但是触觉和视觉始终是两种感官，是两个信息渠道，因此天下只有坚石或者白石，而没有坚白石。这是在质疑五感的统一性。

名家常常被批评为诡辩，可是，到了数字时代，人们发现问题没那么简单。以人类目前的虚拟现实技术来讲，完全可以让一个人误以为自己摸到一块真实的坚白石。其中坚硬是通过手上的传感器模拟的，而白色是通过虚拟眼睛的光线来传递的，体验者会不自觉地把两种感觉组合在一起，认为自己正在摸着一块坚硬的、白色的石头。

事情还没有结束。我们之所以觉得虚拟技术是安全的，是因为有随时摘下眼镜的自由，但是虚拟技术进一步发展，完全可以模拟出摘下眼镜的感觉。也就是说，你认为你取下眼镜了，但是其实你没取下来，你还活在虚拟现实当中。这就像梦中之梦，我们认为自己梦醒，其实还是在另外一个梦里头。

回到当下，我们现在又怎么能肯定我们的生活是真实的，而不是一场虚拟游戏呢？某种意义上，佛家也认为六道轮回是一场游戏。佛家常说的"天魔"名叫波旬，原始佛经记载，他住在欲界天的顶层之上。欲界以内，波旬可以任意显化，也可以随时附神到任何一个众生身上，让众生觉得自己产生了某种想法。因此魔是外在的，但它又是内在的。尴尬点说，魔就像是轮回这个大游戏的管理员，而作为NPC的众生，又有什么真实的内在与外在呢？

思维植入技术是波旬的基本技术。他能够随意改变人们的意识，而人们还会觉得这种意识是自己的。波旬是自在的，而众生则"宠辱若惊"，还自作多情地"贵大患若身"，因此佛经里称波旬为自在天魔。

人类关于混而为一的想法很多。中国古代有三教合一图，所谓"一团和气"，三教的人抱在一起，像一个圆球，初看有点吓人。一团和气图的含义是儒、释、道三家本来一体，混而为一。图里正中的人物是佛家慧远，左边是道士陆修静，右边则是代表儒家的陶渊明。明代的时候认为陶渊明是儒家的最高境界，因为他真正能够脱离樊笼。民间以为一团和气图很古远，其实是明代才有。又比如泰国的四面佛，四面分别代表慈、悲、喜、舍四种美德，同时混而为一。四面佛其实是梵天像，它已经超脱欲界，比自在天魔的境界要高出很多，但毕竟不是佛。

天魔是程序员式的存在，梵天是慈悲美德式的存在。都是存在，他们又能否肯定自己是真实存在的呢？因此，但凡有自我意识的、生存在某种境界的，都落于后天，而先天是不可思议、不落言诠、不着痕迹的存在。

其上不皦，其下不昧，绳绳不可名，复归于无物。

古人说出这样的话来，必定有某种深刻的悟境。这是一种直观的描绘，而不是逻辑的推论。这一句是从空间感上来谈论那个混而为一的存在。老子说，这样的存在呀，它高处不显光亮，低处没有黑暗。

人的空间感，是根据光线打过去的明暗来构建的。通常的经验，光线是从上头来的，这个世界上头亮而下头暗，这样我们就可以有定位感。摄影的经验，凡是光往上打，人就不适应，觉得诡异。所以拍鬼片的时候，大量的是光往上打的镜头。

但老子说，你不能用这样的经验去认知它，不能用明亮对比、方向定位的方式去观察它。它超越我们任何具体的空间感认知。

"绳绳不可名"，"绳绳"指的是连绵变化的意思，它内在确实有某种变化，但又没有任何显像，无上无下、无左无右，在空间上它不显形、无法定位。于是"复归于无物"，终归是不落于具体物象的。

因此，用空间的概念去认识道是不对的。这是一个否定。

是谓无状之状，无物之象，是谓惚恍。

先把状态摆出来，谁能观察到，说明他是高境界的。《道德经》要求观察无中生有和有归于无，如果真的到位，就会发现，最终锁不定任何观察对象，一切都在流变之中。这叫做惚恍。

惚恍也是古人做工夫的关键。例如炼气士说意守丹田，讲究似守非守，勿忘勿助，如果强行锁定，那就是造作过甚，自伤根基了。佛门的观息也一样，简简单单一句话"息入则知息入，息出则知息出"，说的是用人中一带感知气息的刺激，但不少人硬要追究这个刺激点到底在哪里，反而连自然呼吸都变得很不顺畅。

"是谓无状之状，无物之象"，"状"指轮廓，古人说状字中含犬，犬总趴在那里，故而指轮廓。象则指灵动的相貌，大概是古人认为大象的鼻子总在摆动，故而有灵动之感。这种存在，它没有轮廓，但它却真的在那儿；它很灵动，但又没有任何形象。"是谓惚恍"，我们只能模糊地感觉，却没法用感官去锁定它。

迎之不见其首，随之不见其后。

这是时间角度的描绘。我们想迎着它去，找不到它的源头；

我们想跟着它走，看不到一个结束。我们跟随不住它，"跟随"
是一种次序，对次序的感知叫做时间。然而我们跟不住它，它的
神秘，远远超过了"神龙见首不见尾"。

大道超越时间，这话弥漫着一种无可言喻的空廓之感。

唐代诗人李白说"夫天地者，万物之逆旅也；光阴者，百代
之过客也"；陈子昂的大手笔"前不见古人，后不见来者，念天地
之悠悠，独怆然而涕下"，都是千古不朽的名句。作为时空中的小
小涟漪，人最难是明了自己的局限，这大概就是悟道的开端。

执古之道，以御今之有。能知古始，是谓道纪。

关于存在，已经讲了那么多——它是存在的，又是没有形象
的，它不受空间局限，它超越时间的次序，甚至于时间和空间本
身就是它的演化。现在归总一句，"执古之道，以御今之有"，人
世间其实并没有绝对的新事物，终究都要返回到渺渺茫茫的存在
之中。

世界上也没有绝对的对错，但有一件事几乎是绝对的错，那
就是试图阻挡演化本身。自古至今，人似乎总在犯同样的毛病，
就是想要固化，不接受演化。既得利益者幻想着社会不要向前
走，也不要后退，自己享有不变的财富；文青们幻想着财务自
由，也是幻想着走到某一个点演化就暂停了。为了阻挡社会进
步，堵塞利益的流通，人们已经挖空心思、前仆后继地施展了几
千年的智谋。但是，天下哪有这样的好事！

大道岂有古今之分？古之道不能堵塞求私，难道今之道就可
以独居独占？人可以有万千幻想，唯独不可以幻想凌驾于自然法
则之上。因此说"能知古始，是谓道纪"，能够通晓大道始终如
一、无穷变迁、不以人欲人力为转移的基本法则，就叫做打下了

行道的基础。"纪"，通基。

通译

看它看不见叫做微，听它听不见叫做希，摸它摸不着叫做夷。这三种情况不能够拿来进行辨别，所以说它是混元一气。

它没有高下明暗之别，总是蕴含无穷的潜在变化，人类的认知无法定位它，最终是了无一物可言的。然而，它没有轮廓却好像有形，它没有形象却又十分灵动，对此有所体察就叫做惚恍。

迎着它探寻呀，找不到它的源头；跟着它流变呀，看不到它的结束。所以，真正明白了道的特征，就可以驾驭当下的事情。能够明了大道无穷变迁的基本法则，就叫做打下了入道的基础。

小结

混沌的、混一的存在，它是非系统的，我们没法进行具象的观察。它超越人类的感官，但又确实存在。为什么呢？因为系统存在着，我们就知道系统之母——混沌肯定也存在着。

演化时空者超越时空。时空是人类感官的认知模式，人类必须放下所有具象的认知模式，才有可能感悟天道。

人类文明的演进蕴含着丰富的可能性，并非单一道路。但无论道路如何，道的元逻辑始终有效，从哪里来，还是要回哪里去。这里，道家实际上提出人类文明的基本命题，如何达到生生不息，而不是如何实现自己的意志。完美主义、道德强迫，是用人的有限认知去固化未来，危险得无以复加。

第十五章　动静相宜

古之善为士者，微妙玄通，深不可识。夫唯不可识，故强为之容：

豫兮若冬涉川，犹兮若畏四邻，俨兮其若客，涣兮若冰之将释，敦兮其若朴，旷兮其若谷，混兮其若浊。

孰能浊以止静之徐清，孰能安以久动之徐生？

保此道者不欲盈，夫唯不盈，故能蔽不新成。

　　本章的主题是行道之人的品质，重点是如何动静相宜、转换形势，从而生生不息。本质上讲，这是关于革新的思路。

　　本章前半段讲有道之人的行为方式，他的隐忍、谦逊和全面；后半段讲动静转换、应对形势变迁；最后讲造化的韵律和改革的契机。

　　人一生最重要的，就是能够把握某种恰当的节律，大自然给我们最大的启发，就是它的节律——昼夜交替、四季更迭、斗转星移，它通过一种看似反复的过程，逐步地孕育出万物，成就万物众生。修身养性、做组织、做企业，都可以看作是天地生万物的过程。如何形成稳定的组织架构、变革发展，也有基本的节律可循。

古之善为士者，微妙玄通，深不可识。夫唯不可识，故强为之容：

"古之善为士者"，有的本子作"善为道者"，都是一个意思。"微妙玄通"，是四个相互独立的形容。老子说上古的道人，其实主要指圣王，他们的思维方式、行为方式、生存状态，具备四个特征：微、妙、玄、通。

道人的德性是深不可测的，根本就没法用功利主义视角去解读。功利主义关注成败得失、贫富贵贱；走到极端，眼里完全无视生态，会把全社会的人划分为两大群体：成功者与失败者。这是顾头不顾尾的两分法。社会生态的稳定需要各种各样的人，两极分化就意味着崩盘，到那个时候，谁又不是失败者呢？

从成王败寇的两分法出发，没法理解古代道人的底蕴，但是老子对后人很关心，他说，尽管如此，我还得勉强地描绘一下。

再来说"微妙玄通"。这四个字很有意思。

"微"，就是前文说过的"视之不见名曰微"，精神是隐含着的、默默无声的。不像一些做企业的，事业还没有真的上轨道，就忙不迭跳上讲台做精神导师；没机会讲演的，就在自家大搞企业文化建设，真是没法掩饰的傲骄。

"妙"，第一章讲"故常无，欲以观其妙"，世界本来是无序的，是混沌的，竟然演化出有序的、可供我们掌握和运用的规律，这叫做"妙"。无中生有称"妙"，有归于无称"微"（常有，欲以观其徼），这是悟道的两个节点。用妙来形容行道之人，是说他们善于应用事物变迁的关窍。

"玄"，指的是变化。有无同构，功用有别，这种状态叫做"玄"。存在总是不断地演化，又不断回归。用玄形容有道之人，是说他们总能与时俱进，又不忘初心。

"通"，通晓法则，正确处理自己的人生，不把自己封闭在单一轨道上。把握事物转换的时机和关节点，积极努力，不断开创新的局面，这样就是通达。

豫兮若冬涉川，犹兮若畏四邻，俨兮其若客，涣兮若冰之将释，敦兮其若朴，旷兮其若谷，混兮其若浊。

"微妙玄通"是悟道的状态，展开来，就是七种具体的特征。

"豫兮若冬涉川"，他跟外界打交道的时候，看起来"豫兮"。"豫"是一种类似大象的动物，鼻子很长，它要做什么事之前先用鼻子去卷一卷、探一探。根据山西一带的民间传说，古代军队冬天过河，依靠一种经特殊训练的狐狸探路。狐狸的感觉很敏锐，会把有危险的地段规避过去。就是事前的试探，叫做豫。

"犹兮若畏四邻"，"犹"是犬类。狗是一代代人为杂交出来的，是一代一代去择优的结果。犹用在这里，有不断调试的意思，这种调试很积极，就好像处在几个强大的邻国之间，随时考虑自保。宋徽宗说"犹兮若畏四邻"的目的是"守而不失己"，不丢失本位，这也有道理。调试来调试去，是为了维系原则。

"俨兮其若客"，与任何人打交道，都要自尊自律。通过尊重别人来维护自己的尊严。不顾尊严地去谄媚，可以得来一时的恩宠，但丢了自主，也就失了城府。"俨兮其若客"，强调自尊自爱，给自己合理的位置。

人生的轨道，越到高位，越不由己。真的到了某种高度，就像进入了大的河道，心气早就平了。什么可得，什么不能想，大都是明摆着的事情。这个时候最需保证的，反而是基本的个性。

"涣兮若冰之将释"，冬天积的冰到春天化的时候，看起来很慢，但其实很快。融化是全方位的。这样一个人，你跟他接触的时候，他前面是豫兮、犹兮、俨兮，谨慎自守，好像说不穿、点不透，但是真的到了关键问题，他又毫不费力地领会了。这大概就是所谓贵族味道，既委婉又谦逊，但事情落实得一丝不苟。

这一句也有解做如履薄冰的，就像生怕冰太薄会掉下去，但那样的话，就和前面"豫兮若冬涉川"重复了。

"敦兮其若朴"，宋徽宗讲这叫质厚，厚道质朴。朴，指的是原木，未经切割、没有雕琢的木头，比喻整体性、原生态。敦厚不代表笨，只是不愿意伤人罢了。

"旷兮其若谷"，"旷"是包容，他像山谷一样的空旷，接触了他，会感到一种自由度，不用小心局促，生怕说一句话惹火了谁。中国古代"旷兮其若谷"的大概是宋代，所谓帝王家与"士大夫共治天下"。据考赵匡胤立誓约碑，嘱托后代善待士大夫，因此文臣的安全很有保障，即便闯宫、死谏、抗旨之类的事件，常常也能轻轻放下。宋代是中国文化最繁荣的时代，知识分子得到了相当程度的尊重和保护。

至于说宋代羸弱，可能需要更深入的研究。马克思讲，在现代社会之前，落后民族是有可能靠血性去征服先进民族的，文明程度高的，顶不住拼命的。但是到了现代社会之后，世界性大分工形成之后，光脚的就肯定跑不过穿鞋的了。

"混兮其若浊"，他能包容各种意见，让大家说出各自的立场，在不明白的人看来，似乎就没有道德感、没立场了，看起来似乎藏污纳垢。当然，事情也有吊诡的一面，宋代儒生常常上本批评皇帝不够"兼听"，好像皇帝不听从自己的一面之词，就是没有心胸。有些官员一个不高兴就要致仕，皇上还得再三挽留，再三辞职皇上再三挽留，最后辞掉了也是光耀。这些也是宋代的特点。无论如何，那是一个相对包容的时代，只是显得有些迂腐。

孰能浊以止静之徐清，孰能安以久动之徐生？

融合了七种特点，容纳了各方面的意见，最后落了个不讨好——大家说你浊，不辨是非，目的就是为了后面这一句："孰能浊以止静之徐清"（止字是据河上公注补入）。各种利益诉求都浮出水面了，要镇之以静，让主线显明出来，呈现出真正的内在矛盾。这是一个君上、一个上位者必须有的素质，让社会内在的要求显现出来。

如果在意见纷扰的时候，急于行动，张三说这里急就奔这里，李四批评那边错就惩戒那边，手忙脚乱，就太容易被利用了，这不是把握枢纽的态度。

"孰能安以久动之徐生"，镇之以静，各种纷扰澄清了，主要矛盾显现了，再找到切入口，让社会朝着解决矛盾的方向自我运动。所谓"动之徐生"，不是自己拼命推着社会运动，而是找到社会本身的某种内在需求，养育催化，徐徐图之，最后汇成整体性的变革潮流。

某种意义上，社会治理、各种组织管理，就是一动一静交互运作的过程。领导者本人绝不能为了各种评价去奔忙，要镇之以静，找到自己的生机所在，图谋长远。

"静之徐清""动之徐生"，包含着中国文化两个最基本的概念，一个叫清静，一个叫生动。欣赏中国字画，我们第一眼要看它是不是镇之以静、凝练踏实，再看下去，就要体会在这一派凝练之中，是否有生动的神韵扑面而来，让我们的精神得到滋养。欣赏中国字画，动静运转自如就是神髓所在。

保此道者不欲盈，夫唯不盈，故能蔽不新成。

想要"静之徐清""动之徐生"，不断转换，生生不息，最重要的是不能盈满，要留有转换的余地。动静也是进退，本质上是自家的事。如果把人生比作一个投资的过程，那么资产价值什么时候到顶谁也无法预知，关键是自己要有原则。但凡到了进退不能的境地，做再多努力也是错的。

就此而言，人的一生过得怎么样，不应该用数字来衡量，而应该用进退是否自如来权衡。一生进退自如，就是成功；如果一生总是卡壳，拿着亿万家财去给自己置气，到底还是失败的。这真是需要自我超越。

《道德经》是给有能力的人讲的，它是强者的解毒剂。强者也会中毒，中的是刚强偏执的毒，弱者没有这个问题，早就趴下了。强者通过努力达到一定的高度，还应该继续超越，达到思想的通达。

"夫唯不盈，故能蔽不新成"。作为上位者来说，"不盈"就是不要追求最大化，不要测试社会底线，不要测量人的底线。每个人在某些时候都会成为上位者，自己比较占主动的时候，不要去试探人的底线，而应主动的去"静之徐清""动之徐生"，这样，周围的气场始终是祥和的。

流行的经济学认为，企业应该追求利润最大化，在《道德经》看来，这是彻头彻尾的伪命题。企业要追求的是可持续，根本大事是存续，而不是赚了多少的问题。大谈最大化、无穷利润是没常识的，每天吃到撑肯定不是健康的办法。

在道家看来，最大化意味着盈满，盈满意味着失去了转换空间。最大化之后的返还，往往是崩塌性的。因此企业应该正视自己的运化能力，追求合理的利润。微信创始人张小龙多次谈到要降低微信的用户粘度，其实也是一样的思路。

进一步讲，世间万物都在造化演化之中，所谓最大化，只是人们在博弈中对自身利益的想象。这种单向度的思维方式，最后只能通过彼此侵占来实现，从而社会进步最重要的因素——合作就被破坏了。因此在一个动态变迁的社会，应该追求的根本利益，一方面是必要的资源，另一方面则是朝向未来的转换空间。

"蔽不新成"，有些本子作"蔽而新成"，从凋敝走向新生。正因为不追求最大化，留下了巨大的社会运作空间，所以在社会矛盾累积到危险的时候，总能动静转换，找到新的出路。这话也暗示着，变革需要顺势而为，提前量不能太大，否则社会共识尚未形成，阻力就太大了。

通译

上古那些善于为道的人，他们微妙玄通、深不可测，让人无法描绘。正因为无法描绘，我勉强地为大家说一说。

他总是未雨绸缪，好像是冬天要渡过大河；他经常总结经验教训，好像是在强邻环伺中求生；他非常注意自我约束，好像是在外做客；他自然顺畅地解决问题，好像春天的冰在融化；他非常厚道，好像是未经雕琢的原木；他十分旷达，好像山谷一样的包容。他的是非观念不外露，就好像不分清浊。

谁能够包容着纷扰浑浊，使之宁静澄清，让真正的主线显明？谁能够在安定澄清之中，让社会动力逐步演化为新的变革？走这条路的人，他永远不追求最大化，总是留有更多的空间、更大的余地。正因为留有更大的余地，所以事情总能在要走向凋敝的时候又重新焕发生机。

小结

有道之人的行为表现出七种特征，大智若愚。知动静，通进退，保持生机焕然常新，这是自然之道的体现，并不配合艺术式的夸张想象。

占有不是常有，常新才是常有。所谓常新，就是总是能转换资源，掌握形势的主动权，这才能叫做有。为此，事业的路程之上，应该追求精简，抱元守一，尽量保留转圜空间。

生死一体，都是演化的环节，但道家强调生机，有着某种特别的豁达。庄子说，死就像是钻过狗洞，当年从狗洞钻过来，叫做生；现在从狗洞里钻回家，叫做死。焉知生不是流浪、死不是回家呢？

第十六章　归根复命

致虚极，守静笃，万物并作，吾以观复。夫物芸芸，各复归其根。

归根曰静，是谓复命，复命曰常，知常曰明。不知常，妄作，凶。

知常容，容乃公，公乃王，王乃天，天乃道，道乃久，没身不殆。

这一章的主题，是生命的本位与节律。某种意思上，生命是连续性的信息波动，因而节律就是生命存在的方式。

本章提出了归根复命的重要观念。归根，放弃偏执追求，返回头来维护自己的根系，扎根于玄牝之门；复命，重新获得生长的源动力。

归根复命，是长生的开端。把归根复命做成生命的常态，则能终身闲闲、通达自在。

致虚极，守静笃，万物并作，吾以观复。

"致虚极"是天之德，天的特点是清虚。"天得一以清"，天在整个运行的过程中，不断地把资源转换给地，而自身则始终清虚。

"守静笃"是地之德，地的特点是宁静。"地得一以宁"，地收纳天所给予的资源，因为它宁静，这些资源就被缓缓地运化。

老子说，人在修为的时候，要做到虚极静笃。极，是房屋中间的大梁，致虚极，是要把清虚当成生命的主干，静静地守护住，达到非常稳固的地步。这不是说内心什么也没有，而是要"静之徐清，动之徐生"。

因此，"致虚极，守静笃"是在模拟天地的德性，从而内心空明，生机自显。入静，是中国上古的修真技术，和印度传入的禅定是两码事。

人的身心模拟天地的德性，到了空明的地步，就能"万物并作，吾以观复"。这个时候，他从浑然一体的视角体察万有，看着万物蓬蓬勃勃地生发、各自演化，同时又在不断地落叶归根，整个生态都在心里显现出来。

"作"与"复"，不同于生与死。道家更关注自然万物循环往复的过程。所以观复，观的不是灭绝，而是贯穿于兴衰存亡之中的那一缕生机的走向。

读《道德经》，读中国文化，要把握一个"生"字。唐代以后，可能受古印度文化的影响，人们喜谈空幻，不能实事求是地面对自然规律。如今也有更糟的，以"活在当下"做得过且过的自我安慰。这一路与《道德经》无关，读者务必厘清。

夫物芸芸，各复归其根。

万物看起来纷纷芸芸，但他们还是要各自返本还原。换句话说，凡是不能归根的，就难免夭折，不能成长为成熟稳定的物种。天地是大系统，万物是子系统，子系统只有正确地与大系统交换能量，才能获得稳定的生命过程。换句话说，天地扎根在混沌之中，而万物扎根在天地之中，万物的生长方式，如果竟然没有维护好自己的根系，那就不能久存于世。人的思维，却常常是单向度的，总是想着霸占资源、征服自然，殊不知，这是在自己的根系上砍斫。

道家的思想，是以虚静的心态，欢迎天道在身心中显明。这是王者之道，眼光超然于世，孑然独立，治理社会生态。儒家的做法，是设定利民的目标，然后静虑实现的路径，所谓"大学之道，在明明德，在亲民，在止于至善。知止而有定，定而后能静，静而后能安，安而后能虑，虑而后能得"。这是为相之方，希望用大义、规矩去成就事功。无论如何，两家其实都认同，人力有时而穷，一切目标总要有它的边际，这个边际就是归根。如果万物与自然之间的通道断了，个体与社会之间的良性循环断了，玩再多的花样，也是害人害己。

道家和儒家，都承认天人合一。道家讲"辅万物之自然"，尊重自然、社会的常态，做枢纽维护和系统修正的工作。儒家则有"为天地立心"的宏愿，试图以人的情感、价值来定位天地万物，体现出时不我待的健行精神。我们不多做评论。

归根曰静，是谓复命，复命曰常，知常曰明。不知常，妄作，凶。

归根复命，是中国传统文化中重要的观念。

"玄牝之门，是谓天地根"，天地虚静，能从混沌中获得供给。人如果能够模拟天地的虚静，自然能从天地获取元气的滋养。天地与人，其实也是同根同源。因此归根就是虚静，而虚静则能重获生机，这叫做复命。

虚静包容之中，生命力重新生发，犹如电脑清空了内存，卡顿消失了，一切活动又变得顺畅起来。这就是万物造化的常则，能够遵守常则，就是个明白人了。

回归到根源的生命力上来，叫做静。入静不是空无，入静可以是很热闹的。身心虚静了，各种信息反而活了，这个时候命运轨迹也就显现了。因此"复命"的意思不是服从命运，倒像是为命运复盘，总结经验。丹家云："我命在我不在天。"如果真的回到玄牝，得到了混沌的滋养，当然也会修正生命轨迹的错误。身心的状态，会得到一个全面的修复。这种归根复命的修复，其实是生命本来就有的能力，只是常人不能相认罢了。

简单地讲，在修真家的观念中，得玄牝就是得气。

佛教认为生命是灵魂投胎而来，道教则以为出生是"三家会面"的结果：一是父精母血（受精卵）；二是过去的那个灵魂信息。但是这两者的结合是需要第三方力量的，也就是"得气"。这就好像一台电脑，受精卵相当于硬件，投胎的灵魂相当于操作系统，要想把操作系统装进去，还需要通电才行。元气相当于是电力，它从玄牝中来。

从三家会面的角度讲，人的身心出问题，除了硬件故障（遗传基因问题）、软件错误（灵魂业障）之外，还应该检查电力供应的问题，这和治疗营养不良是一个道理。古人练气，主要是想解决"电力"供应的问题。

回到《道德经》，"电力"供应的问题，是通过"致虚极、守静笃"来解决的。

一个人能复盘生命轨迹，也就是见了生命的本来面目，这是"知常"了，内心也随之开明。用庄子的话说，他是个真人，不再是个假人了。什么叫假人？就是漠视生命运作的法则，每天进行幻想中的最大化追求，兴高采烈地要拔掉自己的电源。"妄作，凶"！

知常容，容乃公，公乃王，王乃天，天乃道，道乃久，没身不殆。

"知常容"，一个人归根复命，他自然就会变得宽容。一个元气饱满的人，内在是虚静的；动辄生气发脾气的，经络大多不通。

"容乃公"，宽容而有公正。自然是多元的，人性是复杂的，按照单一指标、逻辑严谨地去一刀切，看起来公正，其实不知道多了多少冤魂。宽容一些，让更多的资源能够整合对接，就能减少不必要的怨恨。公正的本质，是资源能够通融、人心能够平复。

"公乃王"，到了这个时候，才适合做上位者，能够把住全局了。

"王乃天"，王是全局综合运作的代名词，能够整体运作，就符合了天地的德行。

"天乃道"，效法天地的德性，则合乎于道。

"道乃久"，合于道的运作将会长久。为什么能长久？是因为自己主动地归根复命，掌握了事物发展的节奏和韵律。

"没身不殆"，尊重自然法则，遵循事物本身的节奏来发展，终生不会遇到过不去的坎。"殆"指彻底的失败崩溃。合道的人，积极转换、顺势而为，不会陷于崩溃的境地。

通译

把清虚作为身心的基本态，宁静地守住本分。万物生发，我们观察生命力的循环往复。

万物热闹喧嚣，但生命力终究归还于根本，这就叫做静。能够归根守静，生命力就会重生，这就是生命的法则。理解了生命的法则，才能叫做明白人。不了解生命的法则，不顾一切地追求虚妄的目标，结果必然不利。

理解了法则，内心就会宽容，宽容带来公平，公平带来综合治理，综合治理则顺应天地的德性，顺天地之德就是合道，合道则能够永续发展，终生不会陷于崩溃的窘境。

小结

万物的生命力是循环往复的。生命不是一次性杯子，如果能够清虚守静，就能够重新焕发生命力。人活着，既不要过于贪执，也不必过于自我强迫，守住玄牝才是根本。

虚妄的追求最危险。我们应该参悟万物归根复命的常态，保护生命力再生的机制。与天地同道，安全感会得到根本的满足，我们也能做到宽容、博爱、全面和长久。

第十七章　民贵自治

太上，下知有之；其次，亲而誉之；其次，畏之；
其次，侮之。

信不足焉，有不信焉。

悠兮其贵言，功成事遂，百姓皆谓我自然。

这一章讲社会治理的水平。老子眼中的治世
水平，从"太上"往下分四个层次，即无为之治、
仁义之治、强权之治与治理失败。

西方古代哲学中，柏拉图曾经探讨过多种
政体，认为社会治理模式会在君主政体、军事政
体、寡头政体、民主政体、僭主政体之间循环
更替。

老子没有讨论不同的政体，讲的是君主制政
体下的治理水平问题。虽然如此，其标准仍然具
有普遍的参考意义。

**太上，下知有之；其次，亲而誉之；其次，
畏之；其次，侮之。**

"太上"，通"大上"。理想的社会治理状态，
社会呈现自组织状态，市场自我调节，领导层在

一边监护，不需要时刻插手其中。在这一社会治理水平上，老百姓固然知道有领导者的存在，却并没有依赖的意识。这叫做"太上，下知有之"。

比较理想的治理状态，领导层对百姓很好，有仁有义，主动维护老百姓的利益，老百姓也愿意亲近领导层，发自内心地赞美他们。这叫做"其次，亲而誉之"。

这一层级的治理水平与"太上"有什么差距呢？差在社会自组织不够。也就是说，分化垄断已经冒头了，需要搞各种倾斜政策来纠正。领导层固然来做救火队，尽到了义务，还是不够理想，落于形迹了。可以想象，用倾斜政策来纠偏，可能又会制造出新的不平衡，露出新的破绽，这本身是一个社会再度分化的过程。老百姓来赞誉，本身是好事，但说明社会治理的大盘子没有踩稳。

在老子的观念里，领导层近乎是盘外的维护者，动作越自然越好，所谓"鱼不可脱于渊"，潜移默化才是最有效的。王者一旦跳出水面来做正面博弈，情况就会复杂化。

"其次，畏之"就更危险一些。一旦各种倾斜政策被既得利益者利用，甚至遭遇反弹，情况会更糟糕。这时，领导者不免就要出台强力政策来管控和惩戒。这些措施如果失去了初心，不能及时收手，就会演化出新的依靠管控获利的既得利益者，原有的强力政策就有可能发展成为全面性的严厉管控，搞得人人岌岌自危。

严厉管控的社会治理模式，可以见效一时，长期看来，对良性的社会生态是摧毁性的。战国时，秦国按《商君书》进行严厉管控，其原则有二：其一多罚少赏，认为多赏会让人失去动力，多罚则可以让人时刻处于紧张状态。为了让大家不要造反，多罚少赏把贵族和社会精英也圈定进来。其二是用恶人不用善人，认为一个善人管不住一个恶人，而一个恶人可以管住一群善人。商鞅的办法从短期看来是高效的，但背后隐藏着致命的弊病：统治者与全社会对抗而不是合作，且管理层越来越多被流氓占据。

严厉管控可以一时，久而久之，就进入等而下之的管理状态，叫做"其次，侮之"，社会各群体都看不起领导层，整个社会治理宣告失败。世家不合作，老百姓也奋起反抗，"王侯将相宁有种乎"？社会失去纲领，意见一片混乱。

信不足焉，有不信焉。

出现上述情况，根本原因何在？老子给出了答案："信不足焉！"领导层应该树立的是社会枢纽的作用，稳坐钓鱼台，做取信于民的裁判员。如果追着形势跑，把自己代入利益纷争之中，甚至直接做了运动员，那就是失了本位。既然裁判员亲自下场与各方面扭打得不可开交，大家还怎么信得过他呢？于是整个社会失去了运转的信用枢纽。

悠兮其贵言，功成事遂，百姓皆谓我自然。

老子感慨：有道的统治者呀，他悠然自处，很少发号施令。他要维护的，是社会枢纽的信用。社会枢纽运转顺畅了，一切会自然理顺。社会的各项事务都顺畅了，老百姓会觉得这是我们自己做成功的。换句话说，如果哪天老百姓夸赞说凡事都靠谁，那不就等于失去了主人翁精神了吗？

可见，这章落实下来，理想的社会，是老百姓当家作主的社会，而领导者则悄然地做着维护枢纽的工作。这就是太上的社会。

通译

最理想的社会治理下，人民仅仅知道有统治者的存在。

比较理想的社会治理下，大家都很愿意亲近和赞誉统治者。

不理想的社会治理下，老百姓都非常畏惧统治者。

等而下之的社会，全社会都看不起统治者。

如果统治者不能坚持作为社会枢纽的初心，那么就会失去整个社会的信任。

有道的统治者过得很悠闲，他维护枢纽而精简法令，这样一来，社会的事务会自然理顺。所有的事情都做好了，老百姓会感觉事情本应如此。

小结

决策者以社会信用体系来与民众打交道，企业家以合理的分工分配与员工打交道，是最有效的。如果出现老百姓感恩戴德的情况，决策者应该警惕施与受的社会逻辑是否已经颠倒。

理想的治世状态是，君无为、民自治。

第十八章 道废德驰

大道废，有仁义；

智慧出，有大伪；

六亲不和，有孝慈；

国家昏乱，有忠臣。

这一章讲社会治理思路和社会道德之间的关系。

社会治理理顺了，社会道德也会随之提升；社会治理不畅，社会道德也不会理想。两者之间，社会治理是根本，不能奢望用道德说教去改变利益诉求；想要建设好的道德，就该把利益分配做好。

本章是老子就社会道德问题对决策者发出的警示，值得深思。

大道废，有仁义；

如果领导者不能把握道的思路，做不好实际的社会利益平衡，他会倾向于用仁义去感化说服。

做决策应该抓主要矛盾，面对海量信息、未知的趋势，自己要先澄清自己。信息汇集，矛盾显形了，才能感知演化的趋势。这个时候，抓住主要矛盾进行运作，叫做无为。如果自己不努力干实事，大讲仁义，那是把责任都甩给社会，等同于靠唯心来拯救危机。空谈仁义，换任何人都可以做得来，因此领导者如果这么干，是失德失位的做法。

作为社会治理来说，"仁义"是社会道德建设的目标，而不是手段。大凡以仁义为手段来撬动利益的，很快都会沦为礼乐等级、假仁假义。

现在一些企业吹捧的企业文化，本质还是想建立一种隐性的等级制度，并不打算建立公平正义。比如对员工灌输各种奇葩观念——多加班是为自己好、参加培训应该反过来向企业付钱等等，这套东西甚是搞笑。大凡能抓住市场的，根本就没精力去和员工斗智斗勇；企业没市场了，就各种抓员工的素质毛病。

智慧出，有大伪；

既然废弛大道，依赖仁义，各种名不副实的"智慧"也就出现了。在这种隐性的等级制度、隐性的不公平下，玩弄权谋是最有效的。仁义是社会良性运转的道德体现，它本身并不能决定人们的利益走向，于是乎大家都打着仁义的招牌去为自己捞好处，社会上虚伪之风盛行。大家都希望占领道义的高峰，白吃白占。

利益不能展现在阳光下，社会运作的成本必然大大增加。简单地说，工作能力强比不上搞关系的，欺世盗名成了社会流行的风气。这叫大伪。

六亲不和，有孝慈；

"六亲"指的是父、母、兄、弟、妻、子，是家庭的构成要素。中国社会以家庭、家族为基层结构，到了"六亲不和"的程度，说明社会道德的基础已经动摇。一家人都不能把话说在台面上了，非要像"读者流"文章里那样，老爸死了，女儿才知道他对自己有多好，反正是连三口之家到死都情理不通。到了这种程度，再去树立母慈子孝的牌坊，那是白费功夫。

在该谈公平的地方谈感情，该谈感情的时候反而玩虚伪，这是何等的悲哀！

国家昏乱，有忠臣。

社会的基础单位被破坏了，社会合作的基础也就荡然无存。虚伪的风气一旦形成，劣币驱逐良币的效应就会大展神威。整个邦国之中，只有城府高深、没有底线、手腕强硬的人才能站稳脚跟。光脚的天天准备拼命，穿鞋的徘徊在道德深渊之前，权谋者天天忙着玩弄规则，这就叫"昏乱"，一切都失序了。到了这个时候，有几个忠臣出来就能力挽狂澜吗？他们最多也不过是社会的安慰剂罢了。

郭店楚简本中，本章只有三句："故大道废，安有仁义？六亲不和，安有孝慈？邦家昏乱，安有正臣？"全部有"安"，表示反问语气。传世本第二句"智慧出，有大伪"，也可能是后人加入的。

通译

废弛了合道的治理思路，就会依靠仁义道德来说服社会。
假仁假义导致权谋盛行，社会风气就会一片虚伪。
虚伪之风深入了家庭内部，导致家族不和，母慈子孝都会变得稀有。

　　社会基本单元失守，意味着整个邦国的治理失序，这个时候忠臣又有什么用呢？

小结

　　仁义是以道为根的，合道的治理带来社会的仁义。如果仁义沦为工具，社会就会失序。换句话讲，道德是目的，不能当工具来用，道德是社会公平分工、公正分配之后呈现出来的一种文明状态。

　　社会治理与社会道德的因果如果颠倒了，伪诈就会占据主流。伪诈到了极致，连家庭也难以幸免。家庭的幻灭，意味着整个社会治理的失败。

第十九章　见素抱朴

绝智弃辩，民利百倍；绝伪弃诈，民复孝慈；绝巧弃利，盗贼无有。

此三者以为文，不足，故令有所属：见素抱朴，少私寡欲，绝学无忧。

这一章讲抱朴。

前面几章，批评了决策者依靠权谋与道德说教的错误思路，本章则总结指出，智辩、伪诈、巧利三种典型的错误思路，都是在做自欺欺人的表面文章。本章给出了脚踏实地的治理原则，即紧紧盯住社会整体性，管控决策层贪欲，杜绝权谋冲动。

文本上我们参照郭店本进行了校订，世传本原为"绝圣弃智""绝仁弃义""绝巧弃利"，其中"绝仁弃义"意为不要用仁义去忽悠人，但实在太容易引起误会了。

绝智弃辩，民利百倍；

杜绝权谋，摒弃巧辩，老百姓的日子会好过一百倍。

智，指的是权谋。第三章讲过，"不尚贤，使民不争；不贵难得之货，使民不为盗；不见可欲，使民心不乱"。治理社会的权力在手，如果想要谋取利益，一般会用什么手段？第一是尚贤，给人分出层次，从道德上分说高下，迫使每个社会成员都积极证明自己是好人，从而使得评价者获益。第二是贵难得之货，把一块玉石炒作成几万吨大米，于是社会分工的价值就失衡了，劳动者只能采取激烈方式去参与利益争夺，而炒作者获益。第三是催化社会欲望，老百姓为了各种不可能的目标拼个你死我活，贵族阶层获益。这都是阳谋，老百姓就算看明白了，也只好投身其中。

"智"就是权谋，用追求短期效应、但长期对统治基础不利的方式去做事。"辩"，古人解为"丧名"，就是脱离事实本位去谈论是非。

第三章举出的三种权谋思路，具有全社会的迷惑性。即便有人想要戳穿它，也很难赢得共鸣，只有到出现严重后果的时候，人们才恍然大悟。

然而，统治者一旦这么做了，也就失去了维护社会信用枢纽的功能。因此，真正的王者应该杜绝权谋、摒弃诡辩，防止出现失德失位的情况，这样统治者安全，老百姓的日子会好过很多。

绝伪弃诈，民复孝慈；

前一章讲"六亲不和，有孝慈"，这里就有针对性地提出解决方案。

"伪"是内外不符、造假，外表与真实目的不一致。中国人深知伪的害处，常说伪君子不如真小人。"诈"是诈骗，用假话去达成目的。"诈"在最早造字的时候，指的是冒领军功。明明是别人的付出，却说成是自己的功劳。

管理者放弃伪诈，就是放弃自我标榜，放弃一切欺骗，把功劳还给社会，那么老百姓自己会重回母慈子孝的状态。君父不欺诈子民，亲族之间的关系也好处很多。这话里头，沉淀着家族利益分配的沉痛经验。

从本章看，老子认为一个家族的安定与否，社会风气是主要因素之一。

绝巧弃利，盗贼无有。

这一句，就是摒弃"贵难得之货"的意思。

社会的资源是有总量的，竞争的烈度到了一个限度，竞争也就失效了，不可能因为竞争而变出更多的资源来供大家分配。所以统治者应该谨守本位，不要玩那种在狗鼻子前面吊以一块肉让它追逐的游戏。一个好的社会，用公平公正的分配，来鼓励创造性的生产，而不是像狐狸分肉那样，欺骗大家的智商和热情。

在老子看来，统治层放弃搅浑水然后摸鱼的想法，整个社会的最大的盗贼也就没有了，老百姓期待的是安宁日子，他们没有必要铤而走险。

此三者以为文，不足，故令有所属：

智辩、伪诈、巧利，不是治理社会的有效方式。文以化人，文最早是指纹身，在身上绘制纹路，引申出来，就是梳理社会的价值观和行为方式。

中国人最大的"文"是孝，最向往的是天伦之乐，但老子却说要把"孝慈"找回来，这是非常值得思考的事情。

弗洛伊德认为，文明包含着对人性的压抑。这委婉点出了
"文"的另外一重意义。人生活在社会文化之中，也不免被社会
文化所规定。甚至于当一个人觉得社会不公的时候，所使用的价
值观也是社会灌输进来的。文的可操纵性，实在太大了。

"此三者以为文，不足"，老子的意思是，指望靠歪曲社会价
值观来维护统治，这种社会治理思路是先天不足的。炫耀高尚、
煽动竞争、鼓励投机，对于社会的长期稳定发展来说，根本就是
毒药。人欲从来都是一点就着，但整个社会的发展，恰恰是要用
理性来疏导欲求，以保障生产和分配的平衡。因此"此三者"的
做法是南辕北辙，必须另外寻找正确的办法，"故令有所属"。

智辩、巧利、伪诈，代表着浮躁的心态，统治者真正的归属
是什么？老子说，是要培养一个更合道的境界。

见素抱朴，少私寡欲，绝学无忧。

见素抱朴，有些本子写作"视素抱朴"，即关注"素"的那
一面，眼光要单纯。

在易学、道教学说中，有"太素"之说，太素与太极、太乙
并称。太素不是指没肉吃，不恰当地说，它指最早的物质因子，
大概相当于古希腊哲学设想的原子，但还没有形成复杂结构。老
子说，作为上位者，一定要把眼光盯住底层代码，底层代码都是
单纯的。所有单纯的都要向复杂演化，走向分化。上位者的责
任，正是做返还和弥合的工作，哪能自己扑进去搅浑水呢？

见素抱朴，是要把眼光盯住底层代码，行动落实在整体维护
上。社会各部门天然地要追求自己的利益，那么作为统治者，需
要具有洞察力和大局观，从整体出发去做系统治理。

"少私寡欲"，"私"就是偏心。中国古人意识到，很多时候

人不是偏着自己，而是偏着他爱的人。孟子曾说"鱼我所欲也，熊掌亦我所欲也"，让那些有匮乏的人从我这儿获得施舍，也是一种欲望。真是深明人心！《道德经》说"圣人不仁，以百姓为刍狗"，也是不要有偏私的意思。

最后是"绝学无忧"。绝学无忧，并不是什么也不学，而是杜绝权谋之学、杜绝小聪明的想法，这样内心坦荡荡，不用害怕别人老是惦记着自己。

以上就是《道德经》的药方，对于智辩，投之以见素抱朴之药；对于伪诈，投之以少私寡欲之药；对于巧利，投之以绝学无忧之药。

"绝学无忧"，世传本误分到下一章的开头，据文义应为本章结尾。

通译

摒弃智辩，老百姓的日子要好过一百倍；摒弃伪诈，老百姓将重回母慈子孝；摒弃巧利，老百姓就不会被逼着去做贼。

智辩、伪诈、巧利这三种思路，都是在玩弄人心。靠玩弄人心来治理社会是先天不足的，所以要找到真正的归属，那就是：关注底层代码、维护社会整体；少一些偏私，少一些自我催眠；杜绝权谋之学，内心安定无忧。

小结

公正分配带来社会道德的进步，这是社会高度自组织的表现。道德高水准来自社会公正，社会公正来自于对社会自组织的尊重。决策者的本位，就是维护社会运作的枢纽，促进社会自组织发展，既然如此，就必须制止智辩、伪诈、巧利等玩弄人心、浑水摸鱼的做法。

社会道德滑坡是权谋治世的结果。作为决策者，因为大众道德滑坡而去责怪大众，是不现实的，大众都是跟着社会风潮走的。社会出现有害风气，决策层是有责任的。

第二十章　独贵食母

唯之与阿，相去几何？善之与恶，相去若何？人之所畏，不可不畏。

荒兮其未央哉！众人熙熙，如享太牢，如春登台。我独泊兮其未兆，如婴儿之未孩；儡儡兮，若无所归。众人皆有余，而我独若遗。我愚人之心也哉，沌沌兮！俗人昭昭，我独若昏。俗人察察，我独闷闷。澹兮其若海，飂兮若无止。众人皆有以，而我独顽似鄙。

我独异于人，而贵食母。

本章讲王者的心理归宿。

所谓王者，不一定指国王，它完全可以指具有独立人格、能够主动演化事业的一类人。

从本章看来，王者必须具备顽强的独立人格和独立判断，既不为一切功名利禄所动，不被一切聪明的主意所诱惑，也不受是非毁誉的催逼。王者绝不能与贵族们得过且过的小心思同流合污，他要做的，是虚静自守、总览全局、深深地扎根于社会母体的玄牝之中。

唯之与阿，相去几何？善之与恶，相去若

何？人之所畏，不可不畏。

"唯之与阿，相去几何"？"唯"，表示恭敬地执行，所谓唯唯诺诺，就是不敢有任何不同意见。"阿"，是散漫、不太在意的应答。老子说，别人对你恭恭敬敬，还是疏忽大意，到底有什么区别？

"善之与恶，相去若何"？"善"是赞美，"恶"是批评。被社会赞美和被别人指责，又怎么样？一个政策出台，能够让所有利益方都满意吗？制定一个有远见的路线，必然会触及现实利益。领导层不能跟着毁誉跑，泯灭了自己的客观性。

"人之所畏，不可不畏"，看脸色、听毁誉来决策，真是一件很可怕的事情。面对社会的意见潮水，谁能做定海神针？这件事不但考验决策者的智慧，还拷问内心的信仰。

荒兮其未央哉！众人熙熙，如享太牢，如春登台。

"荒兮其未央哉"！社会什么时候真正的好过呢？荒兮，久远；未央，没有结束。汉代的未央宫自称"长生未央"，是长生不死的意思。又如夜未央，天还没亮的意思。老子叹息说，各种群体，什么时候停止利益博弈，什么时候能够真正满足呢？这件事情不会停止的，因此处理层层叠叠的复杂局面，是统治者的宿命。

"众人熙熙，如享太牢，如春登台"。这句话有点儿讽刺意味，贵族们熙熙攘攘地，每天到处去求名逐利，兴奋得要命，就好像去享受天子的盛宴。天子的盛宴叫太牢，要宰杀三牲，牢是关大牲口的地方。贵族们每天的生活，就好像是在享受大祭祀之后的盛宴一样。

古代祭祀之后分祭肉，这块肉就代表着参与者在家国天下中的位置。因此贵族们聚在一起，不但吃得开心，聊得也嗨，就好像春天登上高台一样争奇斗艳。

春秋时期，春天登上高台大多是谈恋爱，贵族们则把酒言欢，于谈笑间确立主从关系，瓜分天下之利。那种持续的亢奋和幸福的内分泌失调，是一般人没法想象的。

我独泊兮其未兆，如婴儿之未孩；儽儽兮，若无所归。

老子说，作为一个真正的王者，"我独泊兮其未兆，如婴儿之未孩"。泊是飘荡之后的停泊。大家到处寻欢作乐、逢场作戏，我就好像没地方去似的，完全没有方向。"其未兆"，没有征兆，没有方向。

不但如此，我还"如婴儿之未孩"，就好像婴儿还没学会哭叫，简直就没有开蒙，哪里懂那些撒娇耍嗲拳打脚踢的利益博弈技巧呢？于是"儽儽兮，若无所归"，我好像很困顿，宅男似的，没有什么事可做，也没有归宿。

这话太形象了。天子俯瞰贵族们的行为，打心眼里厌倦。

众人皆有余，而我独若遗。我愚人之心也哉，沌沌兮！

有余，有门路的意思；若遗，好像被遗弃了似的。"众人皆有余"，大家都很有办法，能够钻营各种各样的门路，结交到好多贵人，特别会办事。"而我独若遗"，搞来搞去，我简直被你们遗弃了。

天子有了麻烦，能跟谁搞关系呢？我真是一颗愚人之心呀！我简直就是个笨蛋，不开眼，没见识。

俗人昭昭，我独若昏。俗人察察，我独闷闷。澹兮其若海，漂兮若无止。

"俗人昭昭"，贵族们的心思，路人皆知。你们的人生规划呀，简直是三岁写到老，恨不得把葬礼都预演一遍。你们的目标太明确了！只有"我独若昏"，浑浑噩噩地忘了生死。

"俗人察察"，你们的目光明察秋毫，架起天线起大早探寻零头碎脑，打造平台登上讲坛分享成功要诀，而"我独闷闷"，了无情趣，面对一切煽情也没法点燃心情，好像心神无主。

"澹兮其若海，漂兮若无止"，我很平静，就像大海一样平静。大海从高空看是很平静的，如同略有褶皱的毯子。但是一旦接近大海，会发觉暗流涌动，洋流环绕，永无休止。我看起来很安静，没有立场，但我内在的运作从来没停止过，而且这是充满潜力的一种运作。

众人皆有以，而我独顽似鄙。

"众人皆有以，而我独顽似鄙"。你们这些贵族都很有用，就我没用；你们都是很有手段的，就我没有。

《红楼梦》里贾雨村说："玉在椟中求善价，钗于奁内待时飞"，把自己比作一块宝玉，放在盒子里面，求一个善价，不能廉价卖了；自己是一根精致的金钗，放在首饰盒子里面，要等待时机嫁个好人。

行文至此，话已说透：你们都是来卖的！我作为天子，能卖给谁呢？所以"我独顽似鄙"。我们也要明白，如果是一个有独立人格的人，世俗的目标是没法作为归宿的，做不到，因为没人能够买单。

我独异于人，而贵食母。

一个王者，不能以昭昭、察察为归宿，不能以如享太牢、如春登台为归宿。归宿只有一个："我独异于人，而贵食母。"

为什么叫食母？在道家看来，整个社会的运作，都是自然法则不断运作又返还的过程。人生活在自然法则之中，不是主宰者，但可以做维护者和调试者。作为王者，不能和任何具体的利益集团捆绑在一起，因为任何社会利益，都是王者调控的对象。因此王者只有扎根于玄牝，做整个社会运作枢纽的维护者，才是本位，才能长久。王者用合乎天道的方式去维护社会的系统运作，求的是畅通，而不是利益。就这一点而言，也可以说自来王者就是道人。

食母，或许可以叫做食天禄。老百姓在地上耕种，大地就能长出食物，让他存活。谁剥夺这些基本供给，就是残暴失道。所有的组织工作，只能增加百姓的天禄，不能剥夺天禄，这叫有道，反之则失道。

领导者也有自己的天禄，通过组织管理提升了社会的福利，除了用于发展之外，当然有一部分是可以取用的。如此，大家各有各的天禄，各自安心，不必玩那些聪明的游戏。

通译

尊敬地听从和敷衍地回答，差距有多少？社会的赞扬和别人的责难，差距又有多少？贵族们害怕这些忽冷忽热的意见。对于被意见所左右驱使的情况，也确实应该谨慎应对。

其实事情早就这样了，没完没了。那些贵族们每天闹哄哄的，就好像去赴国宴，就好像登台春游。而我独自待在这里，好像没有方向，好像是婴儿还没学会哭泣。我好像很困顿，没有归宿。贵族们都很有门路，很会办事，而我却好像独自被社会遗弃了。我真是愚人之心啊，混沌不明。贵族们都很有目标，而我浑浑噩噩。贵族们明察秋毫，而我只落一个呆萌。我安静的就像大海，内在的运作却无休无止。众人都好像很有用，而我却好像十分顽劣。

作为王者，和贵族是不一样的，我只以行天道为最终归宿。

小结

社会等级固化，精英们贪求名利，社会就少光明，这是非常危险的状态。作为王者，应该修身养性，发挥维护社会系统性健康的重大作用。

如果剥夺了老百姓的天禄，就是残暴无道；搅乱他们天赋的淳朴德性，就是愚民。过去很多评论说《道德经》是讲愚民政策的，其实正好说反了，《道德经》最反对的就是愚民政策。

第二十一章　惟道是从

孔德之容，惟道是从。

道之为物，惟恍惟惚。惚兮恍兮，其中有象；恍兮惚兮，其中有物。窈兮冥兮，其中有精；其精甚真，其中有信。自今及古，其名不去，以阅众甫。

吾何以知众甫之状哉？以此。

这一章讲大德。

大道的存在是模糊的，只在若有若无之间，但久而久之，有形有相的万物就演化出来。大道的作用又是真实无比的，它源源不绝地提供生命能量，这种供给是稳定的、有信用的。

王者之德，来自于大道。所谓立德，就是跟随自然法则，以有情有信的方式治世。如此，就是承继了先圣的道统。

孔德之容，惟道是从。

孔为大，孔德，就是大德。大德明君的行为方式，只服从于道。他不会刻意地去谄媚某个阶层、讨好某些群体，他注重的是社会治理之道。以《道德经》的观点，王者的工作重心，是促使社会生态系统化、整体化，返还分化，消弭裂痕。

既然王者之德来自于行道，那么后文就再一次说明道是什么。

道之为物，惟恍惟惚。

"道之为物，惟恍惟惚"，这是道创生万物的过程。恍为明亮；惚为暗淡；惟恍惟惚，就是明暗交替、飘忽闪烁的状态。按今天科学的研究，万物的存在方式或许就是不同的波动；用佛家的说法，就是生灭相续。出现了，被感知了，又熄灭了，感知不到了，这种观察没法锁定的存在，叫做恍惚。

惚兮恍兮，其中有象；恍兮惚兮，其中有物。

在一明一暗、一显一隐不断交替进行的过程中，出现了形象，出现了实体。这很难理解，参照量子力学的说法，所谓实体其实是一种感觉。我们不能穿过桌子，觉得桌子是实体的，但如果手是一个粒子，直接穿过去了，就不会觉得桌子是实体的。因此所谓实在，其实是一种认知关系。

窈兮冥兮，其中有精；

窈是幽静的意思，冥是潜在的意思。道是幽静的、不显明的，但其中确实蕴含着最鲜活的能量。

这里所说的精，大致可以理解为演化物质世界的基本能量。如果用在人身上，父精母血结合的时候，得到的一点灵气就叫精。大道"窈兮冥兮"，蕴含最本源的能量。

精和情是相通的，庄子说大道"有情有信，无为无形"。男性在收摄杂欲、聚精会神的时候，就好像散发着阳光；女性在慈心柔软、安宁祥和的时候，气质好像流水一样洗涤人心，这些都是最能动人心弦的能量体现，是精的极致，也是真情的流露。所以，喜欢一个人，最深刻的爱意，是对生命力本身的赞歌。生命力固然人人都有，但能够凝聚成精、体现为情，却不是人人可得。

其精甚真，其中有信。

大道在造化过程中充满着明暗隐显，那么它是不是不够真实，或者说只是某种想象的产物？老子回答说，道的造化作用是最真实、最稳定的。精作为元能量是真实的、普惠的，而精的明暗隐显、起落往返又是有信用的，体现在万物芸芸各复归其根的过程之中。

周遍万有，诞生与返还同构，这是大自然的信用，也是道的功用。

自今及古，其名不去，以阅众甫。

名是功能，从今天追溯上古，从上古推到未来，这种有情有信的作用从来不会失序。大自然是终极的信用和皈依。

众甫，通"众父"，就是英明的祖先们。老子说，我是从道运作的信用上，去观察过去的圣王，发现圣王们无一例外地都行在道上。

由此可见，在道家看来，社会治理是一项生态性工作，它和天地日月一样，有自己明暗涨落的节律。圣王们首先认同这种节律，同时又利用变化的节点推动社会变革，完善社会结构，人类文明因此获得了长久的生命力。

吾何以知众甫之状哉？以此。

老子说，我们传承祖先的优秀政治遗产，核心何在？就在于要悟道。因为道通古今，有情有信，它是一切社会存在的根源。至于先王的具体做法，很可能已经湮灭在历史潮流之中了，没有必要执着地去寻找。

行道于世，是与先王把臂同游；亦步亦趋，则是泥古不化。老子曾经忠告孔子，礼乐制度是先王走路的脚印，先王的骨头都已经朽烂，我们怎么可能还沿着他们的脚印行走？行道之人，应该打破条条框框，走出一条时代之路。

通译

大德的状态，全在于合道。

道造化万物，在隐显明暗中发生一切。隐显莫辨之间，产生了某种形象；明暗交叠之间，有了实体的作用。大道幽静而隐微，它是真正的能量源头，这个源头非常真实，它的运作完全可信。从今天溯及上古，道的作用从来没有消失。我们领会道，就能明白先王的思路。

我是怎么考察先王的社会治理思路的？就是依靠悟道。

小结

修身养性的关键在于行道，知而不行，不是真知。

　　大道有情有信，它有节律、有信用，也随时能反馈我们的身心体验。如果我们想消弭生命的枯竭感，就应该悟道修德，与造化为友，这才是与古圣贤把臂同游。

　　治世要守住有情有信，这是先祖共同的智慧。

第二十二章　曲全德归

曲则全，枉则直；洼则盈，敝则新；少则得，多则惑。

是以圣人抱一为天下式。不自见故明，不自是故彰，不自伐故有功，不自矜故长。夫唯不争，故天下莫能与之争。

古之所谓"曲则全"者，岂虚言哉！诚全而归之。

这一章讲相反相成。

要想全面，就要进行各种转换；要想变革，就要等待弊端显现的时机；要想有所成就，就要集中资源进行突破。世间很少直线到达的路径，前进常需变通，这是中国文化特有的智慧。

相反相成是发力的基本原则，我们应该把某些方面过头的发力运化成整个系统的能量。一味爆发，等于浪费。

曲则全，枉则直；

"曲则全"，曲，是找各种各样的通道，绕各种各样的弯子，使事情能照顾全面。全是周全，周全就不伤人了，如果经常一刀切的话，会伤了老实人的信心，而助长投机者的气焰。曲则全，就是曲尽周密，开辟各种各样的通道。这对社会生态有很高的要求。

"枉则直"，枉造字的本义指树枝弯曲，用在这里是让步与妥协的意思，这样才是正直。这似乎在说实质的公平。社会要允许多种通道，方方面面的利益才能周全。各方要进行多种妥协，事情才算得上是正当。隐含的意思，是世界上没有一个绝对正确的立场，正义是大家利益的妥协与合作。

洼则盈，敝则新；

"洼则盈"，管理的姿态低一些，真诚服务，大家就会到你这儿来交易。这是观察国运的重要标杆。越是开放，资源越是奔涌而来；越是到处长臂打压，大家越不愿意和他打交道。现代社会，开放与合作是衡量一个国度发展是否健康的基本尺度。

"敝则新"，情况糟糕到一定程度，就是改革的契机。既然做到了"洼则盈"，多元资源汇集了，也会带来多元矛盾。但事情都在台面上，决策层要抓住机会，借着社会共识进行革新。这和"静之徐清，动之徐生"的道理是相通的。

少则得，多则惑。

少做一点是自己的，多了就迷惑。处理事情要紧紧抓住主线，找到正确的切入口，尽量规避多线程运作。笔者亲见一些大学生考研，背着一大包书去图书馆，把八门课的每一本教材都打开到自己要看的位置，然后深深地叹一口气，睡了。

"少则得，多则惑"，真正能把握住的才是资源。

是以圣人抱一为天下式。不自见故明，不自是故彰，不自伐故有功，不自矜故长。

抱一，是说把握相反相成的关系，大道总是不断催生又不断返还，少了返还的一面，社会两极分化，就会走向崩盘。作为一个王者，要善于做阴阳转换的运作。不仅仅是搞平衡，还必须不断地帮助事物归根复命，这叫抱一，抱的是生机。

返还的方式，不是强拉硬拽、拖后腿，大部分时候还要往前推动一下，当事物极端化的不合理性暴露出来了，再做革新的工作。

既然是做返还的工作，不招人骂就不错了，当然更不能自夸。既然做到了"曲则全，枉则直"等等，那么一切都很显明，根本不用到处表现自己，这叫做"不自见故明"。换句话说，治理思路深入到社会事务中，大家都服气了，叫做显明。

大家都认同了，也就不用着急地证明自己正确，一切融会在相反相成的运作当中，这叫"不自是故彰"。

"不自伐故有功"，不用浮夸地邀功，效果明摆着，难道还怕被下属抢了功劳吗？领导者云淡风清，对整个组织都有镇之以静的作用。

"不自矜故长"，做到这种程度，用不着再担心威信问题，放轻松就好。尊敬是大家发自内心的。颁布小手册要求员工在走廊里遇见自己要微笑的小老板，自己的事情肯定没做好。

夫唯不争，故天下莫能与之争。

正因为领导者"抱一为天下式"，不断帮助万物返还转换，这样一来，万事万物都出现新的演化，一派勃勃生机。这样的领导者还需要跟谁争名争利？用不着，也没人能跟他争。社会的底层代码在他手上，别人转不动。这样的领导者能够谦虚自守，根本没有那么多危机感。

这是《道德经》第二次讲不争之德，"上善若水"是不争之德，"抱一为天下式"也是不争之德。有道的治理，重视脚踏实地，努力做在根本上，这就是不争之德。

古之所谓"曲则全"者，岂虚言哉！诚全而归之。

"曲则全，枉则直；洼则盈，敝则新；少则得，多则惑"，古人说的这些原则，不是假话，不是空话。要真的做好事情，都应该归功于这些后发先至的思维方式和行为原则。

从本章的思路来考察，历史上这样做事情的帝王其实不少。比如刘邦约法三章，废除秦朝繁苛的政令。从现代来讲，"三大纪律、八项注意"也是典范，都是直击社会问题的本质，解决百姓的痛点。

通译

曲尽周密则能够全面，经常妥协才能够正直；低下开放能够吸纳资源，弊端显现时则容易革新；抓住要点能有所得，要得太多反而陷入迷惑。

圣人抱住大道的原则，为天下做枢纽。圣人不用自我表现就显明了观点，不用自夸正确就彰显了原则，不用邀功就得到社会的认可，不用自尊自贵就得到真诚的尊敬。他专心做事，不争其他，所以天下也没人能跟他争。

古人所说的"曲则全"这些原则难道是空话吗？成就功业都

应该归功于它。

小结

曲直进退，相反相成，是一个整合、转动资源的过程。人世间的竞争，本质上是资源配置和利用效率的竞争。凡依靠实力碾压对手的，都是杀人一千自损八百；八方开战，大概率是自己先崩溃。

治理的原则都是极简的，简单可以演化复杂。从最简单的原则开始演化，积累到一定程度会发生异化。这需要决策层来推动它返还。通过相反相成的枢纽作用，推动社会变革演化，就是治理之道。

第二十三章　失道寡助

希言自然。

故飘风不终朝，骤雨不终日。孰为此者？天地。天地尚不能久，而况于人乎？

故从事于道者，道者同于道，德者同于德，失者同于失。同于道者，道亦乐得之；同于德者，德亦乐得之；同于失者，失亦乐得之。

（信不足焉，有不信焉。）

本章是对法家式思路的批评。

韩非创立法家，晚于老子，但春秋末年，诸侯争霸，已经露出了依靠严刑峻法治世的思想苗头。这种思路把老百姓当成是活着的机器，试图用规定动作让他们产生社会效益。

老子批评说，强权思路不合于天地养育万物之道，是不可持续的。决策层失道，会给世间带来苦难，同样会给自身带来灾难。

希言自然。

老子说，"希言自然"，少发号施令是符合自然之道的。大自然管理那么多芸芸众生，没见它搞个三六九等，也没见它把全世界变成兵营一般管制，这说明高明的社会治理是不需要使用严酷压迫手段的。

第一句就点破了法家的本质，他们没有真实的社会目标，甚至也并不服务于统治层的长远利益。

故飘风不终朝，骤雨不终日。孰为此者？天地。天地尚不能久，而况于人乎？

狂风刮不了一整天，暴雨也不会天天下。狂风暴雨是天地的作为，但天地也不能让狂风暴雨成为常态，更何况人类社会？统治者有多少资源，可以对全社会进行压制？管控是有成本的！一个王朝要对所有大臣实行全面监控，消耗尚且太大，何况对全社会呢？甚至于，定期严厉整顿的效果也很有限，几乎类似药物牙膏刷牙，专门为细菌培养药物免疫能力。

暴力治世是非常可怕的幻觉，会带来更为可怕的后果。本质上讲，暴力只属于老百姓。

故从事于道者，道者同于道，德者同于德，失者同于失。同于道者，道亦乐得之；同于德者，德亦乐得之；同于失者，失亦乐得之。

"从事于道者"，以道治理社会，自然就能更加深入地领会道的大用。按照平等无私的玄德来治理社会，这种德性也会日益深厚。如果领导者失道，自然会有各种乖戾奸佞围绕四周。

同，协同。认同于道，道也乐于协同。大道没有偏私，但如果有人正好走在道运行的方向上，当然会得到助力。认同玄德，玄德的效果就会日益加持，同频共振。认同失道的思路，走到道运行的反面，那大自然也正好返还资源。因此失道是很不自爱的，不知不觉间把自己做成了待回收的垃圾。

同频共振是非常重要的自然原理，应该引起重视。有一段时间，流行电视剧的智商低得可怜，每部剧里都有一个矫情而无用的小姑娘不断做错事，后面再跟着一个无脑男人替她买单。现实中的小姑娘，如果照着这种二货剧情去做人，按照同频共振的原理，大概率会引来人贩子。宫斗戏就不能谈了，那简直是精神失常者的劈挂群殴。

大众文化刺激人的情绪，而古典艺术则观照人心的愿景。交响乐结构严谨，辉煌大气，显然是大资产阶级在高歌凯进时代的心灵写照。听不懂交响乐，就缺少对西方文化愿景的了解。好莱坞的坏小子救世套路，是拍给别人看的。

古琴是文人独立人格的写照，它甚至没有表演的需要。传说陶渊明有无弦琴一张，每有友人探望、醉饮，就虚按琴弦奏无声曲一首，众人皆得大音希声之意。

"同于道者，道亦乐得之；同于德者，德亦乐得之；同于失者，失亦乐得之"，这话提示我们，凡事自求多福，才有机缘。世间百态，想要走上坡路就该努力，想要走下坡路简直是顺流直下。大凡丢了对生活的认真，对命运充满唧唧歪歪抱怨的人，不可能有好的运道。

（信不足焉，有不信焉。）

这一句与上文没有联系，帛书本也没有这一句，应为错简重复。

通译

少发号施令，是符合自然之道的。

暴风骤雨不可能连天连夜。要知道，是天地掀起了暴风骤雨，天地尚且不能持久，更何况社会呢？

按照道的法则做事，道就会庇护他；培养好的德性，德性也会循环增益；失道妄为的那些人，损失和崩塌也会迅速到来。如果你认同于道，道也乐于帮助你；如果你认同于德，德也会与你共振；认同失道妄为的，磨灭自然很快到来。

小结

严刑峻典可以起一时之效，绝非长久之道，它会损害统治基础，因此不可以成为治理社会的基本思路。

得道多助，失道寡助。得道者追求社会可持续发展，多方共赢；失道者面临的则是崩盘的危险。生机永远是一线，需要自己明辨。

道不同不相为谋。本章可能是这句名言的思想源头。与谁共事，不应该取决于自己的情感倾向，而要从道和德两个方面去考量。对自然法则保有敬畏之心，是优秀人士的德性。慧眼识人，我们应该与优秀人士多交往。

第二十四章　余食赘行

企者不立，跨者不行。

自见者不明，自是者不彰，自伐者无功，自矜者不长。

其在道也，曰余食赘行。物或恶之，故有道者不处。

这一章讲过犹不及。

急于求成，自尊自贵，强迫大家认同自己的意见，是决策者的大忌。对于这些错误思路，应该视作"余食赘行"，坚决摒弃。

企者不立，跨者不行。

"企"是踮着脚。总是踮起脚尖够高处，这样是站不稳的。"跨"是大步往前奔跑。急于求成，两步并一步，该做的事情没做好，是走不远的。

经济总是有潮涨潮落，在涨潮时冒险，有一定的成功几率。随着经济落潮，高来高去的企业就会横死在海滩之上。因此居安思危是基础，追潮赶浪也不能昏了头脑，涨潮时的经验是会误导人的。

自见者不明，自是者不彰，自伐者无功，自矜者不长。

"自见者不明"，见通"现"。总是表现自我的人，会更加缺乏存在感。某种意义上，表现自己是一种内在的谄媚。在《道德经》看来，凡是自见、自是、自伐、自矜，都是一个王者缺乏独立人格的表现。需要用虚名来解决实际问题，也说明实事没有做到位。

"自是者不彰"，自我肯定，总想把自己的观念灌输给别人的，效果适得其反。很难想象手握珍宝的人，会急于送给别人；总是劝人如何成功的人，何不把钱财直接分享？社会利益如果分配妥当，是不需要观念上的强制的。

"自伐者无功"，向社会邀功是徒劳的。一个王者做成了事情，谁能够给你褒奖？如果自我褒奖，会产生什么样的社会效应？不用自伐，马屁精们都已经蠢蠢欲动了。

"自矜者不长"，矜，傲慢，摆架子，端起来。长，尊长、领导。自己端起来，不等于拥有了领导力。领导力是在领众前行的过程中，通过成功的经验来建立的。自己端起来，强迫他人低头，和乞丐有什么区别？

其在道也，曰余食赘行。物或恶之，故有道者不处。

"余食"，一说剩饭，一说吃饱了还要吃；"赘行"，赘为畸形的多余器官。员工正常做事的时候，老板忽然自赞自叹，是非常让人厌恶的事。"物或恶之"，不只是人厌恶，整个大自然都厌恶。

大自然有基本的经济性原则，它总是试图用尽量少的资源和尽量精简的路径去演化更多的众生，这是大自然的好生之德。余食赘行与好生之德正好相反，它强制大家装出媚态，不能务实，是一种毫无意义的资源浪费。

国学爱好者往往厌恶进化论，大概是厌恶达尔文说人类是猴子变的。但其实达尔文并没有这个断论，达尔文真正的贡献在于"物竞天择"原理。他认为，所有的物种都有无限制扩张的本能，而恰恰是这种本能导致了物种走向毁灭，这和老子说的几乎是一个道理。

老子阐述大道的好生之德，在于不断演化新生事物。如果任由旧事物不断垄断膨胀，自然资源就会枯竭，因此天道"挫其锐，解其纷，和其光，同其尘"，把极端事物磨灭掉，新生事物才能发展起来。从这个角度来讲，能够自我约束扩张欲望，才有长生可说。

达尔文又说，经过"物竞天择"这样的运作之后，大自然会呈现出一种经济的状态，即有限资源循环流通起来，养活了尽量多的物种。这用《道德经》的话讲，叫做"损有余以补不足"。

在道家看来，生命的可持续并不是天然的权利，它需要合法性原则，就是不要障碍资源的流通，不要挡了生态繁荣的通道。"故有道者不处"，有道之人不会走到好生之德的反面，长生的原则在于不要破坏自然法则的经济性。

通译

踮着脚站不稳，大跨步跑不远。

热衷于自我表现的，其实不能得到显明；热衷于自我夸奖的，不会得到真心的赞誉；热衷于向社会邀功的，社会也没法认同他；端起架子，并不能提升领导力。

自我表现、自以为是、自我邀功、自我膨胀这四种状态，对于行道来说，就像是吃饱了还要吃，仿佛多长了一根手指头那样多余，会遭到大自然的厌恶，因此有道之人不会犯这样的错误。

小结

拔苗助长，超前发展，后劲必定不足。潮流到来，大家蜂拥而入，游得千姿百态，各自夸耀成功；大潮退去，就会看到谁在裸泳。

自我膨胀会降低决策者的信誉，这对实际工作完全无用，因而异常招人厌恶。

过犹不及，我们要珍惜空间和余地。企业发现一些问题，真正的企业家会感到高兴。企业亢奋了，贪婪了，企业家应该感到恐惧。珍惜不足，摒弃贪欲，可以留下发展的空间。

第二十五章　道法自然

有物混成，先天地生。寂兮寥兮，独立而不改，周行而不殆，可以为天下母。

吾不知其名，字之曰道，强为之名，曰大。大曰逝，逝曰远，远曰反。故道大，天大，地大，王亦大。域中有四大，而王居其一焉。

人法地，地法天，天法道，道法自然。

这一章讲人道效法天道的总思路。

老子说，道是涵盖万有的存在。它周遍于天地空间之中，又独存于时间流变之外。它混同一切分别，又演化万物众生。

悟道，就是从万物演化的轨迹中，去学习天地生生不息的模式，改善自己的生命体验，长生不老，可持续发展。人类既非生而尊贵，更非罪恶之源。人类通过效法天地之道，可以从蒙昧走向开明，从渺小变得伟大。

有物混成，先天地生。

首先肯定道的真实存在，"有物混成"。混成，包容一切。前文说过，"视之不见""听之不闻"博之不得",这是混同一切的存在,即便是用"混沌"去描述,也不够准确。

"先天地生",这里就是"先天"概念的由来。中医说先天,指的是人尚未发育的状态,《周易》说先天,指的是父母未生时的状态,只有《道德经》说先天,是指天地尚未产生之前的状态,也就是第一章所说的"无,名天地之母"。

混沌演化天地,天地演化万物,万物演化出感官,而感官认知的,只是万物的具体形象。对于先天的存在,感官无能为力。要想认知先天,就必须放下一切感官经验,以虚静容受去等待造化的发生,也就是所谓的归根复命。

庄子提倡心斋,正是此意。"若一志,无听之以耳,而听之以心;无听之以心,而听之以气。听止于耳,心止于符。气也者,虚而待物者也。唯道集虚。虚者,心斋也"。这就是说,把所有目的放下,不要用耳去感知,要用心感知;不要用心去感知,用气去感知。听觉受到声音的局限,心意受到形象的局限。而气呢,是虚己的、完全随顺万物的存在。大道是所有虚己之气的总枢纽,所以心灵的斋戒,就是虚己以待自然。

寂兮寥兮,独立而不改,周行而不殆,可以为天下母。

"寂兮寥兮"可以分开来解。

"寂兮",对应"独立而不改"。寂指不变,这是时间的维度。一切事物都在变迁,它却独立不改,因为它是背后的推动力。

时间是一种次序感,现代物理学认为,时间不是本来就有的。在宇宙大爆炸论里,宇宙是从一个奇点开始的,奇点的爆炸,本身就是时间和空间的展开。时空本质是一种物理运动。黑格尔说,绝对精神在时间上的展开,叫做历史;在空间上的展开，叫做社会。老子说的更直接，时间是一种演化，道本身却独立而不改。万物芸芸，经历无穷变迁，道并没有任何衰朽。

"寥兮"，对应"周行而不殆"。寥指辽远，这是空间的维度。道运行在无边无际的地方，周遍世界十方，从来不会堵塞不通。国家的运行，企业的运作，人体的新陈代谢，总会有某些失灵的环节、堵塞的地方，但道没有这个问题。

道在时间上独立不改，在空间上周行不殆，"可以为天下母"，是一切资源、规律的活水源头。

吾不知其名，字之曰道，强为之名，曰大。

"吾不知其名"，我不知道它的名位。凡所命名，都是具体的地位、功能。我们怎么可能用具体去命名全面呢？老子说，我做不到，但是我还是得说，所以"字之曰道"。表德为字，代表一种评价或者是期望，字之曰道，就是我用道这个字来说明我对它的理解。

所有的演化都会呈现出轨迹，大道演化、时空演化、天下演化，其实也像走路一样，也有个过程，是循环往复不断递进的，哲学上说波浪式前进、螺旋式上升，大概也是此意。老子说因为有这些认识，我把它叫道。

"强为之名，曰大"。你们一定要我给它一个名位，我只能说：大。

大曰逝，逝曰远，远曰反。

这一句证明，"道"是老子的总体理解，而对道的命名，则有四个字：大、逝、远、反。它们代表道的四大功能。

大的造字本意，是站起来的人。人为什么挺拔地站着？是因为他能做好自己的本位，获得独立。人的造字本意是在地上劳作，甲骨文的"人"字有一边是弯的，弯下去用双手去刨食吃，所以耕田的叫人。所谓大人，是从生产事务中超脱出来，能够管理好社会事务的人。所以说，大不是说道的大小，而是强调道能够驾驭一切。

"大曰逝"，道是不穷竭的推动力，在万物来说就是生命力。生命力的演化没有尽头，不断地朝向着未知的方向推进。

"远曰反"，反的造字本意是攀过一个山头，所谓"山重水复疑无路，柳暗花明又一村"。大道推动万物递进发展，又递归返还。但有一点需要注意，万物绝不是在道的推动下简单地循环往复，不是今生来世相欠偿还的机械因果论。这种递进递归中，万物的演化会越来越复杂，体现出真正的多元化，也就是"玄之又玄，众妙之门"。

从哲学意义上说，不会有永存的文明，但谁也不知道我们这一轮人类文明会演化到什么地方、什么样的高度——这是道的事情，不是人的决定。基于此，古人常说得道之人"不知所终"，而不说永生。得道之人，他们与造化为友，我们没法测定他的路径，这叫"不知所终"。他已经开辟了自己的演化路径了，这个路径有巨大的开放性和包容性，所谓"道者同于道"，大概就是古人讲仙道的真实含义。

故道大，天大，地大，王亦大。域中有四大，而王居其一焉。

老子说，道是大、逝、远、反的，具备四种基本功能，天是大、逝、远、反的，地是大、逝、远、反的，最后一句话落到代表社会治理职能的王，王也可以做到大、逝、远、反。

道家文化从根本上认可人的发展，但并不急于把人变成圣人，讲的是还原人的本性。人一旦获得了开放的演化路径，未来是不可限量的。

与开放相比，完美是一个封闭的词汇。道家并不提倡谁去变完美，也不会忽悠老百姓成佛封圣，这怎么可能？那不是一个普遍的可行性目标。然而作为王者，有可能追求自身演化的顺畅，为社会生态的发展做出贡献。"域中有四大，而王居其一焉"，这种社会治理职能做到位了，可以与天地同德，舒张社会无穷尽的潜力。

古人有天、地、人三才的概念，人在天地之间，能够沟通天地，完成大自然缺乏效率的一些事情，人一旦明白天道，可以演化得更多更好。诸如"人类一思考，上帝就发笑"之类的过度自省，在《道德经》看来都是消极的。《道德经》是强者的学问，是王者的学问，它不是要把人拽回来，而是鼓励人继续往前演化。

人法地，地法天，天法道，道法自然。

人是造化之枢机，人应该建构自己的演化逻辑，为此必须首先了解自然的逻辑。人不能违背自然演化之道，不能背离虚静自守之德，但人在悟道修德之后，可以做更多的创新和创造。

领会大道，修养玄德，天地是最大的榜样。因此人应该通过向大地学习安宁的德性，进而向天学习清明的德性，通过对天地德性的效法，最终能够领会自然法则。

自然法则就是自然本身，它自本自根，无始无终，它无所效法，它是天地万物一切生灵效法的终极本源。

通译

有一种存在，它浑然天成。它在天地诞生之前就存在着。

它无比寂静，根本不随着事物的发展、时间的流逝而改变。它辽远无穷，普遍地运行在任何地方，从来不会失去推动力，它可以说是天下之母。

我不知道它有什么名称，我只能勉强称它为道，用道路去形容它。如果一定要我命名，我只能说它叫做大，叫做逝，叫做远，叫做反。

要知道，道大、逝、远、反，天大、逝、远、反，地大、逝、远、反，人通过学习，也能具备同样的德性。天下有四种存在可以当得起大的德性，作为人类的代表，王者也是其中的一员。

人如何成大，是通过效法于地，通过效法地而效法于天，通过效法天而效法于道，道无所效法，道是一切变化的总根源，是一切事物的根本法则。

小结

大道生万物，是通过往返不息的推动作用。人秉道而生，也可以维护自身的生生不息，推动社会的可持续发展。所谓往返，不是低级状态的不断重复，而是不断演化新的生态。

人通过虚静自守，依次上升，可以逐步悟道。天清地宁，它们是人类的老师，而大道则是终极的导师。人能常清静，向着大道开放心胸，就能顺畅演化，拥有生机勃勃的幸福感。

第二十六章　静重自守

重为轻根，静为躁君。

是以圣人终日行，不离静重。虽有荣观，燕处超然。奈何万乘之主，而以身轻天下？

轻则失本，躁则失君。

本章讲王者的修养。

老子认为，能够成就事业的王者，都具备重和静两大修养。决策者以身家为重，以沉静处事，才能有效控制风险，发挥统合作用，驾驭事业发展。

摒弃功利躁动，分清轻重本末，是有效决策的前提。

重为轻根，静为躁君。

开宗明义，探讨的是"镇国之重"。古代以鼎来代表重，代表国家的基本原则。王朝建立，叫做定鼎；王朝更迭，叫做鼎革。"圣人抱一为天下式"，就是要为天下守住一个基本原则。这个原则对所有人都有效，首先就针对统治者自己。所谓一言九鼎，就是竖起一个基本原则，大家可以围绕它展开自己的追求，而不用担心发展得好了，原则就变了。原则是重的，但必须坚持。

什么是轻？老子可能是在指那一套演化出来的等级制度。孟子说民贵君轻，君可以泛指王朝制度。如果民轻君贵，意味着等级制度压倒了实质正义、形式压倒实质。

何以镇国？孔子想到了仁义道德，墨子想到了兼爱非攻，韩非子想到了奖惩管控。到了后世，儒生们甚至高抬文以镇国、诗以镇国，这些都是轻。真正能够压得住大盘子的，是实质正义的大原则。

"重为轻根"，就是要把握住社会运行的大原则，守护实质正义，为制度建设指明方向。

君的本义是统合、制约，而年轻人常常跌倒在躁动上。本来三五个人创业，合作得很好，忽发奇想要立规矩，搞顶层设计，很快内部先斗了起来。当然有人会说，没有规矩，不成方圆，一个企业应该从小开始立规矩，没有规矩就没法发展——这是谬论。规矩是为事业服务的，事业还没有充分展开就躁动着立规矩，规矩会压倒事业。初创业的时候，团结和热情也是核心竞争力，给核心竞争力套把枷锁，是愚不可及的事情。

微信创始人张小龙曾经感叹，微信的工作团队不知道什么时候变得规矩越来越多。过去发现微信的一个缺点，第二天就有技术员解决了问题，现在管理层几十个人都认为应该改的事情，按规矩走流程，两个月都改不掉。

躁，是没有效率的躁动，对于管理者来说，就是热衷于发号施令，干扰系统运行。高级一点的，就是热衷于构建各种各样"未雨绸缪"的制度，把系统的活力生生压垮。

"静为躁君"，说到底是要尊重事物发展的实际情况，制约各种管理冲动。

是以圣人终日行，不离静重。虽有荣观，燕处超然。奈何万乘之主，而以身轻天下？

圣人做事离不开两大原则，一曰静，二曰重。静，则能观复，眼光穿透纷纷扰扰的演化过程，看到其中成败往返的规律。重，则能守住基本原则，统治者的基本职能是社会治理，他真正要做的是镇国之重。至于各种奢华的待遇、崇高的礼遇，都是副产品，可有可无。

老子感叹："奈何万乘之主，而以身轻天下？"春秋时期，必定是已经有这样的情况了——拥有万乘车兵的大国国主，竟然不能坚持静重，在治理社会的问题上轻率躁动。这是统治者在天下人面前犯"身轻"的错误，后果极其严重。

"静重"，传世本均为"辎重"，河上公解为静重。本章主要谈论静与重的品性，故依文义做了校订。

轻则失本，躁则失君。

重为本，社会治理的大原则是统治者的根本，这个大原则是一个枢纽，能够让社会生态繁荣发展。如果不能够谨守大原则，轻举妄动，统治者就成为无本之木，成为社会不需要的余食赘形。

静为君，各种权谋之智，各种求完美控制的强迫症，各种不尊重社会自身发展节律的管理冲动，都会让领导者失去统合力。

通译

大原则是各种具体制度的根本，镇之以静才能统合各种管理冲动。

因此，有道的君王每天所做，不会脱离大原则和统合力，就算有奢华的待遇和崇高的礼遇，也不会放在心上。为什么现在的大国国君，竟然不顾安身立命的大原则和统合力，草率地操作社会事务呢？

违背原则就是无本之木，轻率躁动将会失去领导权。

小结

资源生态是社会运作的基础，维护社会生态是社会运作的根本原则，这是王者要守住的重。

静观万物反复，才能决策大局。决策者从容一点，内心空明一些，事情的真正关窍才会显露。轻率决策，到处指挥，会不知不觉违背已经确立的大原则，让大家不知所措。

荣华富贵都是一时的拥有，总有一天还需要放下。一个有远大追求的人，不会让这些事情影响内心的自由。

第二十七章　爱师贵资

善行无辙迹，善言无瑕谪；善数不用筹策；善闭无关楗而不可开，善结无绳约而不可解。

是以圣人常善救人，故无弃人；常善救物，故无弃物，是谓袭明。

故善人者，不善人之师；不善人者，善人之资。不贵其师，不爱其资，虽智大迷。是谓要妙。

这一章讲社会统筹的生态原则。

开篇先举出善行、善言、善数、善闭、善结五种降低社会成本的治理思路，然后提出圣人治世的不放弃原则，最后指出草根与精英互补的共赢之道。

从社会生态角度去治世，尊重不同人群的潜能，可以化腐朽为神奇，最大限度地挖掘社会资源。少数人获益，大部分人边缘化的发展思路，是不可持续的。

善行无辙迹，善言无瑕谪；善数不用筹策；善闭无关楗而不可开，善结无绳约而不可解。

"善行无辙迹"，善于行车的，不留下车辙的痕迹，比喻"处无为之事"。事功的推动，宜如春风化雨，不落形迹。如果是广泛地进行一种倾向性政策，或者补助，或者打击，那么说明过去的政策中，有些社会需求没有彼此扣合，必须进行强制的人为调整。"善行无辙迹"，强调要把工作深入地做到利益关系当中，而不要一种外在的强行推动。

"善言无瑕谪"，"言"指的是言令，不能单单理解为言论。皇上发表个意见，就是命令，底下马上贯彻执行，所以皇上不能急于表态，不能多说，否则就会给下面带来各种各样的临时任务，这就很有可能与大原则抵牾，给社会治理增加不必要的变数。

"善数不用筹策"，如果善于计算得失、善于进行财税统筹的话，不用把小算盘敲得那么精。领导者依靠数据了解情况，但不能依赖数据来决策，数据和其他标杆一样，都是会说谎的。社会不能唯 GDP 是论，同样的，企业把利润数字当成自己的最高目标也是很危险的，应该把为客户服务、让客户满意的目标整合进来，才比较妥善。社会治理的妥善，是一种综合状况。

"善闭无关楗而不可开"，守护权力，保护自己的领导权，真的可以靠无孔不入的安全措施吗？《淮南子》说："秦皇帝得天下，恐不能守，发边戍，筑长城，修关梁，设障塞，具传车，置边吏。然刘氏夺之，若转闭锤。"秦始皇怕自己的天下保不住，做了各种各样的工作，但是刘邦把它夺下来就像是掀起一张草席子，因为秦始皇都帮他编好了。但如果是一个生态型社会，谁都抢不了。

"善结无绳约而不可解"，善于契约的，不需要用那么多缜密的条文去约束人，但大家就是没法违约，因为在根本利益上交织在一起了。

讲到这里，都是在强调社会治理成本，怎样让社会组织的运行成本尽量降低。下文接着讲如何对待社会资源，如何对待各种社会群体。

是以圣人常善救人，故无弃人；常善救物，故无弃物，是谓袭明。

圣人对待社会成员和各种物资的出发点，是帮助他们发挥作用，而不是放弃掉。

《未来简史》警告说：未来随着科技的发展，尤其是人工智能的发展，社会将把大部分人口甩出主流工作领域。某些 IT 界人士也放言，百分之五的人工作就够了，百分之九十五的人将会失业。甚至有人设想，给那些无用之人每人四平方米的小窝，里面有一张床、一个洗脸盆和一个马桶，让他们戴上眼镜，生活在由 IT 界提供的虚拟世界中。

"聪明绝顶"的设想忽略了一个事实，人类社会目前的知识和生产体系，已经发展到异常庞大的体量和异常复杂的结构，由此而探寻到的未知知识和技术领域也在飞快地扩展。航天飞机上一个橡胶圈的背后，涉及到物理学、空气动力学、材料科技等若干门类的科学和技术体系。实际上，根据一些学者的计算，仅仅是维持目前的人类知识与生产体系的正常运行，就至少需要十六亿人口。如果人类的有效人口迅速衰减，很多技术成果将因为达不到基本的应用成本线而废弃，更不可能继续深入研究，人类整体的技术体系也将陷入衰退。知识、技术和生产、消费是最典型的生态体系，它们彼此支持、相互支撑，牵一发动全身，如果处理不当，人类文明完全有陷入整体衰退和崩塌的风险。

所以说，随着技术的发展，随着整个社会走向更加高级的组织化，社会不是患人多，恰恰是患人少，尤其是患有效工作的人少。《道德经》强调，有效工作的人不可能凭空而来，他们是从领导层对全体社会成员的尊重和引导中来。所以圣人必须屏蔽掉那些"聪明绝顶"的主意，做到"常善救人，故无弃人"。

圣人对物质资源的态度也是一样，"常善救物，故无弃物"。从某种意义上说，目前人类的生产是高度浪费的低级产出方式。据计算，人类每产出一卡车的工业制品，相应就要抛弃六卡车的垃圾，这显然不是可持续发展之道。人类的生存空间，实际上是由地球生态的循环再生能力决定的，因此人类在愿景上应该"和其光"，收回征服的欲望，技术上应该"同其尘"，把眼光集中到资源的环保利用上。

圣人激活社会成员的活力，促进物质资源的循环利用，"是谓袭明"。这是承袭古圣王的智慧，承袭自然之道的智慧。

故善人者，不善人之师；不善人者，善人之资。不贵其师，不爱其资，虽智大迷。是谓要妙。

这里的善人和不善人，指的是有能力的人，和暂时没有能力的人。老子说，全社会都应该形成一种相互帮携的风气，才能最大限度地发挥社会效益。

"善人者，不善人之师"，有能力的人，应该尽量去教导那些没能力的人。社会基层才是稳定地产生人才的地方。看不起老百姓是一个社会最大的无知。对老百姓进行恰当地教育引导，将会带来巨大的社会效益。

"不善人者，善人之资"。为什么精英要去开发草根的智慧？是因为只有那里才是孕育人才的土壤。如果按"聪明绝顶"的想法，百分之五的人抱团在一块玩，社会生态将会迅速退化。

一个社会，如果不尊重精英的带头作用，或者不爱惜老百姓的人才母体作用，那么政策做得再严密，等级设定得多巧妙，也是超级大糊涂。社会成员相互帮携，社会资源循环再生，这是一个社会走向永续发展的关窍。

通译

善于做事的人不落形迹；善于指令的人不留后患；善于理财不用依靠数字计算；善于守护的，用不着锁具，谁也打不开；善于进行契约的，用不着制定那些繁琐的条例。

圣人总是帮助人们发挥作用，而从来不会去放弃谁；他总是去循环资源，而不会放弃资源，这叫承袭先圣的智慧。

要知道，精英是普通人的老师，而普通人是精英的资源。不尊重精英的带头作用，不爱惜百姓的资源土壤，再聪明的统治者也是个糊涂虫。这就是社会永续发展的精要之处。

小结

健康的社会生态，各个阶层、群体的利益相互卡扣在一起。越是稳定的社会，社会阶层或社会群体应该越是复杂，不能头重脚轻，或是两极分化。阶层越复杂，群体越是多元，经济行为就越多，利益就能够匀化，这是稳定的基础。

社会生态好，人和资源的运化效率就高。社会运化能力提升了，原来落后的人也会变成人才。社会运化能力不够的话，人才也会变成边缘人士。

技术革命带来快速迭代，短期会让很多人无所适从。但长远看，社会需要更多的人才。未来生产体系的展开，也会创造出更多的工作机会。社会应该重视帮助老百姓度过快速迭代期的阵痛。

第二十八章　大制不割

知其雄，守其雌，为天下溪。为天下溪，常德不离，复归于婴儿。

知其白，守其辱，为天下谷。为天下谷，常德乃足，复归于朴。

朴散则为器，圣人用之，则为官长，故大制不割。

本章讲社会发展的节奏。

老子首先强调的，还是决策者的本位和德性。在好生之德的基础上，决策者需要做好两项基本工作：整合与分工。也就是以常德的平台来容纳与运化资源，利用社会本身的分化力量来建立社会分工。

不断分工，不断整合，分工与整合同步运行，社会就有可能在波澜不惊中顺畅地演进。

知其雄，守其雌，为天下溪。

雌，母体，母体的根本功能是孕育和诞生。这句话的意思是，明明具备龙行天下的谋略，却坚守母体般的德性，做天下的服务者。

《经》中前文提到过雌，"天门开阖，能为雌乎"？"天门"指人的精神与天地之间的通道，它开则为生，阖则为死。老子问，已经到了天门开阖的境界，天下事了然于胸，作为一个王者，你还能够为雌，守住服务于天下的本位吗？

"知雄守雌"，不是扮猪吃老虎，而是明明具备种种干涉的手段，还能够对社会温柔以待、不违背道去强行催生谁、强行打杀谁。领导者"为天下溪"，安心地做协调和支持工作，让社会各项事务的进展更生动、更顺畅。这样几番秋去，几番春来，整个社会就蓬蓬勃勃地就发展起来。如果领导者总是舍不下这边、气不过那边，总在做各种倾向性、不公平的决策，事物正常的生老病死规律就被打破了，治理的依据也就混乱了。

此处的溪，通"徯"，公仆的意思。

为天下溪，常德不离，复归于婴儿。

领导者为天下服务，"为天下溪，常德不离"，这就真正上应了天道、顺了好生之德，不再是天道"挫其锐，解其纷"的磨灭对象。

善养好生之德，也就是归根复命，"复归于婴儿"，重新获得了生命力。婴儿是最有生命力的，种子也是最有生命力的，等到他长大有所求的时候，反而容易被摧毁。

清代王嗣槐说："神龙在天，屈伸有时，将飞而伏，知雄守雌，知者见机，明者识时。"越是强者，越是知道进退取舍，不会一味向前猛冲。真的到他要腾飞的时候，先要落下来蓄势，这就是"知雄守雌"的道理。头脑特灵活的人，能够发现事物变化的关窍，但是真正的明白人，能看到大势的轮转。这也是对知雄守雌的一个解读。

知其白，守其辱，为天下谷。为天下谷，常德乃足，复归于朴。

"知其白，守其辱"，完全明白权力的能量，通晓权力的用法，却坚守着低下开放的态度。一个国家，能够以低下开放的态度，容受全世界的资源转换，自然就会成为大国。一旦它要闭关锁国，恐怕就意味着国运的衰退。

从个人来讲，能够把核心竞争力隐含起来，调动大家的积极性，自己做协调者和容错者，是不可多得的领导才能。

"为天下谷，常德乃足，复归于朴"。方方面面的利益相关者都得到协调、交换、融合，整个社会将会回归混然一体的状态。"常德乃足"，这个时候，可以说一个王者的德性修到位了。暗含的意思，是别人挑不出毛病了。

另一方面讲，社会确实有弱肉强食的那一面，拥有一个亿的企业家应该修身养性，拥有十个亿的企业家可能就需要警惕"掠食动物"。对于国家来说，内部生态和外部环境也同等重要，由此可见"知其白，守其辱"的另一层智慧。后文老子说"国之利器，不可以示人"，也是同样的意思。

无论多么强大，把自己的价值观强加给别人，夸耀自己的完善和正确，即便暂时取得了文化输出的效果，都是不智的。做得多了，常德必然不足，需要战略转换的时候，就难以自圆其说。既要做世界灯塔，又想关灯抢劫，这在逻辑上是不通的。

这里王弼本原文为"知其白，守其黑，为天下式；为天下式，常德不忒。知其荣，守其辱，为天下谷，常德乃足，复归于朴"，其中衍文的情况突出。"辱"在春秋战国时代指的是黑，《庄子·天下》里面也引用为"知其白，守其辱，为天下谷"。因此这里删去衍文，修订为"知其白，守其辱，为天下谷。为天下谷，常德乃足，复归于朴"。

朴散则为器，圣人用之，则为官长，故大制不割。

"朴散则为器"，"朴"是整体的意思。社会整体化，但也不会停滞不前，它逐渐又会产业分化。这时候，各种社会分工就会纷纷显露。"圣人用之，则为官长"，随着分化的趋势，再去制定各种分类职能，给以名位的安置。这是文明奠基时的大事。

人类历史上，能做这种大事的叫做圣人。文王作后天八卦，根据当时自然、社会的变迁，重新定位八卦，对《易经》的认知体系进行变革，这就是所谓的"圣人用之"。大的社会变革也是一样，都是在历史的大跨度变迁中，重新定位、整合各种社会要素，帮助社会回归常态。聚则成朴，散则成器，做好这两个方面的推动工作，社会顺利变革演进，确实是需要真正有道的领导者。

"故大制不割"，真正能立得住的制度是不割裂的，它是一种整体化的思路，始终保持聚散的常态节奏。它不会依靠严刑峻法，也不是绝对的自由放任。

通译

具备干涉的权威和手段，却能够保持慈柔的态度，公平地为天下服务。这样，好生之德就不会离开——这种修为要达到像婴儿一样的纯净。

通晓天下大势，偏偏隐含着自己最大的竞争力，做整个天下的山谷，去汇集和融合方方面面，这样好生之德就充分了，整个社会将重新回到整体的状态。

社会整体状态不会是静态的存在，它会动态地分化扩散，又成为各种各样的器用。能够控制好聚散的节奏，予以职能分配的，就是真正的王者。所以好的社会治理、好的制度，它是不割裂的，它有整体、长远的思路。

小结

"知雄守雌"，前提是自身要通达。自己不知雄，就谈不上守雌了。功成身退，前提是事功成就。自己做不好事情，最多是百无聊赖，谈什么退步抽身？《道德经》不是弱者的安慰剂，它是在梳理我们的思维方式。

与其干涉万物的生死循环，不如做好决策者自身的往返进退。如果决策者把自己也代入进去，社会就没有希望了。眼光回到自己身上，好生之德到位了，对社会的调控会更有效。

任何社会都存在着分工和竞争，但治理的目的要落实在返还社会的整体性。考察一个国家的国运，关键也是看它的统治集团还有没有能力帮助社会保持聚散分合的合理节奏。

第二十九章　天下神器不可执

　　将欲取天下而为之，吾见其不得已。天下神器，不可为也。为者败之，执者失之。是以圣人无为，故无败；无执，故无失。

　　故物或行或随，或歔或吹，或强或羸，或挫或隳。

　　是以圣人去甚，去奢，去泰。

　　这一章的核心意思，是劝说统治者放下天下我有的执念。用今天的话来讲，可能也要放下构建完美社会的设想。如果在西方文化里找参考的话，大概与开放社会理论相类似，主张社会方向的选择应该向未来开放，不断进行适应性改良。

　　本章提出"天下神器"的概念，说明在道家思想里，社会是根源性、母体性的，而统治者是服务性、维护性的，两者的位置不可颠倒。

　　将欲取天下而为之，吾见其不得已。天下神器，不可为也。为者败之，执者失之。

　　想要抓住天下的统治权，然后任性所为，以强权意志来决定天下的运作，老子说，我认为他做不到。为什么呢？"天下神器，不可为也"。

在春秋时代，神比圣更受推崇。神代表大自然的感应和反馈功能，"神得一以灵"，某种意义上是道的体现。所以大凡涉及到真正的智慧，都是一种"精神"。神是大自然信息的基本节点，而圣是悟道的人，能够正确运用这些信息。所谓福至心灵，真正给人启发的，还是大自然的韵律。

老子讲天下是神器，意思是说它是有神性的，不会任人摆布。这个观念即便是大一统之后，也还是被帝王家所承认。皇帝称天子、圣人，总归还是代天行道，不敢说天子本身就是天道。试想，像天下这样超级复杂的无尽系统，人类怎么能幻想用自己的智慧去操纵和掌控呢？所以老子这里的说法不是道德批判，而是在说实情。这是自然法则决定的事情。

"为者败之，执者失之"，抓着不放，大家已经很不满了，还要随意建构制度，粗暴压制社会矛盾，最后只有一个结果，就是丢掉它。作为老百姓，其实没什么可失去的，作为王者、世家，丢掉的可能就是身家性命了，直至最后"子孙无立锥之地"。

执持天下，纵情而为，恰似是一场豪赌。时日既久，结果是不言而喻的。

是以圣人无为，故无败；无执，故无失。

老子认可的王者是无为的，他不会把主观意志强加给社会。他只是维护社会的自组织运转，这样就不会把自己捆上去，当然也就不会遭遇失败。

社会的萧条繁荣，都有自己的规律，就好像道路都有上坡下坡、拐弯抹角。领导者应该坐在驾驶舱里专心开车，没有必要和路置气。如果把自己绑定上去，那么社会繁荣的时候可以邀功，社会萧条谁来背锅呢？

放下执取，自己还可以乐得逍遥。要那些荣耀的闲摆设，徒增祸患而已。

王弼本中这一句原在第六十四章，上下文义不通，应为错简。今依文义调整到本章。

故物或行或随，或歔或吹，或强或羸，或挫或隳。

"故物或行或随"，天下万物，总有走在前头的，总跟在后面的。没有摸不清方向的人，还需要在前面引领的人吗？走前走后其实是一体的，没有必要自尊自贵，搞特殊化。如果没有老百姓，领导者还有存在的必要吗？

"或歔或吹"，天下万物，有呼就有吸，它总有个吞吐的过程，新陈代谢才能正常运行，哪有只吃不拉的道理？我们能做的，无非是使得社会资源吞吐的过程顺畅一些。

"或强或羸"，天下万物，有强就有弱，这方面强那方面就弱，不可能整齐划一。弱者都消灭干净了，强者还不是要对撕？百分之九十五的草根都去虚拟世界了，百分之五的精英们难道能安生过日子？

"或挫或隳"，有赢家就有输家，有 Winer 就有 Loser。隳是毁坏、毁灭，挫是事先谋划。赢家大多是因为善于谋划，输家则往往缺乏社会敏感度，但他们默默地承担了大部分的社会成本。把他们都赶尽杀绝，赢家何以自存？

事情都是一体两面的，存在本身是多元多面的。人生是一个系统，社会是一个巨大的生态，执着一面排斥另外一面，就像是自己抓住自己的头发想要离开地球一样。

是以圣人去甚，去奢，去泰。

圣人对待社会的思路，去除了任何单向度的思维方式。他们不去追求极致、不求安乐、不抱任何优越感。

甚，极端，想要随心所欲地对待社会；奢，安乐，各方面要求安排得周到；泰，优越感，居高临下地对待其他社会成员。

但凡是被甚、奢、泰三者迷惑的，满脑子渴望控制感、地位感、优越感的，他的内在是不自足的，所以依赖各种外在的服从来寻找安全感。这是严重的德不配位，后果很难预料。

通译

想要掌控天下，凭一己意志任性操作，我看他是做不到的。天下是神器，是自然法则的具现，是不可以用人类的意志去压服的。凡是用自己的意志压服天下，凡是抓着天下不放的，最后会失去一切。

要知道，这世间万物，有领导者就有跟随者；有呼出就有吸入，有强者就有弱者，有成功的就有失败的，他们之间转换不息、互为依赖。

真正的王者对待天下，他会摒弃不可变更的占有欲，去除万事从我的地位感，放下俯瞰众生的优越感。

小结

天下是自然法则的具现，它有自身运作的方式。人在当中可以做很多调节的事情，但应该以尊重自然法则为前提。

领会了天下神器的运作方式，就是圣人。他们明了僭越法则的大患，故而会自我修为，不去做极端的事情。

　　事物总是有它们各自的发展阶段，而且总是优劣并存。总想着天下无敌，把竞争对手都挤死，自己也会失去生态的土壤。社会治理也应该放弃完美构想。放下执念，去领会开放的思维方式，让社会拥有通往未来的广阔前景。

第三十章　物壮则老

以道佐人主者，不以兵强天下，其事好还。师之所处，荆棘生焉。大军之后，必有凶年。

善者果而已，不敢以取强。果而勿矜，果而勿伐，果而勿骄。果而不得已，果而勿强。

物壮则老，是谓不道，不道早已。

这一章讲有道者对用兵的态度：治天下不能依赖暴力征伐。

暴力征伐，不但会对社会生产造成严重伤害，本真也蕴含着不可预测的政治风险。因此统治者应该化解耀武扬威的冲动，节制穷兵黩武的行为。

老子警告，大凡离开静重的本位，躁动亢奋，都是早衰的征兆。

以道佐人主者，不以兵强天下，其事好还。

"以道佐人主者"，通常解释为以道辅佐君王，突兀。《道德经》通篇以人主口气说话，并不探讨君相关系。这一句河上公解得更为合理，"谓人主能以道自辅佐也"，人君遵循大道，暗扣

"大道泛兮，其可左右（通"佐佑"）"。

有道的君王，"不以兵强天下，其事好还"，不用穷兵黩武的方式去强迫天下各邦的服从，事情往往能够做得更好。换句话说，用和平的方式，自身也会比较安全；喜好用暴力的方式，往往也会带来不可预知的后果。

"其事好还"，衍生出天道好还的成语，意为天道自会主持公道，南宋以后这句话几乎和善恶报应一个意思，而人们用这个词的时候，似乎更倾向于指恶有恶报。但经文的原意，其事好还说的是国家系统对外强制发力的时候，引起的一种综合连锁效应。老子强调的是要注意正确的事功路径。

唐玄宗说，之所以"其事好还"，是因为"抗兵加使，彼必应之，其事既好还报，则胜负之数，未可量也"。清世祖认为"好还"的意思，是"还以并相报也"，考虑的都是战争带来的不可知结果。

因此其事好还，是说"不以兵强天下"这个路径，事情更容易办好办通。这和佛门的因果自作自受的观念还是有着根本不同。

师之所处，荆棘生焉。大军之后，必有凶年。

军队所到之处，田地荒芜，荆棘丛生。大军所过之后，必有百姓流离失所的凶年。

古代打仗，最难办的事情是粮草，一个士兵所需的物资，大约要三个民工来跟随供应，劳动力的消耗巨大。这也是古代对待俘虏比较残忍的原因之一，因为养不起，养不起又怕他暴动，就容易选择杀戮。

老子既然提到这个问题，说明春秋末年诸侯国之间的征伐已经撕下了温情脉脉的面纱，贵族礼乐的体面已经跌落尘埃。

打仗就是打资源，古代军队到了一个地方，首先要征粮。如果败退离开，必然不愿给敌军留下一草一木，这是此消彼长的基本道理，也是坚壁清野策略的由来。在这种策略下，就算谷子没熟，也得收起来带走，或者直接烧掉，否则就会成为敌军的补给。如果是仁义之师，把老百姓家粮食征走也就罢了，如果是虎狼之师，那会把百姓骨头缝里的存粮也抖落出来。所以古代打仗，军队一来，老百姓就结伴逃到山里。

"师之所处，荆棘生焉"，不是百姓不想干活，是干活也会被毁掉。"大军之后，必有凶年"，说明不是天灾，都是人祸。宋徽宗认为："下夺民力，故荆棘生焉；上违天时，故有凶年。"未免太小看了战争的罪恶。

善者果而已，不敢以取强。果而勿矜，果而勿伐，果而勿骄。果而不得已，果而勿强。

基于战争对生产的毁灭性影响，老子提出，战争的目标要明确，要征伐不义，也要严格自我约束。"善者果而已，不敢以取强"，尽量减少对社会生产生活的毁坏。

为了少伤害社会，就需要高超的战争思想和作战方略。打仗这件事情如果不加约束，最后终归是个烂摊子，所以要"以奇用兵"，出奇制胜，甚至不战而屈人之兵，降低整个社会的消耗。

中国打对越自卫反击战的时候，邓小平抓住苏联内部矛盾激烈的空档，军队迅速展开攻势，目的达到了，又适时撤回来，这就是"善者果而已，不敢以取强"。一旦取强，矛盾就扩大化了。对印自卫反击战也是如此，有了成果绝不恋战，以免国际局势向着不利的方向演进。

老子又强调，打仗打赢了，目的达到了，要注意"果而勿矜，果而勿伐，果而勿骄"。不要因为战争胜利就推高自己，贪功自大，骄纵贪欲。但凡居功自大，就要多杀滥杀；将领骄纵了，士兵们的腰间就会别上平民的人头。一将功成万骨枯，最后遭殃的都是无辜的百姓。

同时还要"果而不得已，果而勿强"，坚持战争的正义性，迅速恢复社会平衡。不要以战胜之势，进行过多地掠夺。

老子真是大智慧，近现代国家因果而用强而招致了巨大的灾难。一战以后，如果英、法等国能够多一些政治智慧，保持欧洲基本的经济平衡，就不会催生出纳粹主义。二战更是教科书，德、意、日等国抱着掠夺天下的强权意志，实行种族毁灭政策，最终也招致自身的可耻灭亡。

物壮则老，是谓不道，不道早已。

凡是征伐之欲亢奋的，就会进入衰变周期，因为他的行为不合于道，不合道的就会早死。战争是人类成本最大的一种交往方式，如果不懂得节制，无谓消耗资源、毁灭生命，则大伤好生之德。

"物壮则老"，无论实力如何强大，一旦亢奋了，就会离开海纳百川的本位，变成到处伸手的老赖。上个世纪，美国人提出来世界上任何地方发生的事情，都和美国的利益相关。这种看起来雄心壮志实则满世界伸手的战略一旦提出，就隐隐露出了"物壮则老"的苗头。

这一句，同时也出现在第五十五章，不能排除衍文的可能。

通译

有道的君王，他不依靠暴力来控制天下，这样的话事情会好办很多。

大军停留之处，荆棘满地，大军所过之后，必然是老百姓没法过日子的凶年。

战争的目标要明确合理，达到目的就行了，不可取强。打赢了，也不要自我抬高，不要贪功冒进，不要骄纵蛮横。达到了目的，也要坚持正义的立场，不要把胜利当成是掠夺的理由。

事物过于亢奋就会衰老，是因为不合于道，不合于道就会早早灭亡。

小结

战争可以分为有道战争与无道战争，老子并非一味地反对战争。老子强调的，是秉承道义、目的明确、速战速决，不要被战争绑架了人性。

有道的战争，是为了恢复社会平衡和发展。无道的战争，是为了扩大不平衡，从中牟取暴利。为此，正义的战争不但要打，还要打得特别成功才行。

敢于胜利，也要善罢甘休。所谓有理、有利、有节，才能为未来奠定和平的基础。

第三十一章　兵者不祥

> 夫佳兵者，不祥之器，物或恶之，故有道者不处。
>
> 君子居则贵左，用兵则贵右。兵者不祥之器，非君子之器，不得已而用之，恬淡为上。胜而不美，而美之者，是乐杀人。夫乐杀人者，则不可以得志于天下矣。
>
> 吉事尚左，凶事尚右。偏将军居左，上将军居右，言以丧礼处之。杀人之众，以哀悲泣之，战胜，以丧礼处之。

这一章承续上一章，通过礼乐制度设立兵礼时所依据的精神内涵，讲述先王们对待战争的态度，委婉劝说统治者不要一味地追求胜负而罔顾生灵涂炭的事实。

老子明确指出，兵礼的内容与丧礼一脉相承。从这一论断可以看出，中国上古政治已经有反对战争的人道主义主张。

夫佳兵者，不祥之器，物或恶之，故有道者不处。

"夫佳兵者"，佳是唯的错抄。佳兵还是劣兵，都是"不祥之器"，只要是用来杀戮的工具，就都是不祥之器。兵，可以指五种兵器，也可以指五种军队，具体说法不一。本章讲用兵，应指动用军队。

"物或恶之"，"或"有必然的意思。前文有"或行或随，或嘘或吹"，其中的或也有必然之意，代表着内在联系。万物都厌恶受到人为的伤害，因而战争也是天道所厌。有道者出于好生之德，他不会把自己和用兵捆绑到一起。

战争是人类社会的特产，发生在族群间或者国家间。从好生之德的角度看，族群之间的理想关系是生态的，既竞争又互补，如果诉诸于战争，必定是发展呈现严重不平衡，出现不可调和的矛盾。无论如何，战争作为一种极端的交往方式，很难合乎好生之德。

君子居则贵左，用兵则贵右。

君子处理日常事务，礼仪上以居左为贵，领兵打仗的时候，则以居右为贵。

唐玄宗说："左，阳也。阳和则发生，故平居所贵。右，阴也，阴凝则肃杀，故用兵所贵。"由此可见，阳而和畅则主生，阴且不通则主杀。在帝王家看来，也是以阳和为贵。

中国文化以左为贵，其中的原因常常说不清楚。有些人说以左为贵是考虑到安全因素，贵人坐在左边了，意味着他的右手可以很好地御敌，而坐在右边则左手与贵人接触，想要刺杀贵人就要慢一步。这话也不无道理，礼仪的制定，安全确实是一种考虑。比如泰国的躺卧式的跪拜礼，就是近代出于保护王室成员的考虑制定出来的。

但从中国文化法天象地的传统来讲，以左为贵实则出于天文。道家认为大道好生，故而以生机为贵。君王坐北朝南，以向阳为尊，暗合负阴抱阳之意。这时，太阳从东方升起，在左手方，代表着生，从西方落下，在右手方，代表着杀。上朝的时候也是这样，文官在左侧，站在东边，武官在右侧，站在西边，以示文官主生化，武官主杀伐。这样解释尊左更合理一些。

君子，本意为人君之子。孔子办私学，把君子的含义泛化，认为普通人的孩子通过道德修养和知识传承，一样能够成为管理社会的人才。老子比孔子年长二十岁，君子一词的含义应该大致相同，都是社会管理人才，或者说后备干部的意思。

社会管理者，在日常工作当中坐在左边，作为统帅用兵的时候就坐在右边，说明用兵与日常礼仪是不一样的。用兵的礼仪属于凶礼。

兵者不祥之器，非君子之器，不得已而用之，恬淡为上。

军事力量的存在，是一种不祥的工具。所谓手握利器，则杀心自起，用强大的军事力量来解决问题，是压倒性的，会让君王把解决问题看得太容易，养成粗暴刚硬的恶习。

这里强调，军事力量不是社会治理的基本工具，它是一种应急的工具，完全是不得已才会使用，而且需要特别强调的是，即便矛盾不可逆转，只有动武了，内心依然应该保持清醒的慈心。

老子说，既然是正义的这一方，更应该有悲天悯人的情怀。

胜而不美，而美之者，是乐杀人。夫乐杀人者，则不可以得志于天下矣。

用兵唯一的目的，就是为了恢复社会生态平衡，恢复正常的生产生活秩序，而不是使社会更加撕裂，因此胜利值得庆贺，但不值得享受和夸耀，这叫做"胜而不美"。如果竟然"美之者"，那就"是乐杀人"。

清世祖说："不美，不喜也。"是很妥当的解读。如果美之，就是"乐杀人"，简直是以屠杀这件事情为乐了。

"夫乐杀人者，则不可以得志于天下矣"，失了好生之德，很快也会失去老百姓的认同。老百姓看问题很朴素，领导者是暴虐还是仁慈，是苛刻还是宽容，最后都会落实在他们的直观感受上，骗不了人。

吉事尚左，凶事尚右。偏将军居左，上将军居右，言以丧礼处之。

吉事和凶事的概念来自于古代礼制。自西周始，古礼分五类：吉礼、凶礼、军礼、宾礼、嘉礼。《隋书·礼仪志一》记，"以吉礼敬鬼神，以凶礼哀邦国，以宾礼亲宾客，以军礼诛不虔，以嘉礼合姻好，谓之五礼"。

吉礼主要做一些祈祷吉祥的祭祀。例如祭祀祖先，是在建立共同的精神皈依，所以是吉祥的。凶礼主要分两个方面：一是丧礼，关于丧葬方面的礼仪；二是应对灾荒的礼仪，抚恤慰问等等。丧礼讲究慎终追远，寄托哀思，在梳理后人情感的同时，也提供一种家族的凝聚力。宾礼是接待宾客之礼，外交往来、贵族之间的相见，都采用宾礼。嘉礼是用来和合人际关系，沟通、联络感情的礼仪，涵盖很广，上至王位承袭，下至乡饮酒礼、婚冠贺庆，内容极其丰富。至于军礼，则是军事活动的礼仪，军队建制、检阅方式、行军方式，都有详细的规定。

如果把吉礼、宾礼、嘉礼算是吉事，军礼和凶礼就要归入凶事。老子是春秋时期礼乐制度的权威，孔子也一直向老子学习礼制，老子说这个话，说明在周朝最初建立礼制的思路里，军礼是照着丧礼的原则来制定的，这样才能解释军礼里统帅者的座位规定与凶礼一致的情况。

在这里，老子实际上说明了周公对用兵这件事情的人道主义立场，他希望大家为战争造成的人的折损而哀悼。

杀人之众，以哀悲泣之，战胜，以丧礼处之。

中国古代因为战争死去的老百姓，很难计数，自商及周，战争频次不断提升，规模也越来越大。据一些学者统计，商朝《卜辞》中记载各种战争 61 次，《春秋》记载春秋 242 年间大小战争 448 次。战国时期，诸侯间征伐之事不断，仅大规模的战争就不下 200 次。梁启超曾说战国期间战死的人数大约 200 万人（不含秦国军队），其中有一大半为秦将白起所为。这些在人口生产极其困难的古代，都是难以承担的社会损失。

对这些情况，老子一言以蔽之，"杀人之众"。但凡在战场上死去的士兵，都是邦国间矛盾的无辜祭品。君王们对此应该心中有数，心怀沉痛。即便战争是为了恢复正义，但毕竟用了不得已的手段，不管胜负如何，损失最终是由双方人民来承担的。老百姓付出的是生命的代价，因此所谓战胜，本质上应该是一场祭奠百姓亡人的丧葬仪式。"以哀悲泣之"，泣通"莅"，对待的意思。

正如丧礼讲究慎终追远，用前人的风骨来教化后人的心灵，战争的作用，也应该是为后人开创一条和平发展之路，促使人们珍爱和平，合作共赢。这样来看，打仗的目的搞清楚了，打仗的礼仪也就搞清楚了。

通译

军事力量这种这种工具，寓意是不祥的，万物都厌恶它，厌恶被人为伤害的感觉！因此有道者不以用兵作为基本治理工具。

君子日常的礼仪，是以居于左侧为贵；到了战时，就以居于右侧为贵。要知道军事力量是不祥的器物，不是君子理想的器物，有时候不得已用武力来解决问题，也应保持清醒，不能沉迷在其中。战胜了不要得意洋洋，凡是洋洋得意的，就是以屠杀为乐而迷失了心性。以杀人为乐的人，是不可能得到天下认可的。

吉祥的事情，以左为尊，凶丧的事情，以右为尊。在军中偏将军坐在左边，而上将军坐在右边，就是比照着丧礼来制定的军中礼仪。打仗的时候，无辜死去的人太多了，对此心中应该心怀沉痛。即便是战胜庆功，也应该以丧礼来比照处理。

小结

过度发展武力，消耗巨大，本身也是一种不安定因素。在古代来讲，发展武力需要额外消耗宝贵的社会生产力；在现在来讲，武器科技助推了整个社会科技的发展，是因为军转民的渠道畅通。无论如何，发展武力是为了保卫和平。

用兵考验着决策者的心性和智慧，必须警惕用兵带来的社会道德风险。战争会带来巨大的社会伤痕，决策者应该对整个形势进行深入反思，为未来的和平做最大努力。

第三十二章　知止不殆

　　道常无名，朴，虽小，天下莫能臣也。侯王若能守之，万物将自宾。

　　天地相合，以降甘露，民莫之令而自均。

　　始制有名，名亦既有，夫亦将知止。知止可以不殆。譬道之在天下，犹川谷之于江海。

　　这一章讲自然法则下人的天赋地位和尊严。

　　天地生万物，也长养万物，他们靠自己的双手养活自己，最是光荣不过。社会治理，应该尊重百姓的人格，摒弃那种在百姓头上套枷锁，驱使他们彼此恶性竞争的权谋思路。

　　即便是合理的制度，也应该自我收敛、留有余地、适可而止。

道常无名，朴，虽小，天下莫能臣也。

　　"道常无名"，大道是没有办法用具体名位来框定的，它是整个世界内在、整体、周遍的源动力，这叫做"朴"。正因为如此，我们没有办法用具体的功能性去界定大道。

　　梁实秋说，"渐"的力量最大。我们每天照

镜子，觉得自己跟昨天差不多，直到有一天，突然发现自己老了。这种容颜的改变，是柔弱、渐进、全面的，遍及每一个细胞，因此难以感知，这叫做"小"。这种力量虽然小，但一往无前，无坚不摧，就算是帝王家有号令天下的威能、国家有排山倒海之力，也不能让普遍的变化停下一分一秒，因此"天下莫能臣也"。

道是第一推动力，一切具体事物，本质上都是这种力量的结构性显现。我们每天刷牙，以为是牙膏的作用，其实大部分是水的作用。我们认为活着是追求的作用，其实是新陈代谢的作用。我们总觉得人类社会是靠自己，其实一切所得都源于自然，人类能创造的，永远是某种暂时的结构，而道不会显山露水，它是最柔弱的力量，但又周遍一切，无可阻挡。

谁能抓住这个力量？谁能叫它只为你服务？你能要求它在你身上失去作用吗？这大概是人类最大的悲哀——站到了金字塔的顶峰，还是不免衰老、不免一死。身居高位，又不免高处不胜寒，像庄子说的那样，"与接为构，日以心斗"。所以天底下能发的最大的愿望，就是想成这个道了。

侯王若能守之，万物将自宾。

老子说，对待天底下基本、最普遍的生命力，只有一个办法，就是"守之"，我们只能守住它，想办法跟着它的力量去运作。我们在衰老，但是我们又在运作，这个过程就像逆水行舟，这里面有它的路径。

侯王、一家之主、一把手能守住这道，"万物将自宾"。宾，就是宾朋、宾客。被管理的各种势力，在侯王面前会呈现出一种宾朋的心理，尊重主家的决策。不过要注意，这是主宾关系，不是主奴关系。宋亡以后，"主奴关系"逐渐成了中国社会关系的主体，是中华文明的历史性倒退。

孔子说："君使臣以礼，臣事君以忠。"君对臣以礼相待，给与应有的待遇和尊重，臣回报君以忠于职守。孟子更直率，他说："君之视臣如手足，则臣视君如腹心；君之视臣如犬马，则臣视君如国人；君之视臣如土芥，则臣视君如寇仇。"这是抱着随时开打的决心。至汉代，宰相走进门，皇上还得要起身表示欢迎。至于"君叫臣死，臣不得不死"之类的胡话，据考出自明清小说戏曲之中，和儒家的正统态度扯不上关系。

中国文化的核心，在于整体化的思维方式，它把个体、社会、自然放到一个系统里考虑，寻找共生关系，天然地不能支持羞辱人性的奴性关系。

天地相合，以降甘露，民莫之令而自均。

老百姓有他天赋的权利。老天下雨，不会给帝王家多下点，不需要谁去指挥它。

人类社会有它的特殊性，为了追求效率，要进行社会分工。分工带来社会权力的不同，"聪明人"对分工进行固化，就形成等级。甚至婚姻也可以视作一种合作和分工，它是传统社会的基本细胞。婚姻是需要经营的，只有小白们才会幻想背靠爱情吃一辈子闲饭。

大自然是总的供给源头，这叫"玄牝"。人类社会是结构化的，常常是搞出个三六九等，人为地制造不均衡。于是从繁荣到萧条，周而复始，兴衰更替，总是百姓辛苦。

始制有名，名亦既有，夫亦将知止。知止可以不殆。譬道

之在天下，犹川谷之于江海。

大自然是平等的，人类社会是不平等的。《道德经》承认，只要社会分工开始了，"始制有名"，设定了一些名位、官职、职务，体制就开始演化了，各种需求、各种古怪的事情就出来了，所以分化是人类社会的常态。

但老子又讲，"名亦既有，夫亦将知止"，体制的演化，必须要有边界意识。体制本身不是目的，社会运作效率才是目的，甚至于社会效率不是目的，人的发展才是目的。老子的意思，决策层应该随时注意组织体制的异化。

很遗憾地说，这是一个管理主义盛行的时代，所谓科学管理、细节管理的呼声不绝于耳。一些企业本来做得不错，但老板守不住本心，热衷于顶层设计，到处请咨询公司来改造企业，恨不得规范员工上厕所的动作，于是不久企业就关门大吉。这类情况比比皆是。

老子警告后人，体制化、组织化这件事情，必须"知止"，不能让组织化异化了人本身。一个王者明白了这个道理，在治理活动中约束体制化冲动，能为社会的演化留下空间，即所谓"知止可以不殆"。这样的社会治理，"譬道之在天下"，保护了社会发展的内在动力；"犹川谷之于江海"，为天下资源流通整合提供了通道。

体制化这件事情，古人认为是在为天下做梳理资源渠道的工作，关键在于通畅，把各种事务都引入社会的大平台来予以解决。

通译

道的功能是无法形容的，它整体运作，完全深入地服务于任何微小的地方。但是，天下没有人能要求它臣服于自己。领导者守住道，万物在他面前都会呈现宾朋的状态，主宾和谐。

天地之气交合，降下雨露，没有人提出要求，雨露自然就是平等均匀的。社会总是要走向组织化、体制化，设定官职和权力，但领导者必须限制体制的边际，知道适可而止。适可而止，体制就能顺畅演化。作为一个王者，他要像道那样，默默地做无法言喻的，却服务于社会整体的工作。他梳理方方面面的资源，就像河流归入整个社会的大海。

小结

生命天然地享有天地赋予的尊严，人们在道的面前都是平等的。尽管随着社会不断地运行，总会出现分化，但领导者的本位，就是限制和返还这种分化。

知止不殆、留下演化的空间，是很重要的治理原则。就《道德经》看来，社会自组织是治理的边界，如果体制化影响了社会自组织的正常运行，就会伤害社会的内在活力，也影响老百姓的幸福感。就知止不殆这个思路考察，核心竞争力并不是一个组织的全部命脉，能够及时转换发展路径的能力同等重要。寻呼机的核心竞争力再好，也无法超越时代的发展；银行柜员点钞技能再高，也无法匹敌数字技术的进步。

尊重治理边界，决策层与社会成员呈现主宾关系，和睦共生。主奴关系、主仆关系对双方都不利，既不利于领导者的自我提升，又伤害了社会自组织的活力。体制与权力本身并不能带来社会的稳定与发展，它们需要正确地被运用。

第三十三章　道法传承

知人者智，自知者明。胜人者有力，自胜者强。

知足者富，强行者有志。不失其所者久，死而不亡者寿。

本章讲人生的价值。

先要说明，本章全部是正面评价，只是逐层递进，渐趋理想，并非如坊间所说，"知人者智"是讽刺，"自知者明"是夸奖，或者是只要"自胜者强"，就不必具备胜人之力了。

力拔山兮、事功成就确实值得肯定，而不失本位，精神成就传流于后代，则是人生的理想境界。

知人者智，自知者明。

能看清他人的，是有智识；能看清自己的，叫做通透。

这一章有个潜台词，人一生能追求什么？无论追求什么，首先要有知识、有眼光，即"知人者智"。知人，泛指知人心、通事理。一个行家，他应该明白某个行业的逻辑，知道行业利益的流向，这是生存的基本知识。缺少这些基本知识，就永远要做基层工作者，干一点活，吃一天饭，命运不由自主。知人之智，是一个组织者、领导者的基本能力。

"知人者智"，是对社会的认知，也是决策的基础，但关键的走向则取决于自己的心态。人们都懂得在股市里高抛低吸，但最终大都做成了追涨杀跌，这就是对自己的了解和把握不够。什么叫做"自知者明"？很大程度上，就是了解到自己的局限，明白了命运的天花板，知道自己该做什么，能做什么，不该做什么，不能做什么，这样心里坦然了，人就通透了。

胜人者有力，自胜者强。

明白了自己的局限，也是检查自己的潜力，此后就要积极发展自我、参与竞争。我们且不去论竞争是和自己争，还是和别人争，竞争毕竟是一个社会存在，不能靠精神胜利法去应对。人首先要能施展自己的力量，然后才能谈得上守柔，守柔是强者的事情。一山更比一山高，这是人之常情。

古希腊人赞美超越他人的激情，但同时认为，应该把这种激情化作对待生活的勇敢。古希腊人承认，欲望会带来灾难，但是如果能够有效地节制欲望，欲望也能化作生活的动力。如果有一天一个人能够节制欲望，有追求生活的正能量，就是"自胜者强"了。

知足者富，强行者有志。

人生的轨迹充分展开了，资源不是障碍了，这个时候就要谈知足的问题了。人生目标，显然不能锁定在更多、更多、更多。生命的价值，也不能锁定成量化经济学的数字。数字是会骗人的，"更多"的背后可能什么也没有。大部分时候，我们确实是用数字作为理由来说服别人，但之所以依靠数字，恰恰是因为生命体验的不可比较。

老子说"知足者富"。一个人，在财富方面充分安置之后，能够放心地去追求自己的生命体验，这才叫富。如果做不到这一点，无论是一个亿的小目标，还是马云般的富有，都不能叫做富。因为他的内心，充满着饥渴和不安。生命的轨迹独一无二，一个人能够安心地走自己的道路，放下那些被催逼、被比较的焦虑，真是一种不可思议的境界。这件事与财务自由无关，它是一种全然的价值独立，朴实而坚定。"强行者有志"，他的意志是独立的，人格是丰满的，内心的动力从不停息。

社会非常善于催眠，充满着魅惑。很多时候，没有到某个位置，就不会有那样自由的心灵。有关职业生涯的研究发现，一个人能够发现和确定自己的"职业锚"，平均都在三十四岁以后。这个时候，精力旺盛，阅历广阔，找到了自己真正想做的事情，叫做"有志"。大凡"有志"之人，他已经没有那么闲暇去吐糟批评社会、抱怨他人了。他只关心什么该做，该怎么做，做到什么程度，这叫有了人生的愿景。

不失其所者久，死而不亡者寿。

能够坚定事业目标，抱持玄牝，谨守边界，事业就有可能长久。能够传流自然法则，在后世重现精神境界，才叫做长寿。

一个人有了真实的目标，必然会去寻找事业的根基，寻找事业与社会需求之间的接口，也就是玄牝之门。围绕着玄牝，架构自己的组织，企业也好，慈善组织也罢，就会形成某种体制。体制形成了，他还要注意谨守体制的边界，阻止权力的异化，知止不殆，这样事业就有可能长久运作。

这些大原则，简直就是龙门。《道德经》不过是轻轻讲来，但放眼历史，英雄好汉如过江之鲫，又有几人跳过？四十年来的暴发户不计其数，百年老店又有几家？

道家是不讲单方面奉献的，道家讲的是通畅，不要把自己做死了。既不要死在贪欲的渴求上，也不要死在高尚的自我欺骗上，人生应该运作得如此朴实。这样的人，一生行在道上，在人间以身作则，推动了自然法则的展现，"死而不亡者寿"。

人总有一死，但是有道者即便死去了，他所开创的事业之道还是有效的，还可以继续运行。展开来讲，这个世界上所有的才智、情感都是速朽的，组成我们身体的细胞——分子、原子，迟早都是会涣散的，任何物质结构、信息结构终归是要变易的。唯一不会涣散的是法则，而法则可以体现在我们的思维方式和行为方式里。有一天，某一个后人领会了前人所指明的法则，那么同样的境界就会重新出现在世间。这也是一种重生，在佛门叫做"法身常在"，法则之身常在。

"死而不亡者寿"。人一辈子真正能追求的最高境界，就是运作出可供后人参考的道。人生真正能长存的就是这件事，没有其他。

通译

能够打开视野叫做智慧，能够自我洞察叫做透彻。能够在竞争中获胜，证明了你的力量，能够自我约束的，才是强者。知道自己发展的边界，不再虚妄追求，叫做富足。能够朴实地身体力行自己本心的愿望，叫做有志。不离开生命的本位，就有可能长久，哪怕到了死的那一天，你所开创的轨道、显明的法则也会继续传播下去，这叫做真正的长寿。

小结

贵贱多少，凡是能比较的，都是可替代的。生活在比较当中，总是感觉到岌岌自危。人生的主干价值固然与社会相关，但它首先是属于每一个人自身的，找到这种价值感，是人生的一件大事。

想要去除社会的魅惑，必须参与社会事务。在参与的过程当中，观察社会的演化，看明白了，才能去除魅惑。回过头来，还是要坚持自己的路。

精神传承是对后代最好的庇护，这或许就是某些世家能够长存不衰的原因。帝王家，也是世家的一种。世家最重视的，是培养优秀的传人，传承独特的眼光和思路。学《道德经》也一样，要发掘出属于自己、具备独立意识、能观造化的道眼，还生命一个真正的人格与方向。

第三十四章　大成之道

　　大道泛兮，其可左右，万物恃之以生而不辞。功成不名有，衣养万物而不为主。

　　常无欲，可名于小；万物归焉而不为主，可名为大。

　　以其终不自为大，故能成其大。

　　这一章讲大小。

　　大道是全方位的源动力，无私无欲地服务于万物。万物都依赖道的力量走过生命的历程，但大道服务的本色不变。

　　大处着眼，小处着手。能够服务于各种小的个体，成为天下的平台，就是成大之道。

大道泛兮，其可左右，万物恃之以生而不辞。

　　大道提供普遍的支持，它既提供推动力，也提供广泛的庇护。

　　泛通"汜"，浮的意思。"大道泛兮"，大道托举天下万物。"其可左右"，"左右"通"佐佑"，佐是支持，佑是庇护。大道最重要的特点是好生，它不断地推动新生事物成长，如果谁能够放下占有欲，为新生事物考虑，就会始终获得生命力，这叫做"其可左右"。

"万物恃之以生而不辞"，万物的生存发展都依赖大道好生的力量。大道提供普遍的支持力，绝不是只为某家某姓服务，因此一家独大与大道相悖。

大道总是要推动新生事物发生发展，把占据了过多资源的给替代掉。这是道的本质，垄断不符合好生之德。现代西方资本主义国家要对抗的关键问题就是垄断，自由市场的功能是资源配置，最忌讳垄断，一旦垄断无法回转，市场的生命力也就渐渐暗淡了。因此观察它们的兴衰，市场是否活跃有效，是关键的外在指标。

功成不名有，衣养万物而不为主。

衣通"爱"。大道的运作，促进生态平衡、磨灭垄断。万物都靠着这种力量而发生发展，但这种力量本身却不会有任何占有欲。万物蓬勃发展起来了，大道也不需要任何名位。它不会跳出来说，我是你们的主，我是你们的父，只有人会这么说谎。

道不断地生养万物，万物都在当中提取资源，它也不做万物的统治者。

常无欲，可名于小；万物归焉而不为主，可名为大。

大道是纯然的生命力，平等地服务于天下万物，无欲无求，简直是所有人的保姆，所以可以说它是最卑小的。人间等级森严，人们总还能找到某些途径来发泄压力，而大道则始终如一，毫无怨言。

万物从无到有，从小到大，从朴实到傲骄，从彼此平等到各自尊卑，最后发现还是要回归于道。"夫物芸芸，各复归其根"。宏愿如海、罪孽如山，最后都要回归大自然的怀抱。那许多的"自见""自是""自伐"，终不过是梦幻泡影。这真是"万物归焉而不为主"，大道并不要求万物对它五体投地、三跪九拜，所以它可以称作伟大。

人类文明的演化，有很不堪的一面，不知道做出了多少彼此乖戾的暴行、彼此虐待的制度关系，而大道始终如一地"挫其锐、解其纷"。多少人每天渴望征服自然，占有宇宙，呼天抢地，怨天尤人，而大道始终如一地"和其光，同其尘"。这是真正的大。

以其终不自为大，故能成其大。

为什么大道能够成为大？就是因为不管运作了多长时间，它都不会来充大、自大，它没有可比性，没有尽头。万物有生有死，都是在这个大运作中完成的。对于道来说，我们甚至没法去判断它是永恒还是无常。永恒或是无常，那是个体在单一轨道上运作的局限性认知。

前文说过，"大"就是站起来的人，意思为顶天立地。顶天立地，彻底摆脱了奴性，当然也不需要去做什么主子。用这个标准去参照，独立人格实在太少了。人群中十个人打开心胸，九个里面装的都是成王败寇，实在是乏味得紧。

本章是一面心灵的镜子，照出人心的贪婪、强迫和占有欲，那是真正的卑微。

通译

大道提供普遍的支持，它推动万物成长，也提供广泛的庇

护，它对万物是平等的。万物都依赖着大道的力量，大道从不会
遗弃它们。整个生态繁荣了，大道也不会跳出来去要求统治权。

　　大道养护着万物，却无意做什么主人。大道无私无欲地服务
于一切万物，可以说是太卑小了；万物终归要归还于道，大道也
不去做它们的主人，因此我们可以称它为大。

　　大道最终也不会自大，所以成就了真正的大。

小结

　　万物没有主人，大道也不做万物的主人，还有谁能做万物的
主人？万物因为大道的运作，随机、平等地发生和成长，它们各
有各的路径，这叫做"玄之又玄，众妙之门"。"众妙"，是多元
化的，各有各的美好，不能用单一的标准去要求它们。

　　从本章看来，对于周公说的"普天之下，莫非王土；率土之
滨，莫非王臣"，《道德经》是不同意的。

第三十五章　往而不害

执大象，天下往。往而不害，安、平、太。

乐与饵，过客止。道之出口，淡乎其无味。视之不足见，听之不足闻，用之不可既。

本章讲的是发展环境。

一个平等宽容的发展环境，从表面上看是平平淡淡、波澜不惊的，但是人们就会从四方汇集而来，参与到生产和交易中去。真正博大的平台，吞吐乾坤，却不会故意收割生态。

真正有价值的观念，其实都是平常道理，但能改变我们对世界的看法。

执大象，天下往。往而不害，安、平、太。

老子说，作为天子，要能够执住大象。大象无形，比喻社会最底层的规则和信用。它是不偏不倚的，不会表现出对谁的偏爱。有了这样的信用，天下人都愿意前来交易。

在某些发展阶段，当然可以搞一些倾斜性政策。但是如果深入分析会发现，大的倾斜性策，必须与极其高明的转换手段相配合，才会有好的效果。所谓守正出奇，出奇还需归正。不能把倾斜和刺激这些妙招当成根本。

抓住了大象，守住了社会基本信用，大家对自己的利益有预期，就愿意来你这里交易，这叫做"执大象，天下往"。大家都来了，也不要趁机揩大家的油，始终坚持接纳和融通的枢纽作用，这叫做"往而不害，安、平、太"。

有句老话叫做"放水养鱼"，本意是要打造好长期的市场环境，但有些地方就理解为养肥了吃，更有甚者，企业还没有落地，各种吃拿卡要就招呼上去。如果把企业都当成鱼一样养，时机成熟就收割，叫做"往而害"，这样就算数据做大了，对社会发展也没有好处。

中国古代常有鲤鱼跳龙门的传说，寓意就是从随时可能被收割的鱼塘跳出来，化为龙。龙是隐显不可测的，能够首尾相顾，代表着拥有了独立、完整的事业。

老子设想，一个优秀的王者能够维护"往而不害，安、平、太"的社会环境，让大家都安全、大家都平顺、大家都通泰。这样的社会，不再是一个陷阱，而是一个四方咸集、公平公正的平台。

乐与饵，过客止。

我们对待邻居，对待朋友，招待一顿饭，大家都愿意停留一下，更何况这里有友善、稳定、公平的竞争环境呢？

"乐"这个字有争议，有解为音乐，也有解为乐于的。但按常理推论，请过客吃饭，似乎没有必要奏乐。河上公把"乐与饵"解为"人能乐美于道"，因此这里解读为乐于招待过客，可能更妥当一些。

道之出口，淡乎其无味。视之不足见，听之不足闻，用之不可既。

执大象，本质上就是社会治理合乎于道，而这种无为的治理之道，重视的是对社会枢纽的维护，因此给人的感觉是平平淡淡的，没有那么多随时可能变化的刺激政策，更不会有雁过拔毛、竭泽而渔的邪乎劲。这样的治理思路，可能很少豪言壮语，但是一旦做起来，就会像空气和水一样，成为人们时时刻刻的必须。

平平淡淡才是真。身体好的时候，人们很少感觉到自己的身体。身体开始给自己发信号了，有某种特别的感受时，说明身体已经不好了。这个时候再来夸奖这个器官，责罚那个器官，已经是亡羊补牢之举，何如早先就尊重健康规律、维护好身体的正常运转？

良好的治理状态，社会自我运化，看起来很平常，听起来没有特点，但用起来却不会枯竭。

"用之不可既"，王弼本为"用之不足既"，据河上公本与郭店本校订。

通译

抓住了大道的运作方式，天下的各种势力都会来你这儿安居乐业。即便天下人都来了，也不应该起收割他们的心，而只是尽力地维护平台本身的融汇运化功能，那么整个天下就会安全、平顺、通泰。

乐于招待过往的客人，客人尚且会停留，更何况以道对待方方面面的人呢！道的方式平平淡淡，看起来没有华丽辉煌的劲头，听起来没有豪言壮语，却可以长久造福大家。

小结

学习道的"小"，可以成就事业的"大"，或者说学习了道的公平公正，可以成就平台的"大"。大来自于事业平台的利他性。就个体而言，只有朴实是真。无论高低贵贱，每天只能睡一张床，吃个饱饭。自我膨胀带来的，不过是内分泌失调后的宏大幻觉而已。

大业有成，应该守住什么？应该守住那帮助你成就大业的"小"，也就是公平服务于万物的精神。学道和行道，不会有很多的精神刺激，却会终身受益无穷。所有夸张出的东西都会很快穷竭，但是道的运作源源不断。有了源源不绝的生命力，就如同有了稳定的复利，再穷的人也能好起来。

个体和组织或许可以选择一些冒险的路径，但是老子讲的是天下和社会，社会不能选择冒险的路径。社会舞台上的种种个体、种种组织都在进行冒险，作为社会治理来说，要不断地把它们挽回来。一阴一阳之谓道，不能说企业亢奋，社会治理也跟着亢奋，那样就真的失调了。

第三十六章　柔弱胜刚强

　　将欲歙之，必固张之；将欲弱之，必固强之；将欲
废之，必固兴之；将欲夺之，必固与之。是谓微明。

　　柔弱胜刚强。鱼不可脱于渊，国之利器不可以示人。

　　这一章常被理解为权谋、阴谋的总原则，这
不能说是全错，本章确实揭示了权谋之道的总原
则。但是老子的目的，是讲清楚为什么必须摒弃
权谋之智，而不是鼓励人们去使用。

　　组织学、领导学必须实现的目标，是以小御
大、以少御多和以弱御强。遇事就要用实力去碾
压，那是网络小说的写法。能从一个弱小的力量
起步，生存下来，逐步把握住大的局面，才叫做
领导有方。

　　领导学是一门艺术，它不能靠蛮力，不能靠
简单的力量对比，它需要对组织演化有深度的把
握，以合理的方式站到应有的位置上，从而成长
起来。

将欲歙之，必固张之；

　　想要把什么事情收拢约束住，首先要让它张

扬出来，甚至推动它张扬出来。

几年前，创投流行，大城市里，投资人们揣着钱到处在咖啡馆里寻找项目。那个时候，高水平的投资人已经看到了其中的悖反关系，却没法说出来。因为当时社会通行的逻辑，认为做投资就是投概率，筛选出成功概率较大的几家公司进行投资，然后等待其中有一两家能够出现丰厚的回报。这种投资观念，或许可以叫做有眼光的概率论。但大家没有想到的是，一旦有眼光的概率论流行了，就会有无数人把自己打造成高概率的模样，出现在投资人面前，这就是悖论所在。创投潮迅速崩盘，一部分原因是在这里。

任何有效的战略一旦流行，都会造成进一步的演化，正确的办法，是选择不说。所谓"将欲歙之，必固张之"，利用的是事物本身的悖反动力。

将欲弱之，必固强之；

想要弱化谁，先得让他亢奋。

捧杀永远比棒杀要省劲。上个世纪八十年代，美国与日本做产业分工，美国鼓励日本研究最前沿的智能机器人，自身则发展看起来带有公益性质的互联网。其结果是，日本人费尽心机地在人形机器人的偏门上努力，产业发展走了弯路，所获甚少，而美国则引领了整个互联网技术革命，赚得盆满钵满。

将欲废之，必固兴之；

想让谁衰落，先要让他勃兴。

撇开外界的阴谋因素不说，一个文明发展到高度繁荣，一个国度的发展进入快车道的时候，本身就是它最危险的时期。古人对此早有预警，例如古希腊政治学的一大原则，就是要保有假想敌，防止内部认为自身已经无敌，从而松懈下来。这个原则出自亚里士多德。

上个世纪苏联被快速发展冲昏头脑，美国"投其所好"，用子虚乌有的星球大战计划，把苏联拉入旷日持久的军备竞赛，最终推动了苏联的解体。

将欲夺之，必固与之。

将要被夺走一切的，常常一时获得很多。

大凡不正常的获利，背后常常隐含着更大的剥夺。迷惑于予取予夺的表象，会让人失去对立身之本的关照。这自古就被视作是修身的重要问题。

另一方面讲，每个人的格局或大或小，突然拥有了超出格局太多的好处，如果心神不够清明，难以自持，后果常常难如人意。

是谓微明。

微，晦暗。"视之不见，名曰微"。"是谓微明"，在看不见东西的地方看见了真相。例如无事献殷勤，非奸即盗。作为领导者，不用动头脑，就应该有这个觉悟。

种种权谋的诱惑，应该首先从决策中加以摒除。很多时候，真相不需要证实，无论是什么情况，领导者首先应该保持自己的战略定力。

领导者具备了"微明"，挖坑者就只好黯然收手。

柔弱胜刚强。鱼不可脱于渊，国之利器不可以示人。

"柔弱胜刚强"，保持柔弱，能够避过被反转的危机。刚强的猛冲，外力稍加引导，就要身死道消。这是帝王家血淋淋的教训，也是千百年来权谋学的总关窍。

大家都可以觉得自己聪明，唯独领导者不可以。所谓"鱼不可脱于渊"，对于一切繁花锦绣、功名利禄，领导者必须淡然处之，深深地藏身于社会生态的深处。

领导者是鱼，社会生态是水，鱼入深水，则能让其他人的权谋算计无从着手。

至于说雷霆万钧之力，就要做到"国之利器，不可以示人"。国之利器，表面上看是军队，深层次说其实是战略思维。军队可以摆出来震慑对手，一切利益都可以谈判，但战略思维绝对不可以拿出来与人分享。

通译

要收束它，必然先把它张开；要使它衰弱，必然先推使它亢奋；要它早早灭亡，必先使它疯狂；要想夺取他的一切，必先推使它多多掠夺。明白这个道理，就叫做洞察台面下的事情。

向大道学习，保持柔弱，维护根本，能度过发展的关口，不至于被推到反面，这远远胜过强行通关。作为领导者，千万不要离开社会生态，跳到水面上炫耀；国家的根本战略思维，不可以与人分享。

小结

亢奋是衰落的先兆，繁荣蕴含着崩盘的危险。预防这种反转，是决策者的责任，为此必须鱼入深渊，密织社会生态。本章主要教导决策者摒弃权谋思路，预防社会的权谋走向。

就强者来言，对自然法则保持敬畏是根本。强大本身并不是顺利度过发展节点的理由，恐龙的强大，对它躲过冰河时期毫无帮助。如果强大就能解决问题，那么历史上那么多帝国就都能延续到今天了。守住柔弱，做到适者生存，才是真正的强大。

所谓领导，就是为百姓返还社会资源，各种伟大愿景都是浮云。领导者为天下做服务，就犹如鱼入深水，波澜不惊，安全长久。

第三十七章　无为而无不为

道常无为而无不为。

侯王若能守之，万物将自化。化而欲作，吾将镇之以无名之朴。

无名之朴，夫亦将无欲。不欲以静，天下将自定。

本章讲无名之朴，也就是整体性原则。

本章是《道经》的收拢和总结，所阐述的无名之朴，其实是一个不断收摄社会分化，同时也自我约束欲望的过程。

"无为而无不为"是全经的名句，讲的是决策者与社会实现良性分工，决策者"为无为"，而社会功业却无所不至的大治局面。

道常无为而无不为。

道的无为，就是以好生之德去托举万物，"其可左右"。新生事物一茬茬地起来，旧事物慢慢地被替代，或者是转换出新的发展模式，这样整个自然生态就趋于复杂和平衡。越是复杂的生态，它的包容性越好，也就越是健康可持续。所以看起来道似乎没有做什么，但其实什么都已经做成功了，这叫做"无为而无不为"。

达尔文进化论揭示出物竞天择的原理，正是这种原理，使得固有资源可以支持更多的物种，竞争的作用，是促使资源的均匀化，能够养活更多的物种，这可以视作是对无为而无不为的一个注脚。

在物竞天择之下，越是金字塔顶端的、越是强势的物种更容易灭亡，这是因为它们对资源和生态的依赖性更大。因此一旦自然环境变迁，它们就会提前灭绝，这是对道家贵柔的另一个注脚。

侯王若能守之，万物将自化。

一个王者，如果能够守护无为无不为的治理方式，换句话说，最大限度地调动社会的自组织力量，而不是把自己代入进去做运动员，那么就能实现以少御多、以小御大、以弱御强的理想状态。

在"无为而无不为"的天道法则之下，万物自己演化自己的路径。这就是最好的教化。中国传统文化一直期望教化世人，但老子说，自化这就是最好的教化。

侯王守住了无为，万物将无不为，它们自我规范，秩序就建立起来了。显然，从底层长出来的秩序，具有深刻的合理性，它比单纯的顶层设计更有效、更长远。

化而欲作，吾将镇之以无名之朴。

社会的自组织能力并不是无敌的，当秩序建立起来，慢慢地也会分化出不同的利益集团。"化而欲作"，世间承平已久，难免会有势力要蠢蠢欲动。为什么？这些势力渐渐通晓了权谋之道，就要试图设定贵贱尊卑、固化阶层利益了。

固化利益，垄断市场，等同于过河拆桥，要把自己所演化的路径堵死，幻想着自己不再参与下一轮的演化，这和道普遍支持万物的好生之德是相背离的。道要求所有资源都持续不断地演化，这样新生事物才能不断长出来。

"化而欲作"，就是要作死了，要做背道的事情了，要搞权谋之道、巧取豪夺了。这个时候，作为领导层该怎么做，是跟着后面摸黑捞一把吗？显然不是，老子讲"镇之以无名之朴"，还是要用社会生态的整体性去化解。领导层不要与某一个集团斗，而应该依赖社会生态，不断催化生态的复杂性，把社会各种群体交织在一起，这样各种"化而欲作"的"作死"，就慢慢地被磨灭了。

前文讲"挫其锐，解其纷，和其光，同其尘"，慢慢地把尖锐的磨平，把纠结开解，把太聪明的变得温和，把废弃的回收重造，说白了领导层执行的是维护社会新陈代谢的职能，是不断返还分化、弥合分歧的职能。

作为上位者，不可能会手段匮乏。领导学里沉淀着各种战略策略智慧，关键是帮助社会回归的大思路不能出错。

无名之朴，夫亦将无欲。不欲以静，天下将自定。

一个王者做到这一步，整个社会都呈现出分化又回归的健康生态，那么王者自己也不要蠢蠢欲动，自己也要镇之以静，主心骨定得住，要消除那种做到极致的冲动。

静之徐清，动之徐生，王者就像是巨大的枢纽转子，始终要稳定地进行回归动作，而社会则总是会不断地分化演化。王者的方向始终不能变，一旦随着社会倾向跑，就如鱼跃出水面，各种权谋之网就会冲着王者招呼上来。

王者保持着战略定力，久而久之，天下就会风清气正。这种安定不是管制的结果，而是社会自我运化的必然。

通译

大道无为，总是托举万物，万物自有所成。领导者守住大道的德性，社会也将自我演化，顺应这些，就能为社会建构出合理的规范。

万物在演化中迟早还是会分化，会出现权谋之智。这个时候，领导者要用社会整体的生态，去不断化解和回归它们。社会不断地分化又回归，领导者应该安之若素，不要有过多的管理冲动。

领导者能够不断去澄清社会的分化、消解内心的欲望，那么自己安全了，天下也安定了。

小结

大道不干涉万物的发展，这是个前提，它只是提供生命力。这种无所不在的生命力，自然形成了托举新生、磨灭垄断的功能，万物因此生机勃勃，生态因此繁荣。

决策者无为，尊重万物的发展之道，万物的发展会变得顺畅和有效。从某种意义上讲，每个人都有他自己的生命轨迹，这是最宝贵的事情。有了自己的轨迹，人才会觉得活得有意义，这就是道心。每个人的轨迹是不一样的，即便是自己的孩子，他的福分和父母也大相径庭，他最后演化出的样子，也是父母无法预计的。因此父母不要忙着做孩子的指路人，而应该做孩子的同道中人。从求道的意义上，人们更容易互相协同起来。

社会发展会带来分化，再好的社会也会两极分化。这个时候需要领导层保守住"朴"，用维护社会整体生态的方式去不断地予以返还。这是决策者存在的合法性，这件事情，别人是做不到的。

第三十八章　修德之德

上德不德，是以有德；下德不失德，是以无德。

上德无为而无以为；上仁为之而无以为；上义为之而有以为；上礼为之而莫之应，则攘臂而扔之。

故失道而后德，失德而后仁，失仁而后义，失义而后礼。夫礼者，忠信之薄，而乱之首。前识者，道之华，而愚之始。是以大丈夫处其厚，不居其薄；处其实，不居其华。故去彼取此。

《德经》开篇明义，讲"德"的境界。所谓德性，说的是内在的素质，是万物得之于道而体现出来的特性。如果说道是万物的轨迹，德就是万物的结构功能特点。

德通"得"，有内外之分。外在的"德"，得到某种资源、好处、地位，以中国古代来讲，主要是名位。名位是社会运作的节点，占据了节点，利也就随之而来。所以名是手段，利是目的。"千里做官为求财"的精明眼光，要远高于"无利不起早"的商贩心态。

内在的德，是某种品质，体现为独立人格、行为方式。对个人而言，德是摆脱贪欲魅惑的觉悟，和主动返本还原的能力；对于领导者而言，德体现为对社会本身的敬畏。治理方式能够守住社会的枢纽，上应好生之德，则为上德；如果自己下场搏斗，被各种善恶利弊所驱迫，则为下德。

上德不德，是以有德；

"上德不德，是以有德"，上德的特点就是不德，河上公说："不德者，言其不以德教民，因循自然，养人性命，其德不见，故言不德也。"可见，上德之君，不会把自己锁死在名位上，他们的眼光穿透社会分化而形成的地位、财富、身份等各种高级意识，直接关注社会底层代码。他们默默地做好自己的工作，而不去用条条框框教化百姓。看起来他们一无所得，但社会事务整体已经做得妥帖。

相比于才干，古人更在意德是否配位的问题。一个好人，如果不能放下"好心"，以无为的态度帮助组织演化，就不是一个好领导，甚至有可能给组织的发展带来灾难。实际上在生活中，人们常常被获取名位的想法所锁定，很少去想这个名位背后，意味着社会运行中承担着什么样的职能和职责。

转换一步讲，教育的好坏，在于有没有让学生养成观察底层代码的德性，学会与社会相处。如果我们总在教他们去获得什么，无论是外在的名位，还是某种不可置疑的道德，都会让他一辈子奔波忙碌，最后可能真的一无所获。

下德不失德，是以无德。

"下德"的人老抓住某种固定的目标不放，最后一无所得。

提要求永远比寻找正确路径更轻松，也更能激发人们的道德优越感。例如，人们往往热衷于比较社会的先进与落后，却鲜少深入分析社会运行的机制与路径。社会上一度流行着寒门再难出贵子的言论，实际上美国从上个世纪的八九十年代，就已经出现这种情况了。究其原因，正是所谓社区自治的思路。如果社区的教学资金仅仅来自于本社区，那可想而知，经济落后社区的孩子将永无翻身的机会。"下德"抓住某种正义的条条框框，可以干出让人匪夷所思的事情。

摆脱僵化的道德思维，实事求是地为大家谋福利，是极其难得的德性。人们通常都缺乏"相反相成"的思路，也就是拥抱对立面的思路，这是本能所不具备的。人本能地想按照自己喜欢的状态去安排事情，人想往前走，还不想腿往后蹬。这是所谓的"下德"

"上德"的眼光是综合性、系统性的，它考虑的是事物运行的内在矛盾，考虑如何运化它而获得动力；"下德"的眼光是具体的，直奔目标，希望按照自己的喜好或者大家的说法来塑造社会。

不但个人的情感不可靠，大家的共同诉求也未必靠谱。例如，我们给孩子一个学习的目标，说是为了妈妈，这很能俘获人们的情感认同，但它本质上和孩子的成长是两码事。这种目标，满足的是成人的情感，而不是孩子的成长。它也许会起作用，但属于"下德"。

社会流行的道德观念，常常是作伪的存在感需求，道德喷子们之所以要用舆论压服人，无非是因为缺乏理解社会事实运行的能力，或者干脆就是放大了个人的利益诉求。这本身是社会治理所应该消弭的对象。

同样是培养人，《道德经》提倡的是有独立人格的人，也就是能够自己去合道、"独贵食母"的王者。他们只关心与社会最根本的枢纽结合到一起，而不是活在别人的眼光当中。毕竟，很多时候公众意见与对错无关，每一种意见背后，都隐藏着某个群体利益诉求，以及可能存在的认知缺陷。

上德无为而无以为；上仁为之而无以为；上义为之而有以为；上礼为之而莫之应，则攘臂而扔之。

这些讲的是治理社会的四种思路。

对于"上德"的人来说，他考虑的是社会内在的动力、内在的规律。他是社会的守护者，而不是社会的驱使者。他是无为的，所谓"圣人无常心，以百姓心为心"，他没有一定要做的主观意志的事情，永远在维护系统的顺畅。"上德无为而无以为"，他的眼光放在社会底层代码运作上，心里没有愿景的强迫。

"上仁为之而无以为"，和"上德"相比，"上仁"的眼光开始偏颇了。他也是没有功利性目标的，但他的运作是有倾向性的，他希望社会变得更好，但所谓更好，其实并不是社会健康的常态。社会不会一直好，它总要有波澜起伏、起承转合的过程。要求社会一直好，和要求人不要睡觉是一样的，会让社会失去余地。真正要做的，是在社会起承转合的关键点上进行调节，使它的变化烈度控制在老百姓能承受的范围之内。

一味地求好，不符合社会发展的基本规律。欧洲的福利社会和宽容主义、美国式的政治正确，一些投身于其中的人可能是没有功利目的的，但这些追求如果不能随着社会情况做进退取舍，也会压缩社会自我调整的空间，带来新的难解问题，比如刺激新民粹主义的兴起。

"道"是一种自然法则。不能否认，有些人是完全无私地为大家奉献，但是如果没有与自然法则相应，没有消除内在的偏执，就还有提高的余地。"天地不仁，以万物为刍狗；圣人不仁，以百姓为刍狗"，并不是在贬低万物或者百姓，它的意思是说，面对着社会的起落沉浮，内心要真正地平等和开放，积极地帮助它转换，重获生机。可持续发展是动态的，这才是长远的利益！

"上义为之而有以为"，到"上义"的时候，讲的就是对错善恶了。社会是系统的，个人追求的对错善恶和情感好恶相差无几。河上公批评"上义"是："动作以为己，杀人以成威，贼下以自奉也。"看起来是辨善恶、断是非，实际是进行利益上的强制决断。义追求公正，但它又不可避免地成为一种利益立场。君王手持上义，去判断博弈各方的利益分割，是一件不可能完成的任务。

"上礼为之而莫之应，则攘臂而扔之"，礼治是一种等级制度，只会越做越繁杂，很快就会变成强制。礼制是按照家族结构来瓜分社会利益，出发点是想解决上义各执一端的问题。老子讲这种做法看起来温情脉脉，但本质上就是强制弱势人群接受罢了。而且礼乐制度最大的弊端在于，层级一旦划分出来，老百姓自己也会斗起来，统治看起来稳固了，但社会就分化了。单方面有利于统治者的社会治理方法，在老子看来，是往而不返的，是乱局的开端。

王弼本在"上德无为而无以为"后，原有"下德为之而有以为"，与上下文难以连通，今从帛书本删去衍文。

故失道而后德，失德而后仁，失仁而后义，失义而后礼。

如果统治者失去了对"道"的认知，失去了对社会内在动力的认知，就会抱住"德"，希望依赖好的德性来解决问题。然而，既然抱住了"德"，那就是"下德不失德，是以无德"，这样的领导层是高尚的、仁爱的。然而再仁爱的领导层自身也没有那么多资源去喂养社会，所以很快就会变成"失仁而后义"，要在纷繁复杂的社会事务中强行分辨对错。

社会事务，有些能分对错，有些是分不出对错的。杀人放火肯定是错的，但是在社会上多占点市场搞垄断，也没做不合法的事情，那有错么？但垄断又确实会伤害市场活力。对错分不清楚，只好用礼制来分等级、取消竞争，从而也就从根本上伤害了社会的活力。这就好像得了寒症，又用了大寒之药，把代表免疫力的发烧症状彻底打杀，直到身体停止了抵抗反应，苟延残喘，然后宣布病愈。

夫礼者，忠信之薄，而乱之首。前识者，道之华，而愚之始。

依靠礼治、依靠等级来治世，其实就是不讲道理了。无论善恶是非，都按照出身门第一刀切。底层人群再努力，等来的还是"雷霆雨露，俱是君恩"。人格都没有了，还谈什么忠义和信用？

整部《道德经》里面，老子期待的理想社会，是统治者不要过多地干涉社会，让社会按照某种内在的枢纽去运作，这是社会对全体成员的根本信用。老子强调，最需要讲忠信的就是统治者，现在他们既然给自己规定了世袭不变的等级，那么整个社会忠信的基础也就丧失了，社会运作失去逻辑，陷入混乱。

所以紧接着讲，"前识者，道之华，而愚之始"。到了礼治这个阶段之后，就会有各种各样的制度专家出来为统治层出谋划策，把给药的方式做得争奇斗艳，唯独寒症本身的病根是不会触及的。某些流行的台湾式国学，声称能帮助企业建构一套以仁义礼智信为本的企业文化，保证企业的员工都听话，这其中的奥妙，可见一斑。

到了依赖礼治的时候，"忠信之薄，而乱之首"，大家都来开药方，声称自己是预见性的"前识"，各种成功学、鸡汤、权谋学一概招呼上来。老子讲，这就叫"道之华，而愚之始"，这些药方用下去，情况暂时可能好一点，但都是治标不治本的。为什么？因为没有一个药方能够帮助统治层入道，说得再文雅，其实质还是怎样维护手中权力，如何把对手扳倒。

这些药方都是"道之华"，追求表面的成功，而没有理顺社会内在的规律。顺着这些方案去走，思想就会变得越来越拧巴，离道越来越远。

是以大丈夫处其厚，不居其薄；处其实，不居其华。故去彼取此。

老子劝诫世人，真要想做个领导者，还是先要做个大丈夫，换句话说，就是要脚踏实地，着眼大局，不能眼光短浅，这叫"处其厚不居其薄"。"厚"，指的就是敦朴，心中永远有大局观，不要被各种各样的咨询建议给搅乱了。

互联网时代，知识未必传播得广，意见真的到处都是。离河几千步，就叫临河而居，距 CBD 二十公里，敢说五分钟车程。国家真正规范下来，这些楼盘就只能宣传"两条路和很多树，快来住"了。忽悠是不会有真知的。

老子说，大丈夫立身处世，要坚决走在道上。

通译

上德不被表面问题迷惑，他关注社会整体健康，因此能够促进可持续发展；下德总是把眼光瞄在各种利益对错之上，抓不住社会健康的枢纽，所以最后什么也得不到。

"上德"尊重社会自组织，守护社会的运作，没有功利目的。"上仁"一心为社会做好事，也没有功利的目的。"上义"靠着分辨善恶来处理问题，难免受制于利益立场，时间长了矛盾积累得更多，只好用"上礼"这样的礼制等级来分化社会、压服众人。

统治者如果失去对道的领悟和遵从，就会注重维护表面的健康繁荣。表面也维持不住了，只好施以仁爱，到处帮忙。到处帮忙无法承担成本，就会转而断对错、分善恶。然而社会系统并不服从人的对错观念，因此最后只好设立复杂的礼治，用固化等级的方式分割利益。到了设立复杂礼治的时候，说明这个社会运作枢纽——忠信已经失效了，这就是社会混乱的发端。

那种不懂装懂的人，他们的献策流于表面，收一时之功，却导致整个社会向愚痴的方向发展。所以领导者要有大丈夫的气度，维系社会的浑然一体，而不要使它分裂；脚踏实地而不贪图那些浮华的事情。对此要立场坚定。

小结

通晓自然法则，尊重社会发展的内在动力和规律，叫做"上德"。抱住了善恶尊卑，执着于功利性结果，叫做"下德"。

以伦理去替代公正，意味着管理上的退化，这也是社会衰变的征兆。一个组织内部的等级意识越来越强、越来越不讲道理了，企业的活力也就快到头了。有些企业家，一看到礼制尊卑的那一套，就怦然心动，实在是该自我反省一下了。

领导者应该把注意力放在有道运作的实处，厚德载物。

第三十九章　贵以贱为本

昔之得一者，天得一以清，地得一以宁，神得一以灵，谷得一以盈，万物得一以生，侯王得一以为天下正。

其致之，天无以清将恐裂，地无以宁将恐废，神无以灵将恐歇，谷无以盈将恐竭，万物无以生将恐灭，侯王无以贵高将恐蹶。

故贵以贱为本，高以下为基。是以侯王自称孤、寡、不穀。此非以贱为本邪？非乎？故致数舆无舆，不欲琭琭如玉、珞珞如石。

这章讲上德的来由。

天、地、神、谷、万物、侯王，都因得道而以某种德性的方式存在着。道的存在方式，则体现为无形的一。凡是得道的，必然守护自己的根基，也就是得一。根基稳固，存在才能长久。

对于决策者来说，根基就是民众，因此低下头来，服务民众，才能得一长存。

昔之得一者，天得一以清，地得一以宁，

"昔之"，不是过去，而是一直以来的意思。一直以来在大自然当中，有几种得道的存在：其

一是天，天得了先天一气，得到这最本源的生命力，就能够长久清朗；地得了这"先天一气"，就能长久安宁。

"道生一"，一是道的具现，是此后一切造化的发端。先天地生，也就是前文常常提到的无形混沌、先天一气。

《道德经》讲天的德性是"清"，地的德性是"宁"。《周易》《乾》卦《系辞》讲"天行健，君子以自强不息；地势坤，君子以厚德载物"。两者观点明显不同。帝王家采纳的显然是《道德经》的版本，乾清宫、坤宁宫这些名称，可以说明一些问题。由此推断，《道德经》是帝王家的祖典，而《周易》则是整个士大夫阶层的工具书。

"天得一以清，地得一以宁"这句话很难解，按照道家的宇宙生成论，道一旦运作，则源源不断地生出无，也即是无形的存在、混沌，或称先天一气。然后，无中生有，无形生有形。有形的存在不断分化，轻盈清虚的部分就演化得越来越清虚，承载着厚重的部分就变得越来越宁静。这是天地的初始。

现代物理学有观点认为，星球是宇宙尘埃彼此碰撞整合而成，或可作为参考。

天与地最初分离的节点是找不到的，但是一旦演化，它的德性就确定了，天清地宁。天不断地把资源转换给地，地不断地去积累和运化资源。如果天地分工出现错乱，则宇宙间又是一片尘埃混乱，罔谈万物生发了。

神得一以灵，谷得一以盈，万物得一以生，侯王得一以为天下正。

神得了先天一气，才能灵通感应。

中国文化中，神可以大致分成两种：

一种是自然精神。天地、星辰、山岳、江湖，都有其精神。这一类其实是先民们对自然运作节点的指认，帝王家对这些节点进行祭祀，以示领受天命、统合阴阳。

自然神能够给人以精神的指引，在旷野高山之中，夜间抬头，忽见北斗气势恢宏，如巨车般浮现，会给人心灵带来深邃的震撼和感动。"北斗为帝车"，其实说的是一往无前的精神。试想，星辰在天际运行，无依无靠，一切魅惑皆无用，称王做奴皆不可得，但是它一样还需运行下去，它遵守的唯有道。这正是独立人格的自然体现。

历代帝王家都供奉北斗之精神。帝王家和星辰一样，也没有参照物。常人生活在社会关系里，有领导奖惩、同事竞争，角色易于定位。帝王家身处最顶层，他如果做错了，谁会明确告诉他呢？而且一旦做错了，就有可能面临生死劫难。所以帝王家只能向自然精神祈祷，依赖大自然的运作节律来扶正心态。士大夫郁闷了可以抚琴，帝王家只有悟道，只有天道能够慰藉帝王家。

第二种神是人所化。"聪明正直，死而为神"。按照古代的说法，一个道德高洁之人、品行兼优的官员或精英人物，死后得到一方百姓供奉，通过体制册封来固化魂魄，使他的意识不至于消散，就形成了所谓的神灵。他们都是体制内的神灵，和孑然独立的自然精神不一样。按照民间的某些传说，体制内神灵的册封是要消耗国运的。比如，元代皇室册封了很多帝君，就是它早衰的原因之一。其实这也不难理解，神灵的存在，意味着老百姓的心之所向。册封大神太多，可能会在意识形态上造成离心力。

"谷得一以盈"，山谷得了先天一气，才能够盈满，才能吸收周边的资源。

"万物得一以生"，万物得了先天一气，才能生生不息。万物不坚持自己的刚强意志，与道的空虚宁静合真，自然能够不断整合资源，转换重生。

"侯王得一以为天下正"，侯王明白了道，守住这种内在空明的话，就可以成为天下发展的枢纽。

先天一气的特点是空虚柔弱，无所不入，是天下最本源的推动力。要想让这个力量来推动自己，自己这边就要放下刚强，虚静容受才行。换句话说，有容乃大，才能成器。自己刚强封闭，那是自绝于造化。人类的社会生活充满了斗争，形成了不安全的焦虑心理。若要悟道，则需把这些无用的东西全都放下，向大自然敞开怀抱。

其致之，天无以清将恐裂，地无以宁将恐废，神无以灵将恐歇，谷无以盈将恐竭，万物无以生将恐灭，侯王无以贵高将恐蹶。

天如果起了别的想法，不想把资源给地了，那就污染了自己的空间，也就失去了长久清明的依据。

地如果起了别的想法，不愿意收纳运化资源了，那过去整合在一起的也会散灭，无法维系长久安宁的状态。

神如果不愿意执行自然节点的功能，不能反应客观规律，那么意味着这个自然节点即将崩坏。

山谷如果不能坚持它低下容受的德性，不能海纳百川，那很快就要枯竭。

生命的本位就是顺应好生之德，如果竟然坚持刚强的垄断占有，那是取死之道，不久就要灭亡。

侯王如果不能坚持高贵的本位，竟然去做那些卑贱的事情，他的权力将很快被颠覆。

读者可能会觉得这一句来的古怪，不必着急，下文马上就会解释。

故贵以贱为本，高以下为基。是以侯王自称孤、寡、不穀。此非以贱为本邪？非乎？

贵，是因为社会基层的拥护；高，是因为社会基层的支持。换句话说，侯王的高贵，是因为他能够服务于社会基层，如果把这个功能丢了的话，还有什么可高贵的呢？那就要成为百姓推翻的对象了。

如果自以为贵、自以为高，颐指气使，那是离开了高贵的本位，在做卑贱的事情。这话有点绕脑，但情况确实如此。

"是以侯王自称孤、寡、不穀"，所以古代的君主们都很自谦。他们自称"孤、寡、不穀"。穀，车穀，供车辐插的地方，比喻凝聚力。不穀，就是没有凝聚力。孤，为孤独，缺少伙伴。寡为寡少，比喻德性不够。为什么历史上侯王有自称孤家寡人的传统呢？就是要提醒自己和后人，高贵，是因为能够为低贱服务，所以才会高贵。如果想继续高贵，就得要为社会基层持续服务下去。

"此非以贱为本邪？非乎？"难道不是这样吗，不是吗？多追加一句"非乎"，是非常确凿地肯定。如果不能坚持高贵的本分——为百姓服务，那还有什么高贵可言？

故致数舆无舆，不欲琭琭如玉、珞珞如石。

"致数舆无舆"，天下本没有车，车是一种由各种零件构成的结构功能。侯王也应该明白，天下本没有侯王，是因为老百姓的事情需要处理，大家结合在一起推举，才有王的存在。因此作为侯王，不要觉得自己像玉那样值钱，不要抬高自己，而要像石头一样质朴自然。

老子真是把话说明白了，王权不是天授，也不是天生，它只是社会演化到一定时期的必要职能。能够坚持服务社会大众，江山才能坐得安稳。

通译

天得了道就会清明，地得了道就能安宁，神得了道就会灵验，谷得了道就会盈满，万物得了道就求得了生机，侯王得了道就可以治理好邦国。

天失去清明，恐怕它就要撕裂；地失去安宁，恐怕就要荒废；神失去了感应，恐怕就要消歇；山谷失去空虚，恐怕就要枯竭；万物失去了好生之德，恐怕就要毁灭；侯王失去高贵的德性，恐怕就要被推翻。

贵的根本是有社会基层的拥戴，高根基于社会基层的支持。高贵的本位，是为社会大众服务。自古侯王自称孤王、寡人、没有凝聚力的人，难道不是说明他们早已明白高贵是以低贱为本的吗？不是吗？

所以，真正造车的人，知道其实没有什么东西叫作车，只有各种零件组合起一起，才能叫做车。君王也一样，是因为维护了健康的社会架构，才有权力的赋予。因此君王不应该追求高贵如玉，而宁可质朴如石。

小结

天地虚静而生造化，社会包容就能成生态。无论是天地还是社会，都不能离开自己顺道的德性。

尽管万物体现出来的功能不同，但总的来说，道的德性就是虚静包容。道服务于天下万物，万物也应该服务于支持自己的根基。打消高贵的幻觉，返璞归真，生命将获得长生的动力。

第四十章　有生于无

反者道之动，弱者道之用。

天下万物生于有，有生于无。

这一章讲道的基本法则。

整部《道德经》里，这是提纲挈领的一章，首先讲道是普遍性的柔弱的源动力，然后讲宇宙万有、万物众生，都是这种无形源动力演化的产物。

道的力量，推动万物造化不息，因柔弱而能周遍一切。这也是道家讲"柔弱胜刚强"的根本原理所在。

反者道之动，弱者道之用。

"反者道之动"，总结"道"运动的基本特征——反。所谓反，大致可以理解为绝对变易、绝对的不确定。宗教徒求道，常常预想要达到一个圆满恒常的大境界，如果按照《道德经》的思想，这就是求颠倒了。

道永远要把事物推离它的现状，离开它原来的那个样子。大道推动万物成长、壮大，毫不停留地又推动它们衰老、死亡。从这个意义上讲，从生到死，其中的力量是一以贯之的。

从无到有，从混沌到有形，从有形天地到"万物芸芸，各复归其根"，演化从不停息。当整个世界演化出复杂的结构，在一定范围内就开始出现某种韵律和节点，或者说规律。规律是相对确定的，但只在有限的范围内有效。

人的修为，既要尊重大道的绝对不确定性，又要积极把握有限时空里的节点和规律，善加利用，多做转换。明白了大环境的无常，还需抓住小环境里的机会。

"弱者道之用"，说明大道运作的普遍性。

大道把万物推离现状的力量是如此的微弱，以至于我们根本感觉不到。所谓十年一晃儿，不知不觉间已变了容颜。这是一种异常微弱又周遍宇宙万物的力量，正是因为它的微弱和普遍，天底下没有谁能逃得过它的推动。

道永远以柔弱的力量周遍推动万事万物，然而一旦具体的结构形成了，也就有了长生的可能。智慧生命可以学会维护有效的结构，保持与源动力之间的通道，以虚静包容的方式，主动向着自然归根复命。

因此尽管理论上讲万物不可能永恒，但从实践上讲，生命系统一旦把握住生的关窍——不自生，与好生之德同步，就有可能永续发展。这是前文"天长地久"一章已经阐明了的道理。

天下万物生于有，有生于无。

在大道"反"的作用下，天地不能维系它固有的面目，于是就滋生出万物。天地是大有，大有是从无中"反"出来的，这是《道德经》里最重要的观念之一，叫"无中生有"。

　　这就是整部《道德经》的道眼：那个蕴含着绝对生命力的存在是绵绵不绝的，我们不用担心它断绝，它一直都在那儿推动着，关键就是我们自己的结构做对了没有，如果做对了，那个力量就始终会支持我们。

　　我们不妨一起看看唐代崔少玄的一首《留别卢陲》，或许可以作为参考。相传少玄是一位女谪仙，原为玉皇的左侍书，因"退居静室……恍惚如有欲想"而贬落人间，嫁给了卢陲，于人间尘化之时，留诗给夫君。诗云：

得之一元，匪受自天。

太老之真，无上之仙。

光含影藏，形于自然。

真安匪求，神之久留。

淑美其真，体性刚柔，

丹霄碧虚，上圣之俦。

百岁之后，空余坟丘。

开篇直指大道，"得之一元，匪受自天"，作为一个生命，他得的元气，并不是受赐于天地，而是受之于道，即所谓"万物得一以生"。天地得一，万物也得一，万物与天地本是同根同源。能够通晓并做到这一点的，就是"太上之真，无上之仙"。那么真仙究竟是什么状态？"光含影藏，行于自然"，它是一种内敛式的不断自我返还的结构，符合大自然天长地久的德性。少玄又告诫说，"真安匪求，神之久留"，真正的安定不是求来的，而是安心维护自己的根本，这样生命力就会长久萦回于此，心灵也得到了真正的滋养。到了这一步，"淑美其真，体性刚柔"，深深感应先天一气无所不至的质朴，外在动力十足，而心性则无比柔和。于是"丹霄碧虚，上圣之俦"，超凡入圣，登仙化炁。"百岁之后，空余坟丘"，生死逍遥，死去不过是褪去旧壳，人间的祭奠，不必放在心头。

通译

道的运动，总是把事物推向自己的反面。这种力量是无比柔弱的，所以它周遍于宇宙万有之中。

天下所有的生命、所有的事物都是天地所生，而天地是无形的那个存在所生。

小结

造化的特点，是润物细无声的柔弱，无所不包，无所不至，不知不觉间改换了人间。

大道推动万物不断变异，不断返还。所谓合道，就是能够内在空虚，自我返还，不会等着大道来返还磨灭。

系统产生于非系统，有形终归是要归于混沌，所谓的生就是系统逐渐建构起来，所谓死就是系统的崩塌。生死都是架构层面的事情，我们应该维系好自己的底层架构。

第四十一章　道隐无名

　　上士闻道，勤而行之；中士闻道，若存若亡；下士
闻道，大笑之。不笑，不足以为道。

　　故《建言》有之：明道若昧，进道若退，夷道若类；
上德若谷，大白若辱，广德若不足，建德若偷，质真若渝；
大方无隅，大器晚成，大音希声，大象无形，道隐无名。

　　夫唯道，善贷且成。

　　这一章讲人们对道的不同态度。

　　大平台的运作，不同于个体观念的设想。大
平台要兼顾万物的生存发展，因而体现出个体观
念所不能理解的混同对立、兼容并包、混沌不明
的状态。只有有道的决策者，才能明了这种混沌
状态中伟大的生机。

　　《建言》据考是周王室祖先传下来的一本著
作。从本章所引来看，道的思想并非孤零零地从
《道德经》开始，上古的圣王们已经把道作为修身
治世的依据。

　　**上士闻道，勤而行之；中士闻道，若存若
亡；下士闻道，大笑之。不笑，不足以为道。**

　　根据对道的态度，先区分三种人：上士、中

士和下士。

"上士闻道，勤而行之"。这世界上有一等人，他们是有贵族精神的。这种精神，并不是因为长期享受了什么资源、享受了什么名位，而是在于他一旦听闻了"道"，当下领受，身体力行。

世间发下宏愿的人多，身体力行的人少。在道家看来，与其没事发宏愿，不如转回头认真地面对生活。这样一种人，他对生命的旅程有一种认真探究的态度。在自然法则面前"存诚"，付诸行动，比花里胡哨地呼喊普度众生要强太多。

人这一生中，总会出现很多目标，观之在前，忽而在后。道家的态度，是要通达其中的道，至于人本身，没有必要固定在某一个目标上。禅宗有句话说"若有所似，于驴何异"？固着在一个点上，跟拉磨的驴有什么区别？能够让生命超越的不是目标，而是对自然法则的领会。

根据原始佛经，佛陀成道之后自问，世间已经没有人可以做我的老师了，我当以谁为师？佛陀观察后得出结论："我所觉法，我今应当亲近、供养恭敬、诚心尊重。"（《别译杂阿含经》卷五）自然法则是永恒的老师。

为了克服匮乏的恐惧，为了安全感，为了避免孤独，人可以为理想拼搏，为爱情狂奔，为孩子受罪，然而这些在本质上并没有高下之别，它们都是情绪化的目标。而上士不一样，他是对生命本身，对存在方式本身，有深刻的敬畏，他愿意探究其中的真相，他要真正安身立命，解除无谓的漂流。孔夫子讲"朝闻道，夕死可矣"，正是上士所愿，存诚之说。

"中士闻道，若存若亡"。知道世间有道，有所领悟，但是不想放下任何东西，没有决心实践下去。

"下士闻道，大笑之"。下士是反过来的，他们认为人生苦短，赶快达到目的是最重要的，因此对于柔弱为本、社会生态之类的道理，只当是笑话一句。

对于下士的大笑，老子评论了一句："不笑，不足以为道。"如果人人都能听得懂、辨得清，那是圣贤遍地走的幻想。终归这个社会，有一大群人奔着强悍的方向去，你想教他柔弱、教他全面、教他得"玄牝"，那是不可能的，"荒兮其未央哉"！

这事情甚至与知识水平无关，古希腊思想界就有了哲学家与诡辩家的区分。诡辩派大致相当于法家，专门提供一套逻辑，让君王可以为所欲为，实现他短期的目标。

故《建言》有之：明道若昧，进道若退，夷道若类；

《建言》是周王室先祖的著作，老子在本章一口气引用了十三句名言。

"明道若昧"，大道的运行，世间第一推动力无所不在，但又是非常隐晦的。天底下最显明的东西，恰恰是最难认识的。每个人都觉得是自己在运作，都觉得事情是我做成的，很少人能明白，其实都是假借着自然的力量。同样，整个社会运作的基本力量是明明白白、不容置疑的，其实都是老百姓做的。但是人一旦走到了高位，获得了权位财富，往往就会吹嘘这是我创造的生产力，他会产生这样的误会。

"进道若退"，这是说通进退。很多时候，觉得是在往前走，实际上是在后退；觉得在往后退，其实在往前进。投资界有个笑话，说佛系最适合炒股：别人都害怕要卖出的时候，我慈悲买进；别人都兴奋想要买进的时候，我慈悲卖出。我就没有痛快的时候，但是竟然赚钱了。这当然是笑话。实际情况是，方向正确了，事情还要经历波浪起伏才能前进。

"夷道若类"，真正平顺的道路，好像总是在绕弯子。这话真是老辣。走过几个街区还需要绕弯子，凭什么想象直线到达？人类社会就没有直线的路。社会一旦运转起来，建立了规则，必定是错综复杂的，所以弯路才是正确路线。一个天生善于绕弯子的人，往往是有天赋的。

一些中层干部抱怨升迁无门，究其原因，大约也是不愿意绕弯子。在稳定严格的体制下，直线上升太难了。上面动一格，空出一个位子，一串人才能依次往上走一格。如果空降一个，则整个序列上升受阻。因此善于升迁的人，讲究的是绕弯子多处弹跳。

上德若谷，大白若辱，广德若不足，建德若偷，质真若渝；

"上德若谷"，上德如同山谷一般，善于容受，海纳百川。先容受才能运化，听不下去不同意见，会导致运化的资源不足。任正非说，"异见者是最好的战略储备"，这话大有上德若谷的意味。领导者是很难做的职业，除了退任前广发奖金、人人叫好之外，平时改革任何事情，都会或多或少招来批评意见。这个时候需要容受，把各种意见放到整个改革进程里运化，不偏不倚。长此以往，大家会感觉到公正，领导者也就建立了威信。

"大白若辱"，洁白的德性，好像是黑暗。何为大白？维护社会整体生态就是大白。但任何一种改革，终归是利益的调整，总归有利益方的推动，总归要影响一些群体的利益。因此抓住完美来批评改革者，总能挑出毛病，如果是高级黑，那不要太轻松。

《道德经》判断问题只有一个根本标准，好生之德，也就是这个生态能不能够维系下去，还能不能有进一步转动的余地。社会的运作，从任何一个时间截面来看，都是做不到对所有人平等的，但通过不断"挫其锐、解其纷"的运作，还是可以得到一个相对公平的结果。

"广德若不足"，心胸开放的人，显得有所不足。尽管说"执古之道，以御今之有"，但大道造化本身是变化无穷的，因此敞开心胸、与时俱进就是"执古之道"的基本要求。社会变迁越是迅速，人越是需要有开放的态度，和积极学习的行动。另一方面讲，术以载道，任何做法，执行时都要落实到具体方式方法上。抱着道理不行动，不做现实的调查研究，不参与社会实践，终归也是不入流。

"建德若偷"，富有建设性的德性，看起来像是谨慎退让。偷，是谨慎的意思。做管理工作，向前做加法易，退后做减法难。做加法是伸张权力，而做减法则需要自我约束。老子说，真正积极发展社会的，会更多地注意做减法，去除那些阻碍社会活力的条条框框，而不是伸张管理权力。

说到做减法，不能不再说任正非。前文提到微信之父张小龙为团队膨胀、流程复杂化而烦恼，任正非则不然，据说他直接要求，凡是要为企业加一条流程的，都要减去两条流程。顿时就制止了"一人生病，全家吃药"的陋习。由此可见，领导者要制止复杂管理的风气，并不是全无办法。

"质真若渝"，真正的质朴纯粹，看起来有各种瑕疵。质朴的人，真实地面对自己的生活，他就要有所取舍，不可能活成道学家们赞美的羔羊。反过来讲，一个人洁白得毫无自己的立场和利益，他可能更容易被污染。

从社会生态的角度来讲，要求任何人道德完美都是毫无意义的。西方社会要求政客道德完美，结果不过是政客们建立了更大的团队，对个人形象的传播效果进行精密控制。

在一个流行人设的时代，大众们为了各种完美人物狂欢，也不过是养肥了各种打造人设的团队，满足了心理癖好，最终付出的是整个社会信息更加不对等的代价。

人有缺点是正常的，没有缺点才是可怕的。"质真若渝"讲的是人的本真状态，与那些道德优越者相比，他们只是没有加那么多滤镜而已。与其编制各种无聊的心理测试题来玩侦察反侦察的游戏，不如寻找一些有欲望、有野心但是能守规则的人来做事情。

大方无隅，大器晚成，大音希声，大象无形，道隐无名。

"大方无隅"，大的方正是没有死角的，能够照顾方方面面的利益。现代职场关系复杂，人的自尊逐渐收缩，最终保留一个底线不能碰触，大约就是年轻人常说的逆鳞。但是领导者不能有这个逆鳞，所有的利益都要能够发声才行。当领导者面对这个世界的变迁，他应该大方无隅，心里不能有某种不可逾越的禁区，落实到做法上，他也应该大方无隅，不能有遗忘抛弃的群体。

"大器晚成"，真正大建制，是要留有改进余地的。它不是建构所谓的完美、完整，而是始终与时代的变迁相适应，始终在不断地调整当中。晚成，又作"免成"。当然常规上理解这一句，是大器最后铸成，也符合古代铸鼎器的常规。

"大音希声"，真正有力的号召，是润物细无声的，它不是呼来喝去、推推搡搡。换句话说，一个社会的基本价值观，不能指望灌输，它是在社会长期运作中，大家逐渐取得的共识，这叫大音希声。价值观是非常深层次的文化认同，需要几代人的建构才能看到效果。

"大象无形"，最大的形象，它是无形的。中国文化讲究法天象地，从天地演化万物的现象里，去寻找社会可持续发展的方法。大道演化天地，天地演化万物，人类建构社会，社会反复崩坏又重构，这里面有某种一以贯之的力量和法则，有长生之道。

"道隐无名"，大道演化万物，万物各得其所，各有功能特色，唯独大道一无所得，运作永无绝期。换句话说，大道永远不会固定在我们给它定义的某一个位置上。人们崇拜它也好，抛弃它也好，它都不会有所停留，这是真自在、道法自然。人应该学习这种无所执着、周遍往来的自在。

夫唯道，善贷且成。

大道是终极的推动力，它不断地把资源散发出去，又回收回来，在这个不断吞吐的过程，成就了巨大的生态。

天底下最公平的是演化。不管是谁，成功者还是失败者，都要面对进一步的变化。成功者可能会想，让我垄断了多好，但是试想，如果当初没有自由竞争，又如何有你的今天？

巴菲特说，希望能把 99% 的财产都捐掉，他说："在这个国度，那些在战场上挽救他人生命者会被授予勋章，好老师会被回报以学生家长的感谢信，而那些能够发现公司股票错误定价的投资者，则会被馈以数亿资财。一言以蔽之，命运的安排反复无常，无人能确定谁会抽到上上签。"

巴菲特问了一个假设的问题：如果我们死后要面对随机投胎，我们打算投到一个资源固化的社会，还是投到一个可以自由竞争的社会？这个问题意味深长，延伸开来，我们也可以问：作为一个成功人士，你希望你的后代生活在资源固化的社会，还是自由竞争的社会？富时期望固化，穷时渴望自由，人同此心，所做却大不相同，谁能弥合其中的分歧？唯有道者吧。

文中子说："以利相交，利尽则散；以势相交，势去则倾；以权相交，权失则弃；以情相交，情逝人伤；唯以心相交，淡泊明志，友不失矣。"现在看来，这话还不够彻底，以心相交，等到关心的问题不一样了，心也难保不变。只有以道相交，大家都摒弃固化崩坏的路径，善养好生之德，才能长久和谐。

通译

上士听闻了"道"，立即付诸行动；中士听闻了道，行动犹疑不定；下士听闻了道，不觉哈哈大笑。如果下士不笑，那说明他听到的就不是道。

古老的《建言》有这样的名言：真正显明的，大家往往注意不到；真正往前进，感觉像是往后退；平坦的大路，好像总是绕来绕去；上等的德性，好像如山谷般低下；洁白的德性，好像晦暗不明；广大的德性，好像破缺不足；建设性的德性，总是在做减法；真正质朴的人，显得有很多缺点；大的方针，不留下死角；真正的大器，总是随着时代不断完善；大的价值观，总是润物细无声；大道运行一切，却不居任何名位。

天底下只有这个没有名位的道、不接受任何所谓权力规范的道，它能够不断地分派资源，又不断地回收循环。在这个过程中，造就了无穷演化的万物生态。

小结

从对待道的态度，我们可以看出一个人的智慧和品性。这也可以作为我们择友、选择合作伙伴的一个参考。观察一个人，先看他对生活有没有一个诚挚的心态。

如果总感觉事情琢磨不定，很可能是因为自己陷入了单向思维。我们应该打开心胸，接纳事物曲折发展的真实面目。

　　不确定是常态，但正是因为不确定，资源永不枯竭。事情出现变数，对明白人来说往往是机会。如果事情没有变数，那么前人将垄断所有资源，后人再无出头之日。

第四十二章　万物造化

　　道生一,一生二,二生三,三生万物。万物负阴而抱阳,冲气以为和。

　　人之所恶,唯孤、寡、不穀,而王公以为称。故物或损之而益,或益之而损。

　　人之所教,我亦教之。强梁者不得其死,吾将以为教父。

　　这一章是道家的宇宙生成论,讲整个世界是怎么形成和进一步演化的,万物生命是如何能存在和进一步发展的。这是造化的总法则。

　　阐明了造化的法则,也就说明了万物正确面对造化的思路,实际上也就阐明了长生久视、永续发展的原理。

　　本章同时讲损益法则,即生命在造化法则下的资源吞吐规律。损益法则可以视作是现代对冲投资的理论源头。

道生一,一生二,二生三,三生万物。

　　很多道观都有这样一幅对联,上联为"道生一一生二二生三三生万物",下联为"人法地地法天天法道道法自然"，上联说大道如何生万物，下联说万物如何效法大道得长生，可以说是对《道德经》思想的凝练与总结。

"道生一"，道一转为一。道是绝对的不确定性，它是本来源头，不可形容，然而"反者道之动"，道本身也在无穷地转化之中。既然不断转化，就有了最元初的存在方式。于是道从绝对的不可说，转化出模模糊糊的那么一种存在，这种"存在"就叫做"一"，它没有任何具体的特性可以认知，于是老子又称它为"无"，也就是最初的无形的存在。

道生一，一也在无穷的转化之中，道的不确定性还在继续，所以从这种模模糊糊的存在之中，渐渐转化出某种具有秩序性、可认知的存在——有形。老子称之为"有"。

道一转为一，一再转为二，也就是"无"和"有"。一生二，其实就是无中生有。

无中生有之后，是不是无就没有了？当然不是。无是道的具现，无边无际，它是先天一气，是元气之海，而有从无中诞生出来，就像是汪洋大海里的一个暂时的小气泡。

小气泡也在无穷转化之中，它也不能维持不变的样貌，于是"有"分化了，清者上升之为天，浊者下降之为地。这是"有"的再转，到这个时候，就有了三种存在，无、天、地。可以比作是无形的元气大海之中，包裹着天地这个小泡泡。

至此，大道三转，诞生天地。

天地定位，"无"的母体力量周游于其间，沟通天地，这样在天地之间那薄薄的一层，能量均衡之处，万物孕育，演化无穷无尽的个性生命。这就是三生万物。

因此，无、天、地三者是世界的基本结构，无是母体和源动力，天地就像是操作系统，而万物是天地中的衍生品，相当于应用软件。

万物负阴而抱阳，冲气以为和。

重点来了。前文讲道如何生万物，那么万物何以能存在呢？它的生存方式如何，本质是什么？老子用一句话点明："万物负阴而抱阳，冲气以为和。"万物身处天地之间，就会有阴阳两面，朝向能量的那一面叫做阳，被遮蔽的那一面叫做阴。资源如果在阴阳两面中沟通平衡，就形成了一个相对稳定的结构，这就是生。

谁能够推动资源在阴阳两面之间达到平衡？说到底还是依靠"无"，也就是元气这个总源泉。元气在天地之间周游，沟通了天地；元气在某个小范围内周游，就平衡了阴阳，形成了万物。所谓万物，就是阴阳两面结合融通的可持续结构。元气是一切结构的粘合剂。

那么，什么样的结构更持久？回答是，元气能够顺利进入和流通的结构。一个生命，内在尽量虚静，就是接纳元气的关键。换句话说，开放是生命可持续之本。

举一个不恰当的例子，一块石头对着太阳，这叫"负阴而抱阳"，如果石头内部热传导不畅的话，就容易被晒裂，也就维护不住原来的样子。人晒太阳，身体的结构是内在空虚的，他会不断地把能量周转全身，这就叫"冲气以为和"。"冲"是"空"的意思，内在越是虚静，身心越是安宁，越是利于元气运行，结构就越稳定，寿命就越久。

万物的生存方式，就是它可持续存在的合法性。老子说，这种合法性，就在于能否"冲气以为和"。吃得太饱，血脉不畅，失去了元气的支持，身体就会毁坏；精神焦虑贪求，内心封闭了，不愿意接受新的东西，灵魂就会衰朽。

死和活，不是某个主体的事情，而是一个过程。生是一种特殊的过程，"负阴抱阳，冲气以为和"，这种元气周游阴阳的运作状态就叫做生。身心闭塞了，元气进不去了，转不动了，就是"死"。因此说，生机不是来自于营养，而是来自于元气，只有元气能够融通资源，转换能量。因此，一切生机都来自于生命中对立面之间的融通。

人之所恶，唯孤、寡、不穀，而王公以为称。

贵族们最讨厌被孤立、没有威信、没有凝聚力，而"王公以为称"，为什么呢？因为"万物负阴而抱阳，冲气以为和"。

就一个社会而言，精英的存在是阳面，草根相当于阴面。如果精英脱离了草根，和中医说的脱阳而死是一回事。王的本质，就是要做好社会的虚静结构，融通社会的方方面面，把大家整合在一起，把社会做成了一个有机体、一个生命系统，这样社会才能长久。

王必须抱住自己的百姓，如果任由精英们的本能行事，等来的将是社会崩坏。作为领导者，怎样去循环作为对立双方的能量，打通其中的通道，决定着社会体系是否可持续。这是天底下最深刻的问题，但老祖宗们早已经想明白了，那就是服务于庶民。

故物或损之而益，或益之而损。

作为个人的修为来讲，也是同样的道理。身体放松，心思放下，元气自然就会降临，并帮助身心保持活力。就元气而言，心灵越是抓取则消耗得越多，保持雌柔才能真正有所得。最本源的元气不是我们能执取的，能否取得它的青睐，关键是我们的身心是否处在正确的状态。因此老子讲，"故物或损之而益，或益之而损"，万物主动虚静下来，往往所获甚丰，越是要增益什么，往往损失更多。有求皆苦。

美国学者、被称为华尔街之父的格雷厄姆先生在 20 世纪 60 年代提出了一种对冲投资策略。他假设，一位寡妇拥有 50 万美金的遗产，而她不想抛头露面去工作，又难以承担投资失败的风险，该怎么办？答案是，用一半的钱购买债券，另一半的钱购买股票指数基金。当指数上涨时，就卖出指数买入债券，当股票下跌时，就卖出债券买入指数，并且始终保持债券与指数的价格平衡。

这大概是人类历史上唯一可验证的安全投资策略，普通人也可以实施。它的精妙之处，在于始终持有等额的债券和指数，而由于资金流向的相反性，债券和指数的趋势在理论上讲是相反的，这样一来，任何一方的下跌都成为投资者蹬腿向后的动力，任何一方的上涨，都会成为投资者落袋为安的依据。这真是"物或损之而益，或益之而损"最佳的经济学注脚，它同时也符合"万物负阴而抱阳，冲气以为和"的生存原理。

把对立面结合起来，成为一体化的结构，就是生命的本质。

鸟儿飞翔也是同样的道理。小鸟必须把翅膀压下去，按住空气才能浮起来，这叫"益"；但是压翅到了一个限度，就必须抬翅把空气放开，这叫"损"；上下振翅，损益交替，看起来什么也没有得到，但鸟儿却往前飞去了。

"对冲"是万物的基本生存方式，生命"要冲气以为和"，就要主动地在损益间循环，期待着只益不损，与只吸不呼一样可怕。本质上，我们需要的不是留住资源，而是让生命结构的运作过程顺畅。

人之所教，我亦教之。强梁者不得其死，吾将以为教父。

老子叹息，这个世界上，总有人在教大家强行掠夺的道理，教统治者与老百姓分离，教他们各种权谋以实现只益不损、只吃不拉，对于这些人，我也想教他们一些道理。

这个道理就是："强梁者不得其死。"如果精英们长期不把资源循环到对立面的话，最后的结果就是崩坏，不只是自己死无葬身之地，甚至连怎么死的也搞不清楚。

系统性崩塌的时候，再去追问具体原因是没有意义的。这叫做"不得其死"，可能是在作恶时死，也可能是在行善时死。社会海啸到来之时，会淹没一切。"吾将以为教父"，这就是底线，老子对帝王家终极的警告。

通译

"道"一转为"无"，无二转出现了"有"，有三转分化成为天地，自此就有了天、地和无的基本架构。无作为元气运行在天地之间，沟通阴阳，于是天地之间诞生了万物。万物之所以存在和运行，是因为它们能够摄取能量，背负积蓄。正因为内在是空虚的，元气可以顺畅地进入，运化资源，从而维持生命的结构性存在。

贵族们最讨厌的，是没有追随者、德性不够，以及没有向心力，而王公们恰恰要以此自称。要知道，万物遭损贬时往往对它有好处，被抬举的时候往往对它不利。

总有人在教大家强行掠夺的权谋，我也要教他们一些我的看法：过度强横地运作，将会导致系统性崩塌，到时候死都不知道是怎么死的。这就是我教导的底线原则。

小结

"负阴抱阳"是生命的基本结构,"冲气以为和"是结构存在的原因。一味地强横,会失去自己的对立面,也就失去了生存的基础。因此精英们天然就应该承担"冲气以为和"的任务,这是精英存在的合法性之所在,如果想要抛下百姓,独存于世,等于作死。

君王的自称透露了早期的政治逻辑,这种政治逻辑基础很明白,就是决策层服务于民众,这是一个国家可以存在的根本。

单向思维和强横的追求会带来巨大破坏。万物相互关联,是系统性的存在,系统的存在方式就是不断整合运化资源。一旦极端分化,资源无法运转平衡的时候,结构就会崩坏。

第四十三章　无有入无间

天下之至柔，驰骋天下之至坚，无有入无间。

吾是以知无为之有益。不言之教，无为之益，天下希及之。

这一章讲至柔，再次说明"无为"与"不言"的重要。

老子提醒人们：大刀阔斧、雷厉风行固然会让人迷醉，但作用流于表面，而至柔的、时时刻刻的改良调整，则能深入修正底层代码，从根本上解决问题。因此尊重社会母体的无为比强权更高明，普惠的制度比道德灌输更有效。

天下之至柔，驰骋天下之至坚，无有入无间。

天下至柔的力量，能够驰骋于天下至坚的事物之中。有形事物就算没有空隙，总归也会被无形的力量改变。

大自然当中只有一样东西可以称为"至柔"——"一"，道生一的一。无中生有的无，有时候我们又称它为先天一气、混沌、元气。"道生一，一生二，二生三，三生万物"，一运行在天地万物当中，促使万物离开原貌，不断向前演进。能够调整自己的结构，响应至柔的一，就是得了玄牝，获得了源源不断的生命力。社会也是一样，领导层能够为百姓服务，负阴而抱阳，不断地返还分化，弥合分歧，社会内在空间稳定了，整个社会的活力就能释放出来。

如果说货币是社会的流动性，那么一就是整个宇宙造化的流动性。一是万物间的一般等价物，同时又是"万能干细胞"。货币也是一般等价物，但与它一相比，还缺乏效率与公正。货币代表社会资源进行交换。但是它远远没有达到"至柔"，很容易被垄断。智慧的不对等、机会的不对等、权力的不对等，很快都能变现为持有货币的不对等。

对于这一句，《淮南子·原道训》有精彩解读："天下之物，莫柔弱于水，然而大不可极，深不可测，修极于无穷，远沦于无涯，息耗减益，通于不訾。上天则为雨露，下地则为润泽；万物弗得不生，万事不得不成……击之天创，刺之不伤，斩之不断，焚之不然……邅回川谷之间，而谯腾大荒之野……"这是以水喻道，直指天下运作的源动力了。

吾是以知无为之有益。不言之教，无为之益，天下希及之。

我因此明白了无为的好处。无言的教化，无为的好处，天下再没有更好的办法了。

无为，是维护社会运转的枢纽，让社会自组织发挥活力；有为，是按照领导层的倾向运作社会，驱动社会成员工作。到了极致，无非是进行全员管制，规定动作。例如全员绩效考核做到极致，会要求全员年初就列出当年每天的工作内容和绩效。这种东西自称科学管理，其实思路比西方魔幻还伪科学。我们要明白，这些都是皇帝的新装，但有人非要穿出去，必定有深层次的缘由。

一个生命、一个组织、一个企业的生存和发展，要的是活力，而不是目标的层层设定。为此，领导者要用至柔的精神，竭力维护组织内柔软的运化空间，为真正醉心工作的人提供支持。对于那些醉心于争权夺利，或者干脆醉心于管制他人的人，应该予以震慑。

生命力是至柔的，无为就是保护生命的柔性，保持开放的格局。但就人的本能来说，都希望能拥有刚性的结果，既得利益万年不变。某种意义上，这是一种深居内心的死亡本能，是真正应该去改变的东西。

老子并不指望人们能够普遍接受这样一种道，但他希望领导层通过无为的运作，创造出社会通道开放、相对公平的环境，让社会成员都能放下心来，体验到道的运行。这就是不言之教。

社会治理不能无为，就更不要指望通过道德教化使大家放弃自己利益，谁放得下，谁放不下，群众的眼睛雪亮。只有社会自组织充分发展，各种社会利益相互扣合得非常合理的时候，社会信任才会建立起来。这件事只有从底层开始做，逐步恢复社会基层的活力，一个稳定、有道德的氛围才会出现。

通译

天下至柔的力量，驰骋运行在天下最坚强的地方，它就好像一无所有。但是可以进入哪怕是铁板一块的地方，并且促使其改变。

我因此就知道无为是有好处的。不搞说教，总是维护社会枢纽，促进社会自组织，这样做的好处，没有什么能比得上。

小结

至柔的力量是最普惠的力量，因而也是最有效的。无间之物，看起来无间，终究也有自己的结构，也需要普惠的力量。"天之道，利而不害"，天道运行，对万物都是支持的，因而也推动万物不断变迁。

无为而治比强权霸权更有效。在短期看来，强权似乎很有效，但是长期看来，它损害的是社会的整体健康。

事物发展到一定节点，会呈现出某种爆发式的发展。我们要明白，爆发从来都是客观结果，是过去效率的总体现，不是主观想象而成。此前经历的，正是至柔力量的长期推动。

第四十四章　知足不辱

名与身孰亲？身与货孰多？得与亡孰病？

是故甚爱必大费，厚藏必多亡。

知足不辱，知止不殆，可以长久。

这一章讲得失，实际上否定了得失权衡的普适性。

人生难以权衡之事，大体不离名利财货与身家性命之间。这当中有没有可以量化的尺度？老子的回答是没有。把人生完全捆绑在名利的追求上，本身就失去了转换空间。

有空间才有活路，路穷近乎于死。知足知止，划定追求的边界，才能谈得上长久安全。

名与身孰亲？身与货孰多？得与亡孰病？

本章开端，老子连续问了三个问题：名位和身家性命比起来谁更亲密？身家性命跟财富比起来谁估值更多？得到与失去哪一个对自己更有好处？

答案其实很清楚，名利皆是身外之物。只是利字当头的时候，还能不能清醒，就不一定了。

问题没那么简单，还有另一面：搭上了身家性命，就能获得名利吗？怕只怕搭上一切，也架不住社会变迁。"名可名，非常名"，名位是社会的管理节点，它是不断在变的。个人如果把自己和它绑在一块，结果大多不如人意。恋栈不去，是非常划不来的事。这也是"物或损之而益，或益之而损"的道理。

"得与亡孰病"？河上公注说"好得利，则病于行"，贪图实际利益的人，做事常常会犯错误。为什么呢？因为他把身家性命都换算成实际利益了，这是非常局部、狭隘的眼光。没有大局观，能不能走远就全靠运气了。

是故甚爱必大费，厚藏必多亡。

"甚爱必大费"，大凡爱之甚，必定要有所偏私，付出过度的代价，这也是"一叶障目，不见森林"。利弊是单向的标准。长久的事业，需要人才、制度、资源、文化多方面的因素构成一个有生命力的生态。生态只有健康与否的问题，大多数时候难以用利弊得失来权衡。生态本身就是目的，人需要克制竭泽而渔、利润至上的冲动。

"厚藏必多亡"，一个人收敛了不该是他所得的钱财——哪怕不是道德层面而是技巧层面的，那他一定也是要采取非常手段的，越往前走，怨恨和阻力就越大，效率就越低。他或许能做到"厚藏"，但他很难阻止"多亡"，"和珅倒，嘉庆饱"就是这种情况。庄子早就说过"窃钩者诛，窃国者诸侯"的比喻，但大家都把这句话理解成庄子对社会不公平的抨击，其实不是。庄子的意思，是那些诸侯天天敛财，为此严刑峻法，连偷腰带的小贼都要处死，这么做下来，等于把国家严严实实地打好了包，只等别人把他击倒，全部拿走。秦朝把绩效考核做绝了，又能怎么样？最后还是为他人做了嫁衣裳。传世本这一句作"多藏必厚亡"，用厚描绘亡，于理不通。郭店楚简本这句为"厚藏必多亡"，今据之修订。

知足不辱，知止不殆，可以长久。

放下无穷的追逐，不会遭受羞辱；尊重事业的边界，不会遭遇惨败。这样的人，身家是可以长久的。

"知足"这件事，转换到今天，也可以对应着一个人对他的核心竞争力知足。人有多种，对财富的不知足只是一类，也有一类人，总是对能力不知足，总要超越自我。这其实也是一种经验主义的盲目扩张，可能比求财还要危险，因为求财至少还可以精细地计算风险。我们需要知道，突破和超越并不是求来的，它是事物反复震荡到了某种重大节点时才会出现的情况。剃头挑子一头热，不应该成为事业心的常态。

有句老话叫"适可而止"，其中"止"与"可"是一对反义词。"可"，指可以做，"止"指不可以做。把事业范围圈定在可为之事上，叫做适可而止，这样当然就"不殆"，不容易遭遇系统性风险。

例如，某人实现了小目标，挣了一个亿，用"知止"的思路来分析，我们应该判断的，是这一个亿对他的未来有没有认知障碍、会不会导致行为失范。如果有障碍，就应该控制风险了。

道家主张不走极端，并不是抽象地要求人们不去追求，而是要观察这种追求是否超出了他的负荷范围，是不是到了失衡的拐点。如果到了拐点，赶快进行革新；如果没有条件革新，停下来规避风险是理所当然的事情。

《道德经》里确实讲到了物极必反，但它主要是提示风险，主张长远利益，而不是阻止合理的积极追求。这和厌世型国学是有根本区别的。

通译

名位和身家，谁更亲密？身家与财富，谁多谁少？得到和失去，有没有绝对的好坏？

太过于锁定某一种追求，会导致整个系统的浪费；不顾一切地聚敛财富，会造成整个身家的易手。

知足是真正的富有，不会遭受社会的羞辱；知道适可而止，就不会陷入窘境。这样事业可以长久。

小结

名利有它自己的规律，一个人即便不顾身家性命去博取，也未必能够成功。所以名利与身家没有可比性，卖命的心思可以放下了。

过于看重名利，或者过于追求突破超越，会导致身家系统的失衡，也会丧失掉很多生命体验。不少企业家说自己孤独，大概也与此有关。他们需要返回头来，重新展开自己的身心，修复自己的系统。如果思路不变，不能尊重自然之道，那么学再多的茶道香道静坐冥想，还是会变成追求卓越的自我强迫。

知足常乐。知足并不是停止追求，而是要给人生的格局留下足够的空间，内在空虚一些，成见尽量少一些，让内在的运化有了生机，这是根本。至于内在丰盈之后，外在会不会好运，那是玄学的范畴，我们不做讨论。

第四十五章　清静为天下正

> 大成若缺，其用不弊；大盈若冲，其用不穷。
>
> 大直若屈，大巧若拙，大辩若讷。
>
> 躁胜寒，静胜热，清静为天下正。

　　这一章很可能是第四十一章的延续，因为历史的原因被分割在两处。第四十一章的内容大多引自《建言》，本章的情况类同。

　　本章讲顺畅演化的前提条件。老子的看法是："缺"与"冲"。缺，是向外界开放，接受变化，变通前行。冲，是内在空虚，留有充裕空间来整合资源，转换能量。

　　老子警告说，玩弄任何手腕都要有个限度，都会带来不可知的变化。只有清静无为、维护社会的自运作，才是天下的正道。

大成若缺，其用不弊；大盈若冲，其用不穷。

　　"大成若缺"，真正成大器的，都留有巨大的演化空间，因此看起来好像有欠缺，不够圆满。这是明白地劝告人们，不要制作完美的器物，不要苛求完美的制度，不要追求完美的人生。为什么？没有缺口，失去了进一步演化的通道。

大成若缺，好像是不完整的，却是开放的，能够不断自我革新的，因此"其用不弊"。弊是朽坏的意思。能有大成就的，不会闭塞自己，向着未来开放。

"大盈若冲"，大的盈满，是非常空虚的。所谓"持而盈之，不如其已"，把一盆水倒满了，抱在那，不如放下来，也是这个意思。若冲之盈，比喻在大成就之后，仍旧谦逊低下，永不自诩盈满，这样内在的造化是不穷尽的，是不枯竭的，这叫做"其用不穷"。按这个道理，盆满钵满不叫满，有一个充分开放性的格局，叫做盈满。

大直若屈，大巧若拙，大辩若讷。

"直"，公平。人们都在追求公平，但要实现公平，也应该接受各种各样的换算和转换。有些事情，确实是没法用单一标准换算的。人受社会最大的一个魅惑，是觉得钱能解决一切问题，老觉得事情都可以通过一般等价物进行换算，其实不可能。大量的情况是，我们要面对复杂的情势，做各种说不清道不明的选择。在算不清楚的时候，更应该注意自己的选择是否适合自己的格局。这叫"大直若屈"。

"大巧若拙"，大智慧更注重脚踏实地，因此看起来显得笨拙。解放战争时期，国民党发行金元券，巧妙地盘剥老百姓，早上发的工资都不能等到晚上花。共产党发行的是粮食券，和粮食直接挂钩，一下子击中整个社会的痛点，老百姓马上认同了共产党的信用。金融专家看到粮食券可能要笑死，字都印不清楚，整个一个雕版印刷。但老百姓认，这就是落到实处了。

今天的世界金融也一样，大家都觉得自己巧得不行，把企业玩得团团转——吃鱼吃中段，企业爆发期过了就撤资去投别人，企业烂了与我何干？等到市场被破坏得一塌糊涂，金融危机发作了，再来看真是一地鸡毛。这叫"大拙若巧"。

"大辩若讷"，既然利益换算没有单一标准，那么道理其实也没有单一的权衡办法。某些时候，要求一个理论上的公正，不如大家尽弃前嫌、合作起来，把事情再往前推一步。这叫"大辩若讷"，没有巧石如簧，只有对大家利益的共同关照。

国际问题更是如此，大家都持守自己的立场，很难辩出一个你对我错，真正要解决的问题，往往是如何采取行动。历史是无法完全假设的，现实是没法摆脱立场的，因此在某些时候，大家一起放下争执，眼光往前看，才会有好的进展。

躁胜寒，静胜热，清静为天下正。

躁动到了极致，会堕入阴寒；安静到了极致，能产生活力。清净无为才是治理天下的正道。

"胜"，河上公解为"极"，这样整句话就通顺了。如果说用躁动来战胜阴寒，用安静来战胜烦热，后面的"清静为天下正"就显得多余。

过于有为，急躁妄为，劲头使得太过，负面心态就会出现。民间把负面心态叫做阴气。做管理工作的，一味追求管控的快感，渐渐员工都成了行尸走肉，组织的活力也就流失了。

如果能够安静下来，去除繁杂的消耗，慢慢地，组织内部某种东西就会萌动，再善加利用，生命力就出来了，这个叫"静胜热"。静坐得法的人，大多也有这种感受。

躁动的时候，需要静之徐清；消极的时候，应该动之徐生。

"清静为天下正"，清明是天的德性，宁静是地的德性。所谓清明，就是运作能力直指要害，没有各种矫情的胡思乱想。所谓宁静，就是能把得住底线，始终关照整体。这样的治理活动，可以称为天下之正，也就是天下运行的枢纽。用俗话来说，叫做踩得住盘子，也转得稳当。好多人真的是踩不住盘子，再好的盘子，他只要踩上去就翻，抱着一腔热情，把大家都带到沟里。

做领导，清静为本。以内在的虚静，容受春夏秋冬、寒来暑去，容受行业的起起落落，默默地利用各种节点，来做好生存的战略。

通译

大器大成就，它总是保留着缺口，所以功用不会闭塞；大盈满大包容，它总是保留着空间，所以演化不会穷尽。

大的正直，它能够容受各种各样的换算；大的巧妙，它抓住的是基本点，看起来很笨拙；大道理是不辩论的，有效前行，默默无言。

躁动过分难免堕入阴寒，安静到位了却能诞生活力。内心清静，可以成为天下的领导者。

小结

开放是演化的必要条件。有容受才有资源，有通道才能演化。人生的道路，需要打开窗口，不断吐故纳新。

说服力来自于造化的流畅。外表的光鲜骗骗自己可以，社会是否认可，只看你能否帮助大家顺畅演化。道家的思路根本上是看造化，而不是看占有、看富贵。

相生相克是常态，我们应该以清净无为应对之。得失、损益、进退，这些是生命的常态，没有人可以满打满算地占有。关键是转变思路，利用这些损益得失的势能去帮助自己演化。所以是占尽造化，还是与造化为友，是人类思维的天堑。一步跨过，海阔天空。

第四十六章　祸莫大于不知足

天下有道，却走马以粪；天下无道，戎马生于郊。

罪莫大于可欲，祸莫大于不知足，咎莫大于欲得。

故知足之足，常足矣。

本章讲安全的边际。

追求事业很重要，知道在何时何处止步同样重要。老子举出三处边界供后人参考：可欲、不知足、欲得。决策者规避这三条，就能够大致确定安全的边际，预留安全的运作空间。

本章也常被解做养生的要义。养生，是生命的可持续；治世，是社会的可持续。基本的原则，仍然是知足。人生当有所为有所不为，防止生命被投入到无尽的追逐之中。

天下有道，却走马以粪；天下无道，戎马生于郊。

天下治理有道的时候，战马都去做肥田的工作。天下治理无道的时候，怀孕的母马也会被拖出来打仗，小马驹生在荒郊野外。

"粪"是滋养的意思，河上公引申说"却阳精以粪其身"，直接进入了养生的思路。

一个人的能量是有限的，比如翻手机多了，思维能力就会下降。翻手机是一种赌性，因为得到的奖赏是不确定的，可能什么也没翻着，也可能能翻到有趣的消息。如果能够致虚极、守静笃，消解赌博的欲望，那么本来会消耗的能量就会返回来滋补自身。大凡欲望，包括生理欲望，都可以这样处理，这是无为的养生意义。

情欲驱赶着生命的能量，消解掉情欲，能量就会返本还原，"却阳精以粪其身"，古人甚至发展出了具体的技术，这里不做详述。总之，躁动的极点，恰好就是"弊则新"的时候。这时候关键是要静下来，静之徐清，此后又能获得动之徐生的好处。

罪莫大于可欲，祸莫大于不知足，咎莫大于欲得。

罪、祸、咎是三个相似的概念。罪的造字来自于渔网，自己走错了路，自投罗网叫做罪。以天下为可欲，任由我玩弄，任由我操纵，把家庭、企业、社会玩弄于鼓掌之上，这是自作孽，有罪。

祸，意为神灵不保佑，这是大自然给出的惩罚。不知足，大致等同于完美控制。"揣而锐之，不可长保"，想要四面得意、八面来风，神灵也没法保佑，要的实在太多了。

咎，因过错遭谴责，这是社会不满意了。超出了自己应得的，有人多拿必然有人少得，这样会惹众怒，受到怨怼。

王弼本没有"罪莫大于可欲"一句，今据河上公本和帛书本补上。

故知足之足，常足矣。

对于留有余地、保有未来演化空间这件事情，每个人自己要下决心。最大化是个伪概念，但凡超出合理边际的事情，都是有后患的。即便可以算得更精一些，再多拿一些，尽早收手总不会是大错。老子的意思，对于知足这件事情，自己内心要有充分的认可。守住了知足的原则，至少不会崩掉。

本章的知足，河上公也给出了养生的解释，叫"守真根"，守住真正的根本。元气的发作，很容易习惯性地导向肉欲发作、赌性发作，这个时候，及时下功夫，把元气转换回来，就叫做神形兼备、性命双修。

通译

天下治理有道的时候，战马可以肥田；天下治理无道的时候，母马都被拖去战斗，以至于在荒郊野外生下小马驹。

以天下为可欲，玩弄社会，这叫自投罗网，自作孽；追求完美控制社会，不知厌足，神灵也没法保佑他；已经有所得，总想着得到更多，将会受到社会的处罚。

关键是对知足有充分的认识，不求最好，守住边界，终归来讲会有好的结果。

小结

有道与无道，从养生上讲，关键看其对于关窍的应用。有道的人把欲望返本还原，无道的人任由欲望牵引，消耗自身。

"祸乱于方寸，福隐于无名"。大自然可以满足万物的需求，但不可能满足所有的欲求，更不可能满足权力幻想。欲无足时，欲望本身只是一种占有冲动，它并没有真实的目标和长久的考量，因此知足才能守住根本。

第四十七章　坐知天道

不出户，知天下；不窥牖，见天道。其出弥远，其知弥少。

是以圣人不行而知，不见而名，不为而成。

这一章讲社会治理的整体性眼光。

第四十四章讲得失的着眼点，不应该锁定在表面利益上，应该回归根本，注重人生的系统完整。本章讲治理社会的着眼点，不应该与细节较真，而应该顺理成章，有一个完整的逻辑。这两种思路是相互匹配的。

决策者能做到"不出户，知天下；不窥牖，见天道"，意味着社会制度与治理逻辑的高度自洽。

不出户，知天下；不窥牖，见天道。

老子开口就说："不出户，知天下；不窥牖，见天道。"基本把微服私访给否定了。皇上在宫中消息闭塞的话，出门就能看到真东西吗？就算看到真东西，能看到全面的情况吗？关键还是要解决认识机制的问题——怎样让那些信息在面前展现出来，而不是去求信息。如果皇上建立一种体制，能够让信息透明化，自己跳到台面上，就不需要每天追着信息跑了。这叫做"不出户，知天下"。

当然也有人把这一句解成皇上有玄功，神通天地，那当真没话说了。如果真的那样，问题已经先验性地解决了，老子也不必劝领导层"不自见""不自是"了。"不出户，知天下"，说的是领导层明白社会的枢纽，用枢纽去调整天下，而不为各种意见所左右。

"不窥牖，见天道"，"窥牖"是从窗户往里面看，大致是偷窥大臣的隐私、揣测人心。老子说，领导层见的是天道，眼光应该落在治理之道上，而不是落在窥探他人的心意上。

其出弥远，其知弥少。

心神跑得越远，心思用得越多，对社会的了解就越少。

最新一轮的"其出弥远"，大概是对大数据的崇拜，人们在海量数据中寻找相关性，然后做出有利于我的决策。这样一来，掌握数据的，很快就会与其他人拉开差距，社会分化飞速地加剧，这大概是互联网教父们没有考虑的事情。

"其出弥远，其知弥少"，怀着总控一切的心思刺探社会信息，做得越多，治理社会的智慧就越少。实际情况是，社会越是发展，未知领域就越大，数据可以帮助部分人获益，但永远跟不上发展的脚步。况且数据本身是受价值观影响的，它的采样、算法，都是有倾向性的。算法发展到高度复杂的时候，完全可以让绝大多数人看不明白，从而人为制造信息的不对等。

依赖工具理性治理社会，是非常不理性的。

是以圣人不行而知，不见而名，不为而成。

归总回来，还是要有以少御多、以弱御强的总体思路，领导层不能过度依赖决策工具。老子说，古代的圣王们不必走出去，就明了社会情况；不用显摆自己，就能震慑天下；不必插手具体事务，就能成就社会发展。这是因为决策思路具备战略高度。

"不行而知"，万物发展的大的路径是"夫物芸芸，各复归其根"，如果不能归根复命，就有"强梁者不得其死"的可能，因此不必等待危机发生，就应该随时做好"挫其锐"的准备。

"不见而明"，不表现自己，就没有了权威吗？表现自己只能带刷存在感，而权威是来自大家内心的叹服。战略眼光与担当最让人们心悦诚服，怎么能得到心悦诚服？

"不为而成"，关键在于做好支持工作，让社会群体各自发挥正常的作用，而不是自己到处奔忙。

通译

不用出门到处跑，就知道天下的形势，不用刺探臣子的情况，内心与天道相应。

跑得越远，刺探得越多，知道的真实情况越少。

有道的君王，不用走出去，就明了社会情况；不用表现自己做了好多决策，权威就得到认同；不用像救火队一样奔忙，整个社会事务就能理顺。

小结

微服私访，只能偶尔为之。大的决策不能完全依赖信息，信息是必要条件，决策还需要战略思想的指导。局部决策可以靠信息，全局决策必须有哲学的高度。

多说两句。即便是在股市里，那些超级大资本们也不能轻举妄动。他们如果做出大的动作，整个市场都会被扰动，过去的经验数据也就失灵了。所以大的社会决策，不能依靠信息，系统安全的目标应该是先行的。

把握返还之道，就能了解社会所需，社会永远不缺乏分化的力量，而总是缺乏返还的智慧。这就是决策者存在的意义。

第四十八章　为道日损

为学日益，为道日损。损之又损，以至于无为。

无为而无不为。

取天下常以无事，及其有事，不足以取天下。

这一章讲"为学"与"为道"的不同。

各种政教礼乐、管理模型一股脑地招呼上去，社会的活力越来越少，而事情却越做越多；注重社会治理之道，尊重个性，解放社会活力，事情就能越做越少。如此少之又少，就是道家理想的无为之治。

无为之治，一切事功来自于社会本身，决策者因此获得天下的认同。

为学日益，为道日损。损之又损，以至于无为。

"为学日益"，王弼解为"务欲进其所能，益其所习"，探讨学习规律。而本章的主题是无为治世，王解显然有些大而化之。河上公解做"政教礼乐之学"，比较切实。

现代知识体系高度学科化，可以有效地把知

识追求和社会治理之间划分出界限。在中国古人来讲，知识与治世是不分家的，学习天然就是为了修身、齐家、治国平天下。从这个角度讲，古人并不阳春白雪，他们的学习直接跟自己的前途、家族资源安排联系在一块。因而他们的魔障比现在人大得多。科举制度出现后，更是"学而优则仕"，华山一条道。

现在社会，学习的路径开放了，除了一些核心知识（如技术实现路径）依旧不能开放，大多数学科的常规知识都可以从公开的途径学习到。今天有那么多人去云游天下、单车走世界等等，在古代都是不可想象的，这背后最重要的其实是知识的支持。

政教礼乐之学，建立在社会心理的基础之上。例如，运用老百姓都爱他父母的心理，去建构统治术，本质上是连坐。它正面教人向善，反面则是连根拔起。有人说中国古代统治术是外儒内法，大致就是这个意思。

老子讲，做这些政教礼乐之学，与权谋之术并没有本质区别，都是在利用老百姓的心理，促使他们变复杂而不是回归淳朴。这种事情越做事越多，社会情况会越复杂。所谓上有政策，下有对策，博弈一旦发端，谁也不能置身事外，作为统治层，要与天下做对手来博弈，再聪明也有失手的时候。

如果统治者真考虑自己的平安，还是要"为道日损"，从繁杂的社会事务当中，去找到它内在的生命力，促使它自我运作、自我改良。这样，事情就会越做越少，一直少到了符合无为的要求。如果总是抱着某种冲动去治世，觉得社会都是错的，实际上是把社会推到了远处，成为了他者，这简直就是鱼跳上岸、不可救药。

"损之又损，以至于无为"，把治世冲动减损到最低，统治者与社会之间的关系理顺了，无为的经验就出现了。这是一个完整的系统，"负阴而抱阳，冲气以为和"。

无为而无不为。

统治层无为，社会将会无不为，它会形成自己的发展方向，但同时，又需要一个制约力量来调整方向，弥合分化，阻止崩溃。自由市场经济理论说市场会自我调节，崩溃是正常的，意味着重建。这种想法太过于理想化。一方面，即便理想的市场存在，社会本身也是在更大的自然系统中的，大的自然变迁力量很可能会超过社会自我调控的承受范围，使之严重倒退直至被摧毁；另一方面，市场崩溃与重建是一个痛苦的过程，老百姓很难承受这种苦痛，而整个社会也会寻找场外因素的支持，例如进行战争。从道家思想来看，社会是市场的母体，如果罔顾母体的承受能力，理想市场的构建将不可持续。

历来有不少注家认为道家主张放任自流，这并不符合事实。《道德经》认为，万物并不天然地具备长生之道，它们在发展过程中，必然会走向"化而欲作"，意图巩固垄断利益，不愿进行天道返还。这种垄断利益的倾向如此强烈，甚至会罔顾下一代的整体发展。因此必须有一个强有力的力量来承担返还的工作，"镇之以无名之朴"。而且这种力量必须高度自我警觉，能够防止自己卷入社会博弈的纠葛之中。

因此"无为无不为"，并非是社会不需要领导层，恰恰相反，无为和无不为之间有一个正向循环关系。社会竞争本身不会自然而自如地达到平衡，事实是失衡才是常态，因此社会的枢纽永远需要有人来维护。

取天下常以无事，及其有事，不足以取天下。

"取天下"讲的是统治的合法性。前文讲过："将欲取天下而为之，吾见其不得已。"那么到底怎么做，能够自己心安、社会各种利益群体也认可呢？

按照儒家的说法，会问君王是否推行仁政；按照法家的看法，要看君王有没有足够的手腕。老子的答案是："常以无事。"换句话说，统治层至少不应该成为百姓的负担，这就是合法性。社会生命力出自百姓，统治者在其中协调统筹，让其发挥更大效益，这就是合法性。在社会成本的问题上，东西方的需求并无二致。

"及其有事，不足以取天下"。很会来事，总是在对社会进行各种各样的操作，泥足深陷的时候，统治的合法性也就削弱了。

孔子盛赞管仲是圣人，然而管仲提出的"利出一孔"，却奠定了中国古代社会两千年的专制基础。当所有授权都"利出一孔"时，它的公正又有谁来保证呢？利出一孔，不只是社会资源配置能力大大下降，更可怕的问题在于，只要统治者出错，社会母体就会被逼到走投无路。这是一种取消了社会容错机制的治理方式。

权力操作的评价机制越多，寻租途径就越多，利虽可以出于一孔，腐败却会变得无孔不入。这是管仲没有想清楚的事情，

通译

政教礼乐之学，事情会越做越多。以道治世，事情会越做越少。这样少之又少，可以一直达到无为。

统治层"无为"，整个社会自我运化，于是就会"无不为"。

取得治理天下的合法性，是因为不骚扰社会、不增加社会成本，反而使社会的生命力得到梳理。到处插手，强制社会的走向，就不足以承担治理天下的重任了。

小结

权谋会让人越卷越深，行道的结果是无为而治。利出一孔之后，既把所有的评价权都集中到决策层，也把所有的矛盾集中到决策层。要求绝对的控制，就没有相对的安全，这两件事是悖反的。

无为能够顺应形势，顺应社会自身的发展方向。老百姓对形势的直觉、整个底层社会的反应，是社会发展战略的根本依据。

治理的合法性，是让每个人过他自己的日子。没有必要烦劳社会、烦劳百姓，然后再用福利安慰他们。宋徽宗说"民贵自治"，从道家来说，社会本身就是老师，不需要谁对它指手画脚。

第四十九章　以百姓心为心

圣人无常心，以百姓心为心。

善者，吾善之；不善者，吾亦善之；德善。信者，吾信之；不信者，吾亦信之；德信。

圣人在天下，歙歙焉，为天下浑其心。百姓皆注其耳目，圣人皆孩之。

这一章讲社会群体意志和国家意志之间的关系。

用"善"保证学习进步的平等，用"信"分配社会建设的红利，社会就会活起来、火起来。虽然各种意见也会层出不穷，各有偏颇，但决策者把握住"善"与"信"的枢纽，就总是能为天下人整合出恰当的发展目标。

老子强调，国家意志不是个人的意志，也不是纯道德的产物，它是决策者对社会各群体意志进行综合和提升的结果。

圣人无常心，以百姓心为心。

百姓的涵义有历史的流变。春秋时代，"百姓"指贵族、百官的姓氏，代指士大夫家族。至战国时期，"百姓"渐渐用为自由民的代指，但奴隶还是不能称为百姓。考虑当时的社会发展情况，如果把本章的"以百姓心为心"，解为以底层老百姓的心为心，可能不符合老子的原意；解为能够对国家治理产生影响的士大夫家族，应该更为妥当。

老子说，圣人没有固定的目标，他的目标是随着社会各群体的目标变化而去调整的。换句话说，顶层设计的基础，是要搞清楚社会各群体利益的最大公约数。

经过一段时间发展，社会群体势必要发生浮沉分化，有些群体蠢蠢欲动，有些群体悲哀求救。最大公约数，就是大家还得在一个桌子上吃饭。不能因为某个群体富裕了，就要把满桌子的饭都霸占了，或者竟然把满锅饭都搬到别的桌子上，让原来同桌的人饿肚子。在全球化的时代，这其实是一个非常现实的问题，一个国家富裕了、福利提升、劳动力成本提升了，资本为了追求更高的利润，会倾向于投资到待发展地区，这样客观上会推动全球化发展。但同时也会显著地造成本国产业的空心化，使得本国失业人口剧增。如何求得全球化与本国实业发展的平衡，在现代社会仍旧是一个难题。

经过一段时间的繁荣发展，各个家族、各种利益群体的愿景，对自己未来的想象，对国家、社会的未来想象都不一样了。如何弥合社会愿景，又不伤及发展的活力，是后发展时代的另一个公认的难题。

"圣人无常心，以百姓心为心"，从这句话来看，老子眼里的国家意志，更像是一个由社会各群体意志构成的神经网络，因此最大公约数不能按照静态的利益来求，而要动态地把各种诉求整合起来。"高以下为基、贵以贱为本"，国家意志也是一样，它是一个不断进行信息新陈代谢的神经网络。例如，国外信息仅仅来自于外交官吗？实际上自古及今，国外信息主要从商旅那里得到

的。如果我们想要测定某个国家的政策情况，可以观察通商之后
商人们受到的待遇。因此君王就像大脑，社会群体就像感官，大
脑的决策信息以及获得的反馈，都要通过感官的作用来完成。如
果没有充分的民间交往，决策会浮于表面。

按照老子的观点，国家意志是社会要求的综合提升。离开了
社会诉求，国家利益也很难界定清楚，更罔谈战略导向。以此思
考，把握神经网络的综合运作，把饭桌做好做大是基础，同时也
要防范垄断性群体携利出走，甚至掀桌子的思路和行为。

善者，吾善之；不善者，吾亦善之；德善。

善于做事的群体，我善待他；不善于做事的群体，我也要善
待他。这样，社会风气就会好转。

"百姓"各自有心，能力不同，境遇也不同，从社会神经网
络的角度来说，都应该予以善待。既不能刻意打压强者，也不能
让弱者失去机会，这样，社会保持竞争的活力，又不会陷入垄断
的僵化之中。

当然，"不善"也未必是弱者，也可能是坏人。但总体上讲，
道家认为社会生活决定普通人的品性。马克思也说："从现实性
上讲，人性是一切社会关系的总和。"所谓坏人，大多数时候是
接受了错误的观念，养成了错误的行为方式，或者干脆就是不会
做人做事。不去改变社会环境，而热衷于给个体做心性评价，对
改变他们的意义并无益处。

居高临下地评判人们的善恶，不但于事无补，还会诱发道
德洁癖和道德绑架，降低社会运作效率。因此"不善者，吾亦善
之"，社会的德性才会变好。普及知识、改变人们的思维方法，
提升他们做事的能力，任何人都有机会向好处发展。尽管这个机

会是有限的，但长此运作，社会风气就会良性发展。

信者，吾信之；不信者，吾亦信之；德信。

有信用的群体，我待之以信；信用不佳的群体，我也待之以信。这样，整个社会的信用状况就会提升。

这句话略有些难解，如果有人钻信用漏洞怎么办？比如超市可退换之后，有人会买了衣服穿几天再退，怎么办？这话有点儿刺激人。但如果深入考虑我们会发现，实际情况是，超市只有在免费退换制度有利于自身的情况下才会忍受损失。一项信用制度建立起来，必然要容忍一些问题的存在，我们可以不断地去优化制度，但不能随时随意撤换制度或者回溯追究。

某种意义上，失信也代表存在着不同意见。任何一个制度建立起来，都不能保证所有人同等获益。即便看起来很公正的一个制度，也会存在某些受损的群体，他们会用脚投票，表达不满。如果对这些群体都予以打压，制度就失去了人性化空间，也失去向前演化的动力。在西方的代议制下，服从多数是一个原则，但同时也有保护少数的原则。少数和多数的看法是不一样的，每一个人，在某些问题上都有可能成为少数。悟道的人总是少数，真理常常掌握在少数人手里。对待少数是否宽容，是一个社会开放程度的标志之一。

圣人在天下，歙歙焉，为天下浑其心。百姓皆注其耳目，圣人皆孩之。

圣人在天下做什么呢？主要就是做调和的工作，做收敛欲望的工作。这个社会里虽然会有不同的利益群体，但铁板一块的利益群体实属罕见。同一个群体，在不同的问题上也会表现出多元性，因此社会群体本身也分分合合，关系错综复杂。如果在这个问题上出现不同意见，就清除掉一批人；在那个问题上出现不同意见，再清除掉一批人，那整个社会就会陷入人人自危的恐怖之中。

社会发展有某些常态，社会群体聚散分合、合纵连横，而领导者要做的，就是不断地整合利益、弥合分歧。成王败寇、你死我活，不应该成为社会治理的思想，也不必抱有一次性搞定所有事情的幻想。利益总会分化，意见总会分歧，正因为如此，领导者才成为社会发展的必要因素。

"为天下浑其心"，返还的工作，需要很大的心胸，也需要特别高的技巧。"浑"是整合的意思。浑天仪，是把不同的星辰，描绘到同一个便于观察的面上。"为天下浑其心"，就是用社会生态的力量，以动态的方式，去求最大公约数的意思。

紧接着老子说，"百姓皆注其耳目"，这是个提醒，各个利益群体，它们的眼界是很有限的，他们只关心自己发展轨迹上的利益，而看不到社会的整体需要。作为领导者，不必为这种情况怒发冲冠，而应该意识到这正是你发挥作用的地方。这叫做"圣人皆孩之"，即包容各种不成熟、有偏颇的意见。

"百姓皆注其耳目"一句，王弼本无，这里据河上公本补入。

通译

圣人没有自己的绝对意志，他综合提升社会各群体的意志。

对于那些善于做事的人，要善待他；对于那些做不好的人，也要善待他，这样社会的风气才能够从善。对于那些有信之人，要信任他；对于那些暂时没有融入信用体制的人，也要以信待之，这样社会的风气才能够从信。

圣人在天下的角色，就是不断收拢分歧，不断地去求最大公约数。每一个家族、每一个阶层，它都只看到自己那么一点利益，圣人对此都要持包容的态度。

小结

百姓的天性是趋利，这不是坏事。起早贪黑，总是为了养家糊口，如果能有更远大的目标，就应该看作是人才。这才真正是社会生命力之所在，不应该进行打压和嘲笑。

政府的责任是除弊，也就是在社会群体的追求走向异化的时候，帮助大家收拢回来。决策者不应该僭越老百姓去制定目标，而要总结提炼老百姓的目标，上升为国家意志。

信用是普遍、客观的，实际运作中，也需要留有余地。制度也是逐步演进的，需要复杂的博弈过程不断予以优化，不能说一次性确认之后，就把不同意见的人都给扫地出门。

第五十章　出生入死

出生入死。

生之徒，十有三；死之徒，十有三；人之生，动之死地，亦十有三。夫何故？以其生生之厚。

盖闻善摄生者，陆行不遇兕虎，入军不被甲兵。兕无所投其角，虎无所措其爪，兵无所容其刃。夫何故？以其无死地。

本章讲养生的原则：出生入死。

出离情欲的束缚，则生生不息；入于情欲的驱使，则死路一条。强求生生之厚，追求无尽享受的人，看似活着，其实已入了死地。

善于养生的人，不是比别人更强悍、更精明，而是更懂得柔弱与灵活，安守生命的本位。他们明白安全的边际，懂得规避永难满足的欲望循环。

出生入死。

出于贪欲则生，入于贪欲则死。

现在讲"出生入死"，是指冒着巨大的危险去做事情，赴汤蹈火。这说明，自来误读经典已经成了传统。

"出生入死"这一句，王弼释为"出生地，入死地"；河上公释为"出生，谓情欲出五内，魂静魄定，故生；入死，谓情欲入于胸臆，精劳神惑，故死"。王弼说的是现象，河上公探究的是原因。

这句话其实是《道德经》一贯的思想：内心空明，不受情欲的逼迫，自然能得生机；内心焦虑，被各种欲望裹挟，后果确实也不会好。情欲是一种强迫症，所谓利令神昏，对决策极为不利。如果能不受情欲的限制，决策的眼光会更加平衡和宽广。

生之徒，十有三；死之徒，十有三；人之生，动之死地，亦十有三。夫何故？以其生生之厚。

算一笔账：生命力比较强的、生来福分就比较好的，十个人当中有三个；生来禀赋就不太好的、容易夭折的，十个当中有三个；第三类值得注意，"人之生"，生来不错，"动之死地"，自己往死地奔的，十个当中也有三个。他们先天不错，然而情欲的强迫症严重，一手好牌生生打坏了。

老子专门讨论第三类人，分析他们从生入死的原因："夫何故？以其生生之厚。"意思是他永不满足，总是要那个更好的；或者说他甚至判断不出来什么是真好、什么是有害，总是想着厚待自己。明明条件不错了，还要不择手段地去占有，这叫做生生之厚。这种情况社会上大把存在，家庭中、情侣间也不罕见。最后的结果，大多是鸡飞蛋打。

至于"生之徒，死之徒"，没什么可说的。"生之徒"先天禀赋好，后天运道也不错，而且不会搅和到是非里面；死之徒先天禀赋就不好，本身运气也不好，一生艰难度日，客观地说这种人并不少。要拯救这一类人，只有依靠社会整体的进步。

盖闻善摄生者，陆行不遇兕虎，入军不被甲兵。兕无所投其角，虎无所措其爪，兵无所容其刃。夫何故？以其无死地。

十个人，生之徒、死之徒、生而入死的各三个，那么剩下一个是什么人？"善摄生者"，修道之人。从这里我们看出，在老子心目当中，人群中能修道的人有多少？或者是有道性的人有多少？十分之一。

摄生，又叫养生、保生。养生不只是养护身体，还要善于统帅和管理自己的人生。《菜根谭》里说，"知生之必死，则保生之道不必过劳"，也是劝说养生不要太厚。

善于摄生的人，"陆行不遇兕虎，入军不被甲兵"，他走在大路上，不会碰见猛兽；走到军队当中，不用披甲带兵，他根本就不会被当做敌人。兕，指犀牛类有角的猛兽。这句应该看做比喻，试想正常人怎么可能大路上碰见兕虎？大多是自己走偏门，送到兕虎的面前吧。另一方面，总想用武力征服别人，就要承担武力带来的风险，所以行道者也不指望依靠武力。

修道者不把自己走到危险的轨道上，故而"兕无所投其角，虎无所措其爪，兵无所容其刃"，那些危险的事物，不会想到伤害他。

这一段养生家有自己的解释，大致是说练气到了某种程度，改换气质，与天地气息相通，可以避居山野之间，也不受野兽的骚扰。这种境界是有可能的，但这段老子有自己的解释，"以其无死地"，说明是修道者不主动去找死，他把自己人生规划在安全运作的轨道上。

佛门有言："凡夫畏果，菩萨畏因。"意思是说，凡夫等坏结果出来的时候，急得临时抱佛脚；而有修行的人，他注意的是自我约束，不去种下恶因。这话实在。以什么样的策略来定位人生，也就决定会品尝到什么样的果实。

本章讲生死，可以参照孟子讲的穷达之意："尊德乐义，则可以嚣嚣矣，故士穷不失义，达不离道。"就算前面看不见路，但还是要保持自己的人格尊严、谨守正义，不能跌破底线。某天我上位了，要做的是合道的事情，不是为了实践我个人的意志，也不是为了张扬我个人的喜好。

孟子又说："穷不失义，故士得己焉。达不离道，故民不失望焉。"困顿的时候守住大义，就没有丢失自我；发达的时候不离开大道，大家就不会对我失望。这话说得是直抵人心，多少人上位之后就忘本，让帮助过他的人心中寒凉。

孟子又讲，"古之人，得志则加于民"，好处归于老百姓；"不得志，修身见于士"，把自己的品格、思路作为传承给后人的财富。总结起来，就是千古名句："穷则独善其身，达则兼善天下。"

通译

出离贪欲逼迫，则开放而富有生机；为贪欲所困，则闭塞未来的通道。

生来生命力就好的人，十个人当中有三个；生来生命力不好、容易夭折的人，十个人中有三个；生来生命力好、却因为情欲的挑动而走上死路的，十个当中也有三个。为什么会这样？是因为他索取的太多。

我听说那些善于管理自己生命的人，在路上走的时候不会碰见猛兽，进入军队不需要披甲带兵。犀牛没有地方可以用它的角，老虎没有地方可以用它的爪，军队也不会对他施以暴力。为什么呢？因为他没有走在入死的路上。

小结

生来死返，首先要把生死看清楚。生是从混沌当中展现出生机的运作方式，死就是系统宕机、回归混沌。生命力是天底下最可宝贵的东西，应该得到精心地维护，尽量不要让它受到情欲贪执的束缚。

生命确实有天赋的差异，但后天的修为也能影响命运。"摄生者"是命运不定的一批人，他们的命运与修为相关。善于行道的人，未来的格局突破是不好预测的。

第五十一章　尊道贵德

道生之，德畜之，物形之，势成之。

是以万物莫不尊道而贵德。道之尊，德之贵，夫莫之命而常自然。

（故道生之，德畜之。）长之育之，成之孰之，养之覆之。生而不有，为而不恃，长而不宰。是谓玄德。

本章讲玄德，即促进万物生发、生命演化、社会发展的德性。

玄德维系助推成长，却无掌控的贪婪，应该成为决策者体悟和学习的榜样。

道生之，德畜之，物形之，势成之。

道生发万物，德蓄养万物，万物各成形态，彼此对待成势，则成就生态。

前面说过，"反者道之动，弱者道之用"，道是一种柔弱、普遍的反向运动力量，它从无推动出有，从有推动而分化为天地，从天地又推动演生出万物，并一直把万物推离自己的原位，这叫道生之。不算难理解。我们可以说，道就是绵绵不绝的生命力。

"德蓄之"，在大道的推动下，一旦产生物象，就发生了结构性的容受作用。"天得一以清，地得一以宁"以至于"万物得一以生"，有形就是有序的结构。正是这种结构特性，使得万物可以持续地获得生命力的支持。有结构才有功能，大道之德，是提供结构化的容受特性。不恰当地说，就是形成了某种生命力的"力学"结构，形成某种自我维持的特性。

因此，德大概相当于性质。有什么样的性质，它会展现出什么样的命运轨迹。

"物形之"，到了物的时候，每一个具体的物都有自己的小结构，以及由这个小结构带来的对生命力的容受作用，也就是物之德。生命之所以能够拥有一个利用生命力的稳定过程，与风车因其叶片结构而能利用风力是没有本质区别的。

不同的结构、不同的精细程度，带来了物的不同生存形式。人体的结构，利于直立行走，解放了双手，智力就突飞猛进。动物四肢着地，就决定了它们很少有余裕用于思考。至于植物的根系结构，则决定了它们不能移动，从而只能被动适应自然的变迁。不同物种的结构不同，容受和处理信息的量差别很大，它们的演进路线、速度也就有了天壤之别。这就是所谓的物形之，万物各成其形，并基于自己的形态来各求生机。

"势成之"，万物各成其形，彼此之间逐渐形成某种稳定的力学结构，有各种关系性的势能存在。例如，北京周边有很多山，有若干山口，这样在整个地球的风力循环作用中，就形成了一个局部风道，这就有了势能。风会顺着这个势运动，被势所局限，于是这一带的小气候也就形成了。如果再把河流、湖泊的因素考虑进来，就是古人说的大风水了。至于社会生活之中，风水轮流转，也可参考此意。

《道德经》这一章，是整个人类文化中最早谈论形势的，其原理是普适性的。以人体来讲，独立地考量，它有一套新陈代谢的组织形态；但其实一旦有形，就会受到势的影响，外界势能的高低强弱，会决定新陈代谢的顺畅程度。

所以万事求诸于己是不对的，只能说是不得已而为之。生命本来就是大系统里的小系统，怎么能不考虑外部因素？很多时候，外部因素还是决定性、不可超越的。好好一个人，每天把他放在空调下面猛吹，他内在再健康，总有一天也要病倒。

《道德经》的形势之说，对后世民间的风水之说影响甚大。风水上所谓的生旺，就是要在山水形势中，找到一个平衡的交汇点。中医也有类似的思路，要在五脏相生相克的形势中，找到一个扭转形势的生旺关窍，然后下药施为，扭转身体整体机能的颓势。

是以万物莫不尊道而贵德。道之尊，德之贵，夫莫之命而常自然。

说到底，万物都依靠道的生命力推动、德的蓄养演化，这是自己的底层代码，不管是谁，不可能去反对自己存在的根源。即便产生反对的观念，这种观念的存在，也要靠道的推动力和德的蓄养作用，所以说"万物莫不尊道而贵德"。

老子又强调了一句："道之尊，德之贵，夫莫之命而常自然。"根源的大原则以及运行方式，是万物活动的背景，就好像显示屏里的人物，就算再暴虐，难道还能把显示屏砸烂吗？

道尊德贵，这是每个生命内心最深处的东西。暴君也好，圣人也罢，这一点都是内心深处的东西。无论什么人，道和德对他的推动和支持都是平等的，但形和势能否演化好，还要看万物自己的努力。圣人帮助众生演化、帮助整个社会"德善""德信"，就是要把形势做好。形势做好了，万物都能顺畅生长。

"道之尊，德之贵，夫莫之命而常自然"，这件事不是谁要求的，这是万物的本来面目。

人类可以演化出各种心态和理念，但是就算你心里有多么伟大的愿望、无限强大的自我感觉，或者推崇出一个造物主，乃至于放言我心即是宇宙，不管怎么样，这些心态和理念本身，也都是道和德演化的结果。演化得好，可以自我保全；演化不好的，中间就会夭折。保全还是夭折，要看你的结构是否能够顺畅地应用道的力量。所以"道之尊，德之贵，夫莫之命而常自然"，这件事是自然而然的。在道和德面前，人类应该少吹些牛，放下妄念，学会敬畏。

（故道生之，德畜之。）长之育之，成之孰之，养之覆之。生而不有，为而不恃，长而不宰。是谓玄德。

"故道生之，德蓄之"一句，应为错简重复，不再解释。

这里展开讲道与德对万物的作用，"长之育之，成之孰之，养之覆之"，使万物发生发育，促使万物成形成熟，养育万物，也保护万物。什么是保护万物？就是给它以悟道、自我修正、长生的机会。"成之孰之"一句，王弼本作"亭之毒之"，难解；这里参考河上公本做了修改。

大道诞生万物，却不占有一物；做了一切推动，却毫不居功；万物演化无穷，大道却从不主宰什么，这是一种无所不至、无比玄妙的恩德。

这就是道家的大心胸。道家思想有莫大的玄德，它帮助人们超脱个体好恶与社会道德视角，进入到全体性、开放性的天道视角。

通译

道是不断推动变化的生命力，德是体现在这个运动过程中的容受机制。万物因道的推动、德的容受，而形成自己具体的结构形态。经过反复演化，彼此交涉，就有了横看成岭侧成峰的形势。

所以万物没有不尊道而贵德的。道之尊、德之贵，不需要谁来命令，这件事是内嵌在万物的"底层代码"之中的，并不需要依靠任何人来指令。

道与德对万物的作用，就是令万物诞生成长、成形成熟，并且予以养育和保护，给他们以自我领悟获得长生的机会。诞生万物而不占有它们，支持万物而不居功自恃，成就万物而不主宰控制，这就是最深远的德性。

小结

道是绵绵不绝的生命力，德是如影随形的容受性机制，这是万物构成的大前提。天地生万物，万物禀赋成形，彼此交涉而构成形势，都有赖于大道的基本法则。

诞生万物又接纳万物，演进一切又递归一切，却对万物的主体感受、情感情境不做任何干预强制，这是来自大自然的教导。

第五十二章　母子相守

天下有始，以为天下母。既得其母，以知其子；既知其子，复守其母，没身不殆。

塞其兑，闭其门，终身不勤。开其兑，济其事，终身不救。

见小曰明，守柔曰强。用其强，复归其明，无遗身殃，是为习常。

本章讲人道对天道的坚守。

自然是社会的母体，社会是决策者的母体。决策的行为，不能背离天道的运化方式，不能自己伤害母体的产出效应。顺水行舟与逆水行舟，成本收益是不同的，最终的结果也大相径庭。

老子再一次强调相反相成的原则。能够屈身服务于民，则为明；能够尊重社会生态，则为强。这是对强大的重新定义，体现出深刻的文化自信。

天下有始，以为天下母。既得其母，以知其子；既知其子，复守其母，没身不殆。

"天下有始"，"始"指道，或者是无形的混沌。"以为天下母"，"母"就是最初的秩序。"无，名天地之始；有，名万物之母"，可以与本章印证。

混沌是无秩序、非系统的，但是混沌也在运动中，不可能保持恒定不变。一切运动、一切变化的根源性力量是道，它是天下万物从无形到有形、从有形到天地万物总的滋养。

大道生万物是递进的过程，"道生一、一生二、二生三、三生万物"；万物返本还原是递归的过程，尘归尘，土归土，精神也回归无形的混沌之中。那么有没有一种可能，让身心结构持续地在递进递归中不断重构，从而不必经历系统性崩塌，长久生存？这就是古人设想的长生。

就《道德经》而言，个人的长生，是本章所说的没身不殆；社会的长生，则是在合理的社会治理下，不断分化与重新整合，可持续发展。

有人说，道家很绝情，希望人类从现实的恶当中退回到大道的无善无恶。甚至有些修行家也认为，修行的目标就是从五行回到阴阳、从阴阳回到太极、从太极回到无极。从本章来看，这些观点真让人错愕。道家追求的显然是具体的长生，希望通过综合治理，达到个体、组织、社会、自然的和谐和可持续。庄子说："乘天地之正，而御六气之辩，以游无穷""独与天地精神往来"，人在领悟自然法则的基础上，与造化为友，追求人生境界的无尽无穷，何来灰身灭智、退回混沌之说？况且，道本身就是一往无前、从不停留的，好好的大活人，为什么要设想回到混沌的原点呢？

庄子所说，用《道德经》来表达，正是母子相守之意。"既得其母，以知其子"，如果真的明白了大道递进相生的法则，就能观察万物一步步向前演化的过程；"既知其子，复守其母"，看到作死之状，就要主动返还，在走到穷途末路之前转弯，重新回到正道上。

走在生生不息之道上，而不是穷途末路，叫做合道。守住正确的道路，一辈子都不会有过不去的坎，叫做"没身不殆"。某种意义上，这也是一个人终极的信心所在。终极的信心，不是来自于某一个理念，而是来自于永不枯竭的法则。

学道，会带来思维方式的变化，从而影响性格和行为方式，继而影响人生的轨道，这是最深层的文化自信。"既得其母，以知其子；既知其子，复守其母"。悟道必然是知行合一的，明白了生生不息之道，谁还愿意走生死崩盘之道？从本章看来，道家是温暖的，充满着对万物的关怀。

塞其兑，闭其门，终身不勤。开其兑，济其事，终身不救。

这里"兑"指眼睛，"门"指嘴。把妄求的眼睛闭上，把喜欢指手画脚的嘴巴关上。然后让母去运作，让万物自组织功能去运作，我们要做的工作，只是母子相守，抱住道的枢纽。结果是"终身不勤"，用不着做多少事，整个生命就会非常顺畅。

如果到处妄求，使劲去干涉各种事务，这一辈子都会卷在这里面，那叫不可救药。母子分离，按照强迫性意志去运作，不愿意尊重客观规律，短时间也许会获得很多，甚至十分膨胀；但是物壮则老，最后也可能死无葬身之地。要知道，亢奋占有与生命力饱满是两码事，一旦失去基本的生命力，就什么也谈不上了。没有生命力的支持，帝王将相与尘土也没有区别。

见小曰明，守柔曰强。用其强，复归其明，无遗身殃，是为习常。

什么叫明白人？"见小曰明"，就是能够看到大道运作的源头生命力的人，那种生命力非常非常微小，看起来远远不如我们去强扭硬推；但是它是全面、周遍的，深入到万事万物任何地方，并且是没有后遗症的。强扭硬推，其实是拿个人的福分去和社会系统撕扯，就算是出于好意，个人又能扛得动多少？我们可以说，凡是把个体代入进去的，都不是成功的治理。

什么叫做强者？"守柔曰强"，能够守住柔性、全面的方式，这种人叫强者。"强梁者不得其死"，那不是真强，叫亢奋。把柔性全面的力量运作起来，从社会的底层潜移默化、日积月累，把事情做好了，叫做"用其强，复归其明"。无论做什么事，自己不被代入进去，不会给自己造成隐患，"无遗身殃"。

"用其强"一句，各本均作"用其光"，突兀不通，此处明显是围绕"明"与"强"展开，因此按照文义进行修正。

以上的做法就叫做"习常"，承袭了先王的智慧，是社会治理、组织学、养生的常规。凡不合自然常规的，自己都会吃亏。换句话说，大多数的错误都是常识性错误。

行文到本章，悟道和行道的含义就跃然纸上了。什么是悟道？悟道就是见小。见到根源的力量，就会知道这力量不属于任何人，它是整个世界的生命力加持上来的。什么是行道？行道就是守柔，把那些抓取的、强制自己变强的、甚至于我要海纳百川这样的观念全部都放下，停止自我安慰、自我贴金，用真诚、质朴的态度去与这个世界交往。

通译

天下有它的总根源，那是天下的母体。如果我们领悟了母体的力量和运作方式，我们也就知道了它演化万物的路径。我们知道了万物的处境，就应该返回来抱住母体根源。这样的话，一辈子不会有过不去的坎。

蒙上眼睛、闭上嘴巴，一辈子不受烦劳逼迫；到处刺探、到处干涉，一辈子都会疲惫不堪。

体悟最底层的力量，叫做明白；守住柔性的全面运作方式，叫做强大。能够用真正强大的方式去做事，总是回归到最底层的力量，就不会给自己招来灾祸，这个叫做理解了人生、社会、自然的常规。

小结

体悟大道，尊重法则，会带来巨大的战略性空间。柔性、全面地推动事物发展，社会可以留有巨大的安全余量。这样到了发展的节点，就有能力采取较为强韧的办法度过。守柔的力量积累起来，能够打破大的障碍。

无论发展到哪一步，获得多少都只是个结果，没有必要自我膨胀。要想继续发展，关键在于守住生机的根本。社会产值增长、企业利润增长，都是健康运作的结果，应该保护它们底层的生命力。

见小就是悟道，守柔就是修德。抱住道的力量，守住德的方式，长久总会见到成果。

第五十三章　失道夸盗

使我介然有知，行于大道，唯施是畏。

大道甚夷，而人好径。

朝甚除，田甚芜，仓甚虚；服文彩，带利剑，厌饮食，财货有余，是谓夸盗。非道也哉！

这一章是对治理失道的严峻批评。

有道的治理，富了社会，强了国家，决策层享有长久的安全。失道的治理，富了权力，弱了社会，精英群体丧失了基本的社会责任感、丢失了起码的羞耻之心。

使我介然有知，行于大道，唯施是畏。

让我有一点点知识，我也要走在大道上，唯恐走到邪路上。

施通"迤"，有小道的意思，可以引申为歪门邪道。"介"这个字，一说微小，一说坚固，如蒋介石的介，是坚固的意思；此处还是取微小之意。本章开篇说"我"的感悟，却隐含着批评，大概是觉得诸侯们做得太差、太缺乏常识。

为什么我愿意行道，不愿意走偏门，因为能

够"没身不殆""无遗身殃"。

大道甚夷，而人好径。

大道很平坦、很安全，但贵族们却喜欢走危险的小路。

"径"是偏僻的小路。好好的一个贵族，为什么要抄那些小道？这话里的含义丰富了——富贵险中求，这些人都有剪径的心思。如何剪径呢？这倒是容易，大概就是不需要管的地方，多设几道准入门槛而已。

朝甚除，田甚芜，仓甚虚；服文彩，带利剑，厌饮食，财货有余，是谓夸盗。非道也哉！

朝堂冠冕堂皇，田地荒芜，粮仓空虚；穿着华丽，佩戴利剑，挑剔饮食，财货多得用不完；简直就是在夸耀自己的强盗行为。

老子批评说，好好的一个管理层，变成了贼窝，成天玩剪径的那一套。这样的做法，朝堂肯定修得富丽堂皇，至于社会生产和储备，哪还放在心上？至于贵族们自己，更要追求无限制的物质享受和地位尊崇，人生的目标完全与社会发展反向而动。

"是谓夸盗"，就是已经做了剪径的强盗，还要拿出来夸耀。既然一点儿羞耻之心都没有了，则说明他神昏意乱，已经认同了今朝有酒今朝醉的死亡逻辑。

好的状态，是朝廷不要修得那么好看，田里面很好，仓库充实，而管理层很低调、很安全，大家都能享受生活；坏的状态，是生产没搞好，朝廷修得很好，国库很空虚，对外没有抵御能力，但是混到领导阵营里的人，却个个趾高气扬。到了如此程度，"非道也哉"！

其实谁都明白，管理层要不当获利太容易了，但获利再多，也阻止不了整个组织的堕落，阻止不了整个社会生产效率的降低，更没有办法应对诸侯国之间的竞争。

现代社会有各种指标来判断社会发展的健康度，例如社会幸福指数、基尼系数等等，其实如果建立一个劳动热情指数，可能更能反映实际情况。一个社会的中下层，如果还有劳动的热情，证明这个社会分化得还不是很严重，还没有到奋斗一辈子也改变不了命运的地步。如果大家都已经放弃用双手去改变命运的梦想，甚至于年轻人都躺倒不干了，就非常危险了。

通译

哪怕具备一星半点的知识，我也要走在大道上，唯恐走到邪路上。大道很平坦，但贵族们却总是喜欢抄小道。

朝廷修得富丽堂皇，田地荒芜，国库空虚，而贵族们却穿着华丽的衣服，带着利剑，挑剔美食，钱财多到用不完，明明是做了强盗，竟然还到处夸耀。完全不合于道！

小结

行道是一种自爱。整部《道德经》，不就是劝说自己的子孙要自爱自重吗？一个人如果真的爱惜自己、爱惜身家后人，就不会去走邪道。

自重自爱是一种非常稀缺的品性。走到某一位置之后，人性也可能被异化，会觉得他所执取的比什么都重要。所谓以身轻天下、以身轻企业，这种情况无论目的是好是坏，都是不妥的。

剪径社会是对生产的致命打击，它毁坏的正是社会底层的生命力。

第五十四章　修德治世

善建者不拔，善抱者不脱，子孙以祭祀不辍。

修之于身，其德乃真；修之于家，其德乃余；修之于乡，其德乃长；修之于国，其德乃丰；修之于天下，其德乃普。

故以身观身，以家观家，以乡观乡，以国观国，以天下观天下。吾何以知天下然哉？以此。

本章讲个人修为与社会治理的一贯性，可能也是中国传统的组织学中，干部层层选拔制的理论来源。

在古人看来，组织结构无所不在，身心有魂魄、五脏的分工，国家有部门、州、县的分工。管好自己的身心，是管好更大组织结构的基础。

本章强调，从修身到治国，需要层层实践、层层提升，这是有经验的统治阶层的老成之说。《大学》中说"修身、齐家、治国平天下"一以贯之，以为读书可以直接治国，则过于理想化了。

善建者不拔，善抱者不脱，子孙以祭祀不辍。

先讲明人生的目标。悟道修德的目的到底是

什么？"子孙以祭祀不辍"，也就是自己一生的努力不要付诸东流，子孙都能承继和发展。每到节日，还有后人来香火祭祀。这是道家讲的人生追求，也是中国传统文化共同认可的目标。

为了达到"子孙祭祀不辍"的目标，就要成为"善建者"和"善抱者"。"善建者"安身立命，是把身家性命建立在剪径上，任由死后洪水滔天；还是行走在大道上，让后人都能享受遗泽，这道选择题应该不难选。

"善建者不拔"，说的是立业。善于安身立命的人，家族利益融入在社会之中，不会因形势变迁而被连根拔起。

"善抱者不脱"，说的是守成。家族扎根，家业建立起来了，有没有一以贯之的文化，能够让后人守住祖业不断发展？一代创业，二代何以抱持？这里面涉及到传位的问题，也涉及到家传观念的问题。古人重视家训，也是此理。

修之于身，其德乃真；修之于家，其德乃余；修之于乡，其德乃长；修之于国，其德乃丰；修之于天下，其德乃普。

善建善抱，都是从修德做起。修德怎么做？先从自身修起，从自我管理开始，这叫"修之于身，其德乃真"。口诵真经，竟然全无生活体验的话，那是糊弄自己。那么修德修什么？修的是"见小曰明"的思维方式和"守柔曰强"的行为方式。

"修之于身，其德乃真"，也是后世修真一词的来源。

"修之于家，其德乃余"。在管好自己的前提下，再能管好一个家族，这时候可以说是有一定的余力了。这里的家指的是比较大的家，层层叠叠的关系，管理这些关系才能锻炼人的能力。一家一个孩子，家庭关系过于集中，孩子本身的社交能力和抗压能力也会受到影响，至少三个孩子三足鼎立，才会有比较复杂的互动关系，所以孩子生得太少，会打击一个民族的组织文化基石，对未来社会管理层的素质影响很大。

"修之于乡，其德乃长"。管理好了家族，可以进一步管理一片乡土，帮助一片乡土运化，这个时候德性可以说是有了长足进步，会成为受到尊敬的人。这一层大致相当于县官，全面管理一地的事务。

"修之于国，其德乃丰"。能够管理好一片乡土，可以进一步管理一个邦国。丰就是丰富和多元化，心胸容量出来了。一个邦国要发展，需要复杂健康的生态，容纳各色人等、各行各业。因此，"其德乃丰"，这种德性是一种很多元的包容性，能够包容各种颜色的烟火，能够善用和整合各种各样的人与事。

"修之于天下，其德乃普"。能够把邦国管理好，可以进一步治理天下，这个时候才谈得上善德普世。老百姓不被各种权谋刺激，回归淳朴了，领导者的德性才能说是普世了，即所谓"有道治天下"。这一层，是很多民族共同向往的事情，比如儒家向往大同社会、古印度人也有转轮圣王的说法。

转轮圣王是佛典里的传说。这种领导者继位的时候，天上会出现一个轮宝，代表着王者以正道治国，如果失道，则轮宝消失不见。转轮圣王鬓间出现白发时，就会退位，追求解脱之道；传承之时，要交给太子治国之道的核心秘钥。秘钥异常简单：不要让人民陷于贫穷，也就是不要让社会两极分化。转轮王的记载说明，早在两千多年前，古印度的一些先贤也已经意识到，治国的根本在于返还分化、弥合分歧。

佛经又记，最后一任转轮圣王继任后，轮宝突然飞走，预示他的统治就要失道。某一次，王过生日，老百姓按习俗都要送礼祝贺，但有一些老百姓没钱送礼物，拿了别人的东西，于是偷盗出现了。发现问题之后，最初转轮圣王的态度是自责，从国库当中拿出钱财救济人民。渐渐地，救济解决不了问题，就采取说教措施，提倡美德，尚贤奖能。渐渐地，道德说教解决不了问题，就开始制定法律，最后竟然采取严刑峻典，终至于亡国。最后一任转轮圣王的故事，简直就是《道德经》第三十八章"失道而后德、失德而后仁、失仁而后义、失义而后礼"的翻版，读来让人悚然。

由此可见，治世之道不在于行善，不在于扶植谁打击谁，而在于维护社会运行之道，守住不让社会两极分化的底线，促使天下自我运化。

故以身观身，以家观家，以乡观乡，以国观国，以天下观天下。吾何以知天下然哉？以此。

自己不修身，怎么能掌握修身的规律？自己不修乡，怎么知道修乡的难处？这话太深刻了。尽管大道确实一以贯之，但人怎么能傲慢到以为自己全盘掌握了呢？"半部《论语》治天下"，简直是痴人呓语一般！

自古以来，认为自己预先掌握了一个规律，空降去治国的人，最终都是误国误民。社会不是科学实验，科学实验在同样条件下会重复实现，而社会只要向前走了一步，一切条件就已经发生了变化，因此必须与时俱进，从不断的实践中去探索，开放地面对未来。

回顾老子针对孔子"克己复礼"的劝导，老子说："子所言者，其人与骨皆已朽矣，独其言在耳！"这是说，要明辨先王们的精神，批判性继承发展，而不是恢复他们的行迹。

每一个层面、每一层平台，都是一个新天地。保持谦逊，去面对每一个新局面，这是悟道修德的必由之路。

最后，老子说："吾何以知天下然哉？以此。"我为什么知道应该这样修为领导者的德性？就是因为路都是一步一步走过来的。

通译

善于建家立业的人，他的成果不会轻易被拔起；善于守成守业的人，家业不会轻易地松脱；他的子孙可以长久地祭祀他，香火不会断绝。

修德，首先要在自我管理中去实践，才会落实为真实的素质。在家族管理当中去实践，德性才能展开。在管理一方乡土中实践，将逐步具备领导者的气质。在治理邦国中去实践，德性才会变得包容。最终能够在治理天下之中实践，才能谈得上普惠于天下。

所以要以修身来观身，以修家来观家，以修乡来观乡，以修国来观国，以修天下来观天下，在这一层层的实践当中不断提升，逐步领会其中真正的奥妙。

我是怎么样知道天下实际情况的？是基于过去的社会治理实践，以及从基层逐步培养人才的经验。

小结

中国的传统观念，行道者殁身不殆，子孙绵延不绝，就是人生的最高奖励。基因在传承，精神更在传承。

实践出真知，实践检验真理。修德必须从修身开始，一步一步往上提升，并且根据平台的不同，不断地开阔视野、提升思路。

身、家、乡、国、天下各有特点，虽然有道一以贯之，实践上却不可大而化之、一概而论。

第五十五章　赤子之心

含德之厚，比于赤子。

毒虫不螫，猛兽不据，攫鸟不搏。骨弱筋柔而握固。未知牝牡之合而全作，精之至也。终日号而不嗄，和之至也。

知和曰常，知常曰明，益生曰祥，心使气曰强。物壮则老，谓之不道，不道早已。

这一章讲赤子之心，即深合好生之德的修为。

"赤子"的本意为婴儿，引申为受到大自然庇护。好生之德修为到朴实无华的境界，与天地同频共振，自然会受到天道的庇护。

和是修为的起点，气血通畅为和，资源流通为和。大凡意志强横、亢奋分化的，都是不祥。

含德之厚，比于赤子。

赤子最重要的德行什么？就是母子相守，"既知其母，则知其子；既知其子，复守其母"。与大道的关系处理得好的人，就是赤子。对于这一句，河上公释为："神明保佑含德之人，若父母之于赤子也。"由此也能看出古人对神明的态度到底是索取，还是以自身的好生之德来与自然感应。

"神得一以灵"，神明就是那些自然节点，同样的德性，互相会感应，就像朋友之间相互关照一样。这是大自然的信用，所以从《道德经》看来，祈应和走路吃饭是一回事。

老子多次提到婴儿。第十章"专气致柔，能婴儿乎"？强调婴儿的至柔。第二十章"我独泊兮，其未兆，如婴儿之未孩，吾独贵食母"。强调内心守柔，只愿意与道合真。第二十八章"为天下溪，常德不离，复归于婴儿"。与本章基本同义。

参照以上三条，"含德之厚，比于赤子"应指厚德之人受到天道庇护，与天真烂漫是两回事。一个帝王可以逍遥一些，怎么可能变得天真无邪、童言无忌？但他培养厚德是没有问题的。

毒虫不螫，猛兽不据，攫鸟不搏。骨弱筋柔而握固。未知牝牡之合而全作，精之至也。终日号而不嗄，和之至也。

毒虫不会蜇他，猛兽不会去伤他，猛禽不会来抓他。他的筋骨柔韧，小手握在一起，掰都掰不开。他不知道男女之事，小鸡鸡却终日翘起，这是生命力的象征。他可以终日哭喊，嗓子也不会哑，这是和气的象征。

"精之至""和之至"，是道家养生的重要依据。婴儿的精气运作是自循环的，成人的精气则不由自主地向着生殖方向奔流，再加上各种文学作品刺激情欲，把性事描绘成天下第一美好，无形中又催促了很多消耗。从古人修真的经验来讲，人体向外奔驰的精气，一定要让它返还回来，补偿身体，滋养神志。如果方法得当，这件事情也并非不可完成。把精气返还回来，像小孩一样在身体内部循环流动，人的精神会非常饱满、身心健康，而且不会受制于情欲，活得非常自在。

"毒虫不螫"一句，王弼本为"蜂虿虺蛇不螫"，今按河上公本作了修订，取其文意不变、语气通顺。

知和曰常，知常曰明，益生曰祥，心使气曰强。

能够达到气之和、达到资源的自我返还，叫做明白了常理了。西方人讲爱与死是永恒的主题，大概是因为没有找到返还的通道，如果不加返还，精气发动，爱欲淋漓，确实会把生命导向于死。但如果能学习道的路径，将其返还，这种能量也就是生命力本身。

老子讲"知和曰常，知常曰明"，如果能够明白自我返还的常理，就算活明白了。紧接着举反面的情况，"益生曰祥，心使气曰强"，如果你想把生命力用来满足爱欲享受奢华，就叫做不祥，这里的"祥"，是不祥的意思。如果以"心使气"，主动调动欲望，催促激情，那就叫作强为，"强梁者不得其死"的强。

物壮则老，谓之不道，不道早已。

经常亢奋，生命力一去不复返，叫做不道。这里的"壮"作亢奋讲，并非是壮年即衰老的意思。壮年后即衰老，这是自然规律。亢奋地使用生命力，益生厚生，以心使气，才叫做壮。

"万物负阴而抱阳，冲气以为和"，这是生的基本结构，现在既然不管不顾地消耗于各种追求，就是走向了取死之道，所以叫"不道早已"，早早衰亡。

通译

一个人德性修为得浑厚，就像是得到了天地庇佑的婴儿一样。毒虫不会咬他，猛兽不会来伤他，猛禽不会抓他。他的筋骨柔弱，小手却握得紧紧的。他不知道男女之事，小小的生殖器却总是怒作。他的精气真是充沛呀！他终日嚎叫，嗓子却不哑，他的内在真是和畅呀！

能够维护精气充沛和内在的和畅，就掌握了生命的常理。掌握了生命的常理，就叫做内心通明。如果总想着厚待自己、享受更多，那是不祥的。用自己的意志强行去使唤自己的气血，就叫做刚强。

任何事物太过亢奋就会衰老，这叫做不合于道，不合于道就会早早衰亡。

小结

婴儿的状态，深合好生之德。好生之德总是站在新生事物一边，是因为新生事物的内在柔弱虚静，利于元气运作。等到他发展到刚强执拗之时，天地就算想要庇护他，又奈之何？

精之至，和之至，是养生的要义。人要养生，就要想办法让内在虚静一些，然后返还那些蠢蠢欲动的精气，重新滋养自身。

使用生命、享用生命，这样的观念就是不祥的开端。人不应该把自己的生命当成享受的工具。生命是我们仅有的财产，它本身应该成为生活的目的。当然《道德经》所说的生，指的是运作通达的过程。

第五十六章　大治玄同

知者不言，言者不知。

塞其兑，闭其门，挫其锐，解其纷，和其光，同其尘，是谓玄同。

故不可得而亲，不可得而疏；不可得而利，不可得而害；不可得而贵，不可得而贱；故为天下贵。

本章是对"不言之教"的具体展开。

言教，即政令教化。决策层是依靠自我修为服务于社会大众，还是依靠政令教化"刚柔并济"地让百姓变得卑微和麻木，这是完全不同的两条路。言教之路，贵高了决策层，本质是把百姓视作一种低等的存在物。

老子指出，真正的高贵，是公平公正、不偏不倚，不受亲疏、利害、贵贱的影响，成为服务于百姓的平台。

知者不言，言者不知。

首先强调，通晓教化的人，不依赖言教；整天施展言教的人，并不通达教化。

"知者不言，言者不知"，帛书本作"知者弗言，言者弗知"。弗与"不"通用，但存在细微差别，弗的造字原意为休战之意，《说文解字》解为"挢"，即纠正之意。因此"知者不言，言者不知"这一句，并非"知道的人不说话，不知道的人倒说话"，而是强调人们对言教的不同认知，以及行为的差异。

如果忽略了《道德经》的语境，钻文字胡同，真是糊涂难救。例如，白居易作诗说："言者不知知者默，此语吾闻于老君。若道老君是知者，缘何自著五千文？"白居易先生信佛，他这个劲头，即便拿到禅宗里，也是要挨板子的。禅宗说佛陀拈花、迦叶微笑，正法眼藏教外别传，那不是更矫情？再矫情一点，搞不懂"教外别传"的意思，干脆也别传禅法了。

通达教化的人，是让万物自化，而不是灌输得众人心烦意乱。这是做事的要领，并不是不能说话。

塞其兑，闭其门，挫其锐，解其纷，和其光，同其尘，是谓玄同。

"知者不言"，他怎么做呢？这一句就是答案：堵上妄求的眼睛，关闭是非的门径，消磨尖锐的欲望，化解纠结的哀怨，柔化耀眼的光芒，重生废弃的资源。这几句前文都有，强调是化解刚强欲望，弥合社会的分化。此处"解其纷"，王弼本为"解其分"，今据河上公本修订。

"是谓玄同"，动态的浑然一体。玄同与大同有区别，大同更像是一种固化的理想，玄同则是一个动态的过程。道家认识到不能追求结果的完美，而只能追求运作路径的正确，因此不做大同社会那样的宏大叙事。

故不可得而亲，不可得而疏；不可得而利，不可得而害；不可得而贵，不可得而贱；故为天下贵。

紧接着就说明"知者不言"这样的领导者的独立人格。

这样的领导者身合天道，周边的人和他之间，不会产生亲和疏的分别关系；不会因为与他交往，就对自己产生额外的利益或者损害；不会因为跟他走得近，就得到更高名位或者有所损失。这样一个玄同的系统，这样一个领导者，才能叫天下之贵。所谓"天下贵"，是能够公平公正地处理天下的事物。

我们不妨来看看古罗马皇帝马可·奥勒留在《沉思录》里的一些话，用做参考："在我的父亲那里，我看到了一种温柔的气质，和在他经过适当的考虑之后对所决定的事情的不可更改的决心；在世人认为光荣的事情上他毫无骄矜之心，热爱劳作，持之以恒，乐意倾听对公共福利提出的建议；在论功行赏方面毫不动摇，并拥有一种从经验中获得的辨别精力充沛和软弱无力的行动的知识。"

"我注意到他克服了对孩子的所有激情；他把自己视为与任何别的公民一样平等的公民；他解除了他的朋友要与他一起喝茶，或者在他去国外时必须觐见他的所有义务，那些由于紧急事务而没有陪伴他的人，总是发现他对他们一如往常"。

"我也看到了他仔细探讨所有需要考虑的事情的习惯，他坚持不懈，决不因对初步印象的满足就停止他的探究；他有一种保持友谊的气质，不会很快厌倦朋友，同时又不放纵自己的柔情；他对所有环境都感到满足和快乐；能不夸示地显微知著，富有远见"。

"他直接阻止流行的赞颂和一切谄媚；对帝国的管理所需要的事务保持警醒，善于量入为出，精打细算，并耐心地忍受由此而来的责难；他不迷信神灵，也不以赏赐、娱乐或奉承大众而对人们献殷勤；他在所有事情上都显示出一种清醒和坚定，不表现任何卑贱的思想或行为，也不好新骛奇……"

以上大概是王者的共识，作为领导者，需要以光明的心态，保持社会的信息平衡，不要让自己成为一个不透明、祸福不可预计的神秘存在。即便作为一个企业主，情况也是一样。如果你成了谁碰见就获益的福神，就会成为整个企业的衰神。

通译

真正明白教化的人，他不依赖言教；喜欢言教灌输的人，说明他不明白教化的门径。

蒙住妄求的眼睛，停止是非的言语，消磨尖锐的欲望，化解纠结的哀怨，柔化耀眼的光芒，重生废弃的资源，在不断返还的过程中，使整个社会浑然一体，这叫做玄同。

有道的君王光明磊落，大家不会因为跟他接触多就亲、接触少就疏、接触多就获利、接触少就受损、接触多就得地位、接触少就遭贬，这样的君王才是天下的贵人。

小结

明白人知道言教的局限性，他们不做道德灌输，而是注意用实际行动维护好社会的健康运行。社会存在是系统性的，组织亦然。真正要推动系统的发展、组织的发展，就要做到无亲无私。

新事物和旧事物的区分依据不是时间，而是能否保有内在的柔弱和开放。支持万物按各自的轨迹运作，又不断地返还磨灭极端的情况，就是好生之德，也是领导者之所以"贵"的根由。至于"木秀于林，风必摧之""枪打出头鸟"之类的，那是后世权谋之治造成的小心思，并非老子的本意。

做父母的应该反思一下，我有没有成为孩子的贵人。做老师的反思一下，我有没有真的成为学生的贵人。做管理的也反思一下，我有没有成为员工下属的贵人。经常反思这件事，是做领导的必要修养。

第五十七章　以无事取天下

以正治国，以奇用兵，以无事取天下。

吾何以知其然哉？以此：天下多忌讳，而民弥贫；民多利器，国家滋昏；人多伎巧，奇物滋起；法令滋彰，盗贼多有。

故圣人云：我无为而民自化，我好静而民自正，我无事而民自富，我无欲而民自朴。

本章是对上一章的深入，阐明统治合法性是来自对社会发展的保障作用。

在复杂的竞争局面中，守正出奇是很好的立身办法，内部整合，外出奇兵，组织的根基就奠定了。然而到了治理整个社会的层面，真正需要维护的是玄牝，也就是老百姓的愿景与活力。

为了维护百姓玄牝，决策层必须充分自我约束，做到无为、好静、无事、无欲，一切服务于社会繁荣健康的需要。

以正治国，以奇用兵，以无事取天下。

以稳定、可预期的规则治理邦国，以出其不意的方式用兵，以守护天下枢纽、不干涉万物运行的方式来取得天下的认可。

"以正治国，以奇用兵，以无事取天下"，讲的是领导者面对三个层面的问题所应持有的思路。

无论有为无为，对于邦国的治理来说，建立规则都是必须的。但之所以能够称为正，是因为规则是正义的，维护社会正常运转的成本是可以接受的，这叫"以正治国"。

"以奇用兵"，奇与正相对，指出乎对手预料的方式。奇这个字来源于骑，草原民族骑着马，马的速度很快，前方的路况不定，必须随机应变。

春秋时代，诸侯国之间有战争，但从礼乐上讲还是一家人，因此在用兵的时候，就算是"以奇用兵"，也不能毫无底线。战国时期，礼崩乐坏，用兵的手法才逐步走向无底线。

"以正治国"是系统化的，"以奇用兵"是功利化的。用兵的关键是达到目的，治国则必须有长远的想法。到了取信于天下、成为诸侯共主、获得统治的合法性的时候，就必须考虑社会系统与混沌之间的关系了。生活在小县城里，大家关心的是物价，但如果是煌煌大国，就要认真考虑太阳黑子减少会不会带来小冰河时期的问题了。这不是什么笑话，小冰河时期会带来农业减产，减产则又可能引发国家间战争，大国必须把整个天下当成一个系统来考虑盘内盘外因素。因此到"取天下"这个层面，一定会想到道的问题。

治理一个企业，底层代码、外部条件大多是设定好的，企业家只需要善加考察当下社会潮流，就足以应对。但是去治理一个大而无外、外面已经没有人为体制的事物，也就是所谓天下的时候，就不得不面对合法性的问题。也就是，凭什么是我来治理天下？天下为什么需要我来治理？天下人都在问这个问题。

合法性是政治学的出发点，是统治得以建立的基石和基本逻辑。它不但涉及到社会系统的盘内因素，也涉及到天地日月的盘外因素。对此用建立在合法性基石之上的体制是不能完全解释的，需要有超越于体制之上、或者比体制更基本的因素，才能完整地解释合法性。

天底下的策略，离不开一正一奇。系统性管理，还是功利性办法，都有它存在的必要性。真正危险的，是认为只要一正一奇搭配，就能让自己的事业长生。这就好像一个商人，掌握了从东边买入去西边卖出、再从西边购入到东边卖出的规律，他以为是努力造就了自己；但实际上如果没有社会需求本身的热度，再精妙的手法也挣不到钱。

一正一奇，一阴一阳，这种思想的问题在哪里？在于它把玄牝忽略掉了。之所以一阴一阳能够运转下去，是因为有一个源源不断提供生命力的源头。就像我们前面讲过的对冲手法，之所以能挣钱，原因在于世界各国总是按照每年增长百分之几的速度去发行货币，因此对冲手法是建构在人类货币发行缓慢上升的机制当中的，没有这个机制，再精明的阴阳反手操作也不会有成效。

因此取天下的合法性，不在于"以正治国，以奇用兵"，这些都是手法，根本的合法性还是在于"无事"，能够不干扰社会活力的复杂运行。

吾何以知其然哉？以此：天下多忌讳，而民弥贫；民多利器，国家滋昏；人多伎巧，奇物滋起；法令滋彰，盗贼多有。

老子讲，我为什么知道这些？是因为：天下的忌讳越多、禁区越多，老百姓就越是贫穷；老百姓为生存而诉诸暴力，社会秩序就彻底混乱；贵族们玩弄各种经济技巧，社会上怪事就不绝于耳；制定的法律制度越是繁苛，盗贼反而会越来愈多。

"忌"，是先王死的那一天，这一天全国禁止各种娱乐性活动；讳的是帝王的名字。避讳实是陋习，例如"道可道，非常道"，原本是"道可道，非恒道"，为了避刘恒的讳，只好写作"常"。这样一来，就把朱元璋给蒙骗了，朱元璋说帝王将相要行非常道，根本就没有想到避讳这一层。

社会的忌讳越多，不让做这个，不让做那个，必然影响平民百姓的活路。老百姓的道路本来就很窄，小微企业的生存能力本来就脆弱，几道高风亮节的禁令下来，来不及转身的立马倒下。倒下以后谁获益呢？自然是消息通灵的人获益，这是常识。老百姓到死都不知道为什么就做错了。所以有忌讳的地方就有利益，忌讳越多，寻租越多；信息的不对称越多，寻租也越多，其结果会导致社会资源向着上层集中。

有些忌讳，根本就是管理层不作为。比如，至今大多数大学夜晚还实行断电。不要说断电带来的安全问题，就说大雾霾天，一群少年在宿舍里吸雾霾，难道大学生的任务，就是为净化空气做贡献吗？当然条件好的学生大可以住到外面，一切条件应尽有。

老百姓既然穷得没活路了，自然要想办法，所以紧接着就是"民多利器，国家滋昏"。不过，我们也要问，老百姓怎么可能多利器呢？显然不能把老子的话理解成枪支管制。在中国古代，老百姓拥有的只有农具，民多利器，无非是把仅有的生产工具用来做反抗的工具，镰刀锄头，就是老百姓最后的底线。发展到这种程度，说明国家治理已经一片混乱。

与"民多利器"同步的，是"人多伎巧"，贵族们开始不顾国家安危，尽情玩弄巧取豪夺的把戏，于是"奇物滋起"。古代物、事不分，所以理解为"奇事滋起"更为妥当。这个时候，大家玩得一山更比一山高，唯独不把老百姓的死活放在眼里。

最后是"法令滋彰，盗贼多有"。由于没有道的基本思路，在这种混乱的社会里，规则越多，相当于用更多的强制性办法去巧取豪夺。无论法律宽严，老百姓都沾不到半点好处。怎么办？只好苦苦挣扎。当中的聪明人跑出来打擦边球，或者干脆硬打硬上，这些人和贵族们合流起来，就叫做"盗贼多有"。

故圣人云：我无为而民自化，我好静而民自正，我无事而民自富，我无欲而民自朴。

结论出来了，为了保持社会的安定发展，领导者应该遵守四重原则：

其一，"我无为而民自化"。就是要坚持初心，维护住社会的关键枢纽，而不要粗暴干涉社会的自组织运行。你希望老百姓安安生生，"无为"就可以了，不要用各种手法去制造社会利益新的不平衡。

其二，"我好静而民自正"。领导者镇之以静，不被外界意见所骚动，不要跟着社会舆论到处跑，把住大局。这样老百姓就有空间处理好自己的事情。

其三，"我无事而民自富"。从无为出发，少做给老百姓添堵的事情，不要把自己搅和进去。只要保证老百姓的利益不被盘剥，他们渐渐就能富起来，至少他刨一刨土，也可以吃上口饭。

其四，"我无欲而民自朴"。要想老百姓淳朴，彼此相安无事，就不能有不切实际的愿望，也不要给老百姓套道德枷锁。凡急匆匆要差使百姓的，大多不是为了百姓好，这是明摆着的事情。

通译

以稳定的规则治国，以出其不意来用兵，以不干涉天下来取得天下的信任。

　　我怎么知道是这样呢？因为有历史的教训：天下的忌讳越多，老百姓就越穷，越是展不开手脚；老百姓都把生产工具当成武器了，国家就没救了；贵族们玩弄巧取豪夺，怪事就越来越多；各种法令越来越繁杂，天下就会强盗横行。

　　所以古代的圣人有这样的话：我无为而治，老百姓会自我教化；我镇之以静，老百姓会自我约束；我不干涉老百姓，老百姓就能放心致富；我去除了内心的种种虚伪贪欲，老百姓就会回归淳朴。

小结

　　治国用兵需要各行其道，但是说到底，不扰民是大道，所以《文子》上有个说法："帝王富其民，霸王富其地，危国富其吏。"

　　帝王富其民。真正的王者，是让老百姓富起来，这是一个国家存在的基本的合法性。

　　霸王富其地。霸王善于攻城略地、扩张地盘，在某一个阶段，也能获得支持；但地盘多了以后，如何以正道治理，将面临巨大的考验。

　　危国富其吏。如果一个国家，官吏们先富起来，形成尾大不掉的利益集团，垄断政策的运行，就是国危之兆。

第五十八章　祸福不可算尽

其政闷闷，其民淳淳；其政察察，其民缺缺。

祸兮福之所倚，福兮祸之所伏。孰知其极？其无正。正复为奇，善复为妖。人之迷，其日固久。

是以圣人方而不割，廉而不刿，直而不肆，光而不耀。

这一章讲祸福，今天来看，讲的是社会治理与个人幸福之间的关系。

决策层的祸福，来自于社会整体治理状况的反馈，端看自己的修为。老百姓的祸福，主要在于社会关系中的位置，跟随社会变迁，运气的成分居多。只有在一个治理完善、运作规范的社会里，老百姓才能谈得上奋斗改变命运。

老子指出：社会治理的严厉度，与老百姓的幸福值成反比。管控越是严厉偏颇，决策层自身的祸福越是不可预期。无论为谁考虑，社会治理都应该回归柔性、全面的中道。

其政闷闷，其民淳淳；其政察察，其民缺缺。

第一句就阐明了执政的目的是为了调理好人民的状态，人民的幸福是执政的最高目标。"其政闷闷，其民淳淳"，社会治理手法是宽和的，不做过多规范，不制造矛盾，调性当然不会那么鲜明。这个时候，民风就会回归淳朴。

"其政察察，其民缺缺"，治理上锱铢必较，一分一毫的灵活空间都没有，老百姓宁可逃走，也没法与这样的统治者共住。"缺缺"就是逃走的意思。

春秋时代，老百姓要逃走还算比较容易，全副家当背上就走。自秦朝搞了严密的户籍制度之后，老百姓想"缺缺"都不可得。这其实也是中华文明后来失去了动力的原因之一，不让老百姓用脚投票，老百姓活不下去了，连逃荒去别的地方讨口饭吃都要等着皇上的开恩。

有人会问，老百姓都去谋私利怎么办？如果人各为其私，我公共的事业还怎么做起来？这话看起来在理，其实蹊跷，问题在于如果不是面对长期的巧取豪夺，老百姓又能有多少执拗的私利概念？因此大凡强调老百姓要服从，而不是从服务老百姓出发，都是颠倒了因果关系。

老百姓是"公共利益"的原生态，他们的私集中起来，就是公。领导者是从老百姓中拥戴出来的代表，他应该用妥善的办法，帮助百姓各自获得自己的利益，这才是办公。

卡尔·波普尔说过："没有人类的历史，只有人类生活各个方面的无数的历史……那些被遗忘的、不知名的个人，他们的忧伤和快乐、痛苦和死亡，这才是迄今为止人类体验的真实内容。"老百姓作为一个个微小的个体，挣扎在社会变迁的旋涡之中，还要被各种所谓考虑公共利益的观点所指责，真可以说是"生而无辜，奈何荼毒"！

《道德经》有强烈的人道主义色彩。老子主张，社会治理是不应该僭越人道的。如果老百姓出现不可调和的私利，坚决抵制某些公共事务，那很可能是因为体制的运作伤害了他们最基本的生存利益。公共利益跟个体的生存利益之间，必须强调老百姓的生存。公共利益一旦被作为某种借口，用来消灭个体利益，最终也就不存在什么公共利益了。

老百姓"淳淳"还是"缺缺"，决定着领导者的祸福。如果一个社会老百姓可以"淳淳"地安心生活，是老百姓的福，也是领导层的福。如果一定要通过各种高明的道理来"察察"，翻老百姓的箱底，老百姓"缺缺"，日子没法过了，领导层也将失去社会治理的合法性。

祸兮福之所倚，福兮祸之所伏。孰知其极？其无正。正复为奇，善复为妖。人之迷，其日固久。

是祸是福，端看领导层社会治理的方向和水平。

坊间对这一句的理解，大多是按照"塞翁失马"的思路，认为这是古代朴素的辩证法，祸福是连接在一起的，常常此起彼伏地出现。但联系上下文，"塞翁失马"的理解与本章不符。老子先说"祸兮福之所倚，福兮祸之所伏"，然后又感叹说："孰知其极？其无正"，这是对祸福相续关系的否定。我们可以很明确地说，《道德经》里确实有辩证法，但不是通过本章来说明的。

前面讲社会治理好坏与社会状况的关系，转下来分明要讲领导者的祸福，讲社会的祸福。领导者觉得把社会抓得死死的是福，对不起，祸却要来了；领导者尊重社会规律，老百姓日子过得挺好，大家不再围着领导者阿谀奉承了，看起来不热闹了，其实是真正的福气。换句话说，不管是谁，把老百姓逼到"缺缺"甚至连"缺缺"也不可得的份儿上，那就真的是祸福不可预知了。

"孰知其极？其无正"！斩钉截铁地否定祸福之间的因果联系。祸福之间真的有某种固定的、循环往复的原则吗？没有！这事情不是命，要看你努力的方向对不对。"祸福无门，惟人自召"，大凡希望操控祸福的，必定是想去操控老百姓，那也就别假惺惺地关心自己的祸福命运了。"其无正"！

紧接着讲，"正复为奇，善复为妖"。如果没有无为的基本思路，不能尊重社会自组织的运作，规则也可能变成怪圈，好人也会变得特别拧巴，谁也无法幸免变形的命运。旧社会把人变成鬼，新社会把鬼变成人，就是这个意思。一个好人，在错误的规则下，也会蜕变成自己不认识的存在。

"正复为奇，善复为妖"的事情太多了，社会每一步发展，都会有人打着服务的名义来操控社会。大数据发展没几年，电商就已经学会用大数据来卖劣质货，或者说如何把劣质货发往那些用户申诉成本高的地区。由此可见，技术的发展，永远需要领导层有"镇之以无名之朴"的定力来予以返还。

祸福是人世间的大难题，"人之迷，其日固久"，在这个问题上，大家迷惑的时间很久了，老百姓迷惑，领导者也很迷惑。打着好的旗号干坏事，固然不得善终，但一片好心，也不是没有可能办出祸事来。该怎么办？

因此依靠"正"不行，因为"正复为奇"，规则可能变成偏门、变成怪圈，规则赶不上社会的变化。全依靠善、依靠社会良心、依靠人才也不行，在利益丰厚之后，他们也有可能怠惰。依靠过程的正义行不行？不行，多次不见好的结果，领导地位会动摇。依靠结果行不行？不行，结果是一刀切的，它会伤害大多数人的积极性。到底怎么样才行呢？说出来大家会心一笑：你得求道。

真正领导一个事业，自然就会求道，因为他会发现，实际上没有任何固定的规则是可行的，一定阶段可以，下一个阶段就不行了。强如西方民主制度，也不过是把错误甩给上一任，就像是翻口袋似的，翻来翻去正反两面都不干净，只是有一样好，不容易堆积错误。

既不能靠规则，也不能靠善愿；既不能全靠老百姓，也不能单靠自己，那么老子的方案是什么？

是以圣人方而不割，廉而不刿，直而不肆，光而不耀。

老子的方案是"方而不割，廉而不刿，直而不肆，光而不耀"。就是回到原题，社会是属于社会的，只有社会自己能承担自己的错误。领导者不管是出于好心还是坏意，都没有能力承担社会性的祸福。

常规的思维误区，是认为领导者能够承担一个社会进展或者后退的责任，而实际情况是，承担不了。领导者只是社会的守护者和调整者，社会的车轮滚滚而过，并不为谁停留。它不为善恶所动，不为雄心壮志低头，到了走的时候，它就得走了。

所谓"方而不割"，是注重行为的方正，但不为了追求方方正正而变得尖锐，强行打杀小草小花的存在。例如，不会为了市容的伟大，而剥夺街头小贩的生存利益。

所谓"廉而不刿"，是注重规矩的公正，但不苛责社会本身的灰度。规矩是为了效率而立，因此需要预留自我修正的柔性空间。规矩不应该用来妨碍人。

所谓"直而不肆"，是办事的作风。"直"就是"枉则直"，转着圈子把这个事办成，而不是直统统地驱赶社会、鞭打草根。

所谓"光而不耀"，对待意见的态度，自己心里明白而不强迫他人认同。这样他就没有把自己代入到社会运作中去，保持着恰当的安全距离。

答案并不复杂，全部是从社会整体出发，混一祸福，以无为来求生机。但是这个答案又确实很难想到，因为人们的常规思维，都是要从"我"出发，积极举措，应对问题，从而把作为整体社会的命运切割得支离破碎。

通译

社会治理简单宽和，老百姓就会民风淳朴；治理上面洞察入微，老百姓恨不得跑了才好。

祸起之处，经常隐含着福；福满之处，经常潜伏着祸。谁知道祸福之间有没有终极的规律呢？其实没有。规则化的治理会变成怪圈，正直善良也会变成妖诡难辨，人们在这个问题上的迷惑已经很久了！

圣人的解决方案，是维护大部分的利益，但是不去伤害少数的利益；立规矩，但是不严苛；多方妥协地去解决问题，而不去放肆地伤害社会；心里什么都明白，但不用自己的正确去压制不同意见。

小结

管理的鲜活度和老百姓的状态是成反比的，我们需要的是社会繁荣，而不是管理行为的繁荣。

祸福是可以转换的，但没有办法去累计核算，更不能依赖。如果事业的基础先做好了，留有的变通余地很大，在发展节点时进行转换，是符合天道的。但如果算计祸福，本质上就是与社会争利，还不如保守中道。

唐鱼玄机有诗云："人世悲欢一梦，如何得做双成？"大概是感叹人生无常、情感与个性追求不能双全。我们可以用白话续上两句：奈何算计祸福，松脱了生命的价值？生命的价值，在于放下贪求、平和长久，这才是身家性命的根本，才是趋吉避凶之道。

第五十九章　深根固蒂之道

治人事天，莫若啬。

夫唯啬，是谓早服；早服谓之重积德；重积德则无不克；无不克则莫知其极；莫知其极，可以有国；有国之母，可以长久。

是谓深根固柢，长生久视之道。

这一章讲世家养成，即从创业到事业常青的成长过程。

建功立业，要从底层代码着手，打下合理的基础。从 0 到 1、由小及大，以合道的方式不断建构、变革发展，形成深厚的文化底蕴与完整的运作逻辑。有了底蕴，处变不惊，长久发展就有了现实的基础。

个人的安身立命，从自我约束开始，不断行道，一切都以实践为本。书中自有颜如玉，毕竟只是传说。

治人事天，莫若啬。

治理大家的事务，善用天时，最重要的是自我约束。

"治人"，人指贵族，治理各级贵族官吏，梳理他们的思想行为，给他们做规范。"事天"，奉事老天，河上公释为"用天道，顺四时"，顺应天时去做事。对于君王来说，这就是安身立命了。

安身立命从啬开始。吝，是对自己宽、对别人严；对自己严，对别人宽，叫做啬。"治人事天，莫若啬"，是从自我约束开始。当然，"啬"通"穑"，也可解为农业生产，农业生产最重天时、遵守自然法则。

中国传统文化有一个特点，就是希望所有人共同去遵守天道——自然法则，这是最基本的合法性。

自我约束，通天时，用人力，待人宽和，本质是什么呢？实际上是要给社会留下运作的时间和空间。所谓"知止不殆"，是要明白自己做事的界限，哪些是自己应该做的，哪些是属于社会自己运作的，分野要清晰，余地要留得大一点。

比如，一个社会当前的劳动力人口，实际上是 20 年前的人口政策决定的，然而我们真的能精确预知 20 年后所需的劳动力人口吗？如果承认自己不能，在制定政策时就要留下余地，做好准备随时修正，尤其要防止因部门利益而导致的政策绑架。因此做政策的人，一定要约束住自己，约束住精细控制大局的冲动。所谓大局，本来就是一种模糊的形势，可用而不可执。可以拿到手上任意揉捏的，早已破碎残缺了。

再比如教育，当下全世界的教育都在往苛求全面的方向走，还到处发软文吓唬孩子不努力就被淘汰。苛求全面，和化学阉割并无区别，男孩的创新冲动必定会被遏制，因为他们本来就不善于做到十全十美，于是大部分学科都变成了女孩优先。这些事情不是没人指出来，但要改正，必须要领导层来"治人"，使之"事天"才行。

夫唯啬，是谓早服；早服谓之重积德；重积德则无不克；无不克则莫知其极；莫知其极，可以有国；有国之母，可以长久。

只有注重自我约束，才能说是有预见性。有预见性，可以称得上积德厚重；积德厚重，可以应对各种复杂形势，则没有人能探测他的底线；底线不可探测的人，可以拥有自己的邦国；治国以有道为本，可以长久安全。

这段话在讲古人重视的一个话题，如何扩家为国。答案是从"早服"开始，放下预测与控制，变得有预见性。"早服"，早做准备，为未来的发展节点留下转换空间。

"早服谓之重积德"，符合于天地好生之德。大自然总是留有巨大的冗余空间，人类的基因也留有很大的冗余，用冗余来保护整个人体遗传不至于走向崩盘，时间长了，这个余地变得越来越大，遇到各种突发情况，基因系统都有容忍、适应、调整的余地。

组织的命运不是硬盘，可以随意初始化。它是好是烂都是过去的积累，把它们利用起来，转动起来，考验着领导者的才干。现实生活中，人才空降的失败先例太多了，究其原因，恐怕还是不愿意承担过去的遗产，总想着从头刷一遍系统，于是遗产不是归零，而是变成了负数。这是不愿意积德的后果。

"重积德则无不克"，具备预见性，组织的弹性越来越大，基本上就没有什么应付不了的情况，这个叫做"无不克"。"克"是战胜的意思，"无不克"，有预见性的领导者与时代共舞，没有什么转不过去的事情。

"无不克则莫知其极"，具备"无不克"的变通能力，有具备弹性的组织做基础和后靠，别人就摸不着他的底了。在各种极端情况下还能弹性决策的人，战略研究也很难搞清楚他会怎么做，要打击他，成本会变得不可预测。老子说，这样的人"可以有国"，把身家放大成邦国，做一个邦国之主。

到这个程度，才能说安身立命，整个家族度过了创业期，生根立地。去海外淘到第一桶金，一家人奋斗，打造了一个商业小王国，这是创业成功，得了基础。只有用这桶金运作出一个特别有弹性的体系，能够应对那些突发的风风雨雨的时候，甚至到了别人不能够准确预测自身动向的时候，才能叫做安身立命、根深蒂固。

大家都怕别人射冷箭，但实际上只有别人无法预计射冷箭的结果的时候，才会放弃射冷箭的心思。到处搞好关系，其实用处有限。

家族成长为世家，是一个非常艰难的过程，中间倒下的不计其数，全身而退的也实属罕见。为什么有一些家族崛起后很快就衰亡，就是因为抱着创业期的做法不放，对外界刺激经常做刚性的反应。刚性反应是很容易被预见的，如此一来，"掠食动物"就很容易设下圈套把它吃掉。如果这个家族的决策能力是"莫知其极"的，具备了巨大的弹性和转换空间的时候，问题就翻转了，"掠食动物"必须回过头计算自己的成本，计算万一打击失败，自己会不会陷进去，反而被别的掠食动物捕杀了。掠食动物更看重自己的安全得失，这是草食动物的生机所在。

"有国之母，可以长久"。到"莫知其极"的时候，这个领导者已经悟道了，并且也贯彻到事业的运作中，修德厚重。他处于悟道与修德高度相合的一个状态，思想境界到了，实践经验也到了，踩得住盘子，稳步扩大。通过修德的运作，他可以在邦国的运作中帮助子孙后代修德，这大概是老子说"可以长久"的愿意。

是谓深根固柢，长生久视之道。

老子讲，这就是把根扎得深深的，让你的家族发展壮大、永续发展的路径。生生之道是开放的路径，照这个方向演化，就可以长久，当然过程中还会碰见很多困难，但是"莫知其极"，你总是有弹性的办法把它转化过去。

现代社会宛如钢铁丛林，但认同丛林法则，等于认同更大的掠食动物随时有权把自己吞掉。这种刚愎自用的思路，宛如闭路循环，四处撕咬也找不到出路。只有从"啬"出发，自我约束，约束住愚痴刚强的欲望，盘活事业的开放通道，善养好生之德，建构出健康、富有弹性的事业生态，打破钢铁丛林的吃人常态，才是利人利己的可持续发展之路。

通译

治理管理层的事情，侍奉老天，尊奉天时，安身立命，出发点是自我约束。

所谓自我约束，就是早做准备，留下余地，这个就是积德，对社会有好处，对大家都有好处。这样的德行积累下来，事业有了弹性的机制，就可以应对各种突发情况。能够正确决策，应对各种突发情况，别人就摸不着他的根底，不敢轻易地去挑战他。一个领导者到了根底不可测度的程度，就可以打下自己的家国基业。有了家国基业，在运作过程中不断实践提升，就能够得治理之道，长久发展。

以上就是深深扎根、坚固自己的主干、永续发展的思路。

小结

自我约束是安身立命的开始，万事开头难，我们应该摆脱对预测的依赖，而培养对事物发展道路的预见性。

事业总是要从当下的情况开始，不要怨天尤人。我们可以用初始化的心量，去做尊重现实的工作，不断转化过去的负累与资源。如果形成方向明确、充满弹性、富有余地的一整套经营管理机制，就有可能在不断变迁的社会潮流中实现深根固柢、长生久视。

第六十章　治大国若烹小鲜

治大国，若烹小鲜。

以道莅天下，其鬼不神；非其鬼不神，其神不伤人；非其神不伤人，圣人亦不伤人。

夫两不相伤，故德交归焉。

这一章讲治理思路与社会文化的关系。

社会文化朝什么方向发展，取决于社会治理状况。社会文化是有效治理的晴雨表，当治理有道、底层活力受到尊重时，百姓会相信用双手创造命运，不再乞灵于鬼神、幻想着祖先的救济。

社会文化是一把双刃剑，要谨慎使用。它发挥什么样的作用，要看百姓是否真正获益，也就是社会整体生态的健康程度。

治大国，若烹小鲜。

治理大国，就像是烹一锅小鱼，要特别注意稳定和火候。

老子是楚地人，楚地人爱吃鱼，春秋时代，油煎炖煮都有了，炒菜有没有，还有争议。老子说烹小鲜，大概是在煎或炸的基础上，再给小鱼浇汁调味。烹小杂鱼都是一锅，不可能像大鱼那样准确翻面，只能谨慎判断火候，少量地翻动使之入味，如果随意翻动，小杂鱼就糊了碎了。

老子用"小鲜"来比喻大国社会复杂的阶层和群体。对于它们，不能采取一刀切的方式反复折腾，它们经不起折腾。一个大国的政策要有可持续性，不能够随便地变更；要变，必须等待火候合适的时候，而且各种利益必须一锅烩，不能厚此薄彼，也不可能一个个单独照顾。在一锅烩的过程当中，社会各群体之间的矛盾慢慢化解，彼此讨价还价，最后达成一个相对平衡的结果。

以道莅天下，其鬼不神；非其鬼不神，其神不伤人；非其神不伤人，圣人亦不伤人。

"鬼"，就是先人之灵。民国时溥仪跑到东北搞满洲国，一些清王朝的遗老遗少说他"所祭非鬼"，批评他背弃祖宗。"鬼"又与"归"通，古人认为，人死了之后，他的精神并未断灭，而是回归自然。这个回归到自然中的精神，和后人的关联并未断绝。通过恰当的方式，后人可以与先人的精神保持连接，这就是祭祀的来由。祭祀，不只是供奉祖先，还要汇报自己的情况，请求庇护，有困难了，可以问祖宗的看法。

祭祀要有正确的对象，鬼神可以祭祀，星辰可以祭祀，天地可以祭祀。古人特别重视祭祀祖先，某种意义上也是向他们问道，因此如果统治者"以道莅天下"，以"莫知其极，有国之母"的方式来治国的话，就可以做到"其鬼不神"——大家不用向祖先去问道，道已经显明在人世间了。规则透明了，未来可预期了。

"以道莅天下，其鬼不神；非其鬼不神，其神不伤人"，并不是说祖先的信息不管用了。用今天的话说，祖先的信息相当于群体潜意识，它怎么可能不管用呢？民族认同、家国情怀，都需要群体潜意识的基础。这些意识仍旧在运行着，但是它不伤人，不用参与到具体的利益争斗中来了。原因何在？"非其神不伤人，圣人亦不伤人"，因为领导者有好生之德，大家的事情都自己转起来了，没有必要再去求鬼神帮忙了。

天下既然已经有道，成败的主要责任都归于每个人自己，还能向谁抱怨呢？去向祖先抱怨，他们大概也不听。

老子没有说鬼神不存在，也没有说鬼神没有功用，而是说一个好的社会，不需要鬼神来干涉社会治理活动。

返回来讲，如果领导者乞灵于鬼神，那会是什么情况？老百姓乞灵于鬼神，是因为社会不平衡；领导者乞灵于鬼神，是因为没有领会道、没有原则，过一天是一天。孔子说，"非其鬼而祭之，谄也。见义不为，无勇也"。不是自己家的祖宗，却要去献祭，给人家上供品、磕头，这是什么意思？无非是谄媚，有非分之想。这样的人，必定会当行不行、当让不让、怯懦无用。

夫两不相伤，故德交归焉。

鬼神，代表的是百姓趋吉避凶的群体潜意识；圣人，代表的是管理者"无为而治"的显意识。百姓的群体潜意识，主要问题是没有安全感，因此社会治理的显意识应该服务于百姓安全感的根本需求，让这个潜意识的自我强迫慢慢地消解掉。这样双方互不逼迫，就是"德交归"，整个社会的德性提升了。

通译

治理大国，就好像烹一锅小杂鱼，一定要注意火候，要注意稳定和谐。

以道来治理天下，鬼不会显示他的神验，并不是鬼本身不神验，而是这种神验不再插手人间的事务。并不是人们不愿意鬼神插手，而是因为圣人把世间的事务做好了，人们不需要乞灵于鬼神。

治国之道与百姓的根本需求相融合、互相促进，整个社会的德性就提升了。

小结

大国的社会组成复杂，因此一定要注意治理的稳定性和整体性。所谓"治大国，若烹小鲜"，就是要注意火候、注意政策变通的稳定性。

老百姓乞灵于鬼神，本质上不是社会迷信，而是社会治理思路混乱的一个结果。

社会的阴阳和谐了，表现为表层意识和潜意识的和解，人要与自己和解、与环境和解。有效的治理，将促使社会走向全面的和解。

第六十一章 大国宜为下

大国者下流，天下之交，天下之牝。牝常以静胜牡，以静为下。

故大国以下小国，则取小国；小国以下大国，则取于大国。故或下以取，或下而取。大国不过欲兼畜人，小国不过欲入事人。

夫两者各得其所欲，大者宜为下。

这一章讲大小邦国之间相处的原则，对现代国际关系也有启发。

按本章的观点，单纯从道义上讲大小国的平等是不够的，还需要找到各自的分工定位，各自努力，形成和则双利、争则双输的事实，才有可能达到大小国之间的和平共处。

和平需要各方的共识，需要共同经营。大小国之间各尽本分，方能各得其所。

大国者下流，天下之交，天下之牝。

大国应该居于诸流汇集的低处，做天下资源交汇整合之所，承担孕育者的角色。

老子说，大国存在的合法性，不在于霸权，

而在于能够帮助天下诸国孕育资源，这样一来大家就离不开它的领导。大国最需要遵循开放和平等的精神，海纳百川。

从现代国际社会发展来看，国家越是在上升期，就越讲开放、对外来人越友好。繁荣而大气，是大国可持续的基础。

牝常以静胜牡，以静为下。

这是以公牛和母牛来比喻大小国之间的关系。在交合的时候，母牛一直保持安静，而公牛总是会先撤下阵来，结果是母牛得到了孕育的能量。

老子用这个例子点明了雌雄的分工。雄性的作用，是在做一种点化的工作，真正的资源最后还是要落实到雌性身上，是雌性去完成后代的孕育。因此大国要做天下的雌性，不要天天像公海豹追逐母海豹一样地去追逐小国。

躁动的雄性气质富有进攻性，但他只有与雌性气质孕育性配合起来，才会成为建设性。

故大国以下小国，则取小国；小国以下大国，则取于大国。故或下以取，或下而取。大国不过欲兼畜人，小国不过欲入事人。

这是从大国小国两方面来谈如何相处。

从大国方面讲，"大国以下小国，则取小国"，大国对小国的姿态要包容，这样能取得小国的尊敬。从小国方面讲，"小国以下大国，则取于大国"，小国需要在大国面前展现长处，并积极接受分工，免除大国的猜疑。

这是两种不同的策略，但彼此可以交融，"或下以取，或下而取"，两方面都积极去做好自己的本位，积极推进分工合作。

老子又特别强调说"大国不过欲兼畜人，小国不过欲入事人"，也就是两者都要随时注意自己的身份。大国不要张扬自己的欲望，想着去兼并小国；小国也不要过度自尊敏感，积极把自己的分工做好。毕竟大国是天下之牝，是天下的一个孕育之地。如此，大国和小国的利益各得其所。

一般来讲，如果小国想抬高大国侵略自己的成本，应该怎么做？其一，把军队建设搞好，抬升大国入侵的成本。其二，培养出一种大国不好做的功能，让合作的价值远高于冲突。不过说到底，小国很难有完整独立的外交，世界的和平或战争，还是大国主动一些。因此，下文老子提出了警告。

夫两者各得其所欲，大者宜为下。

大小国关系当中，大国的主动权更多，因而负有主动调整的责任。虽然说是"大国不过欲兼畜人，小国不过欲入事人"，但在这个互动关系当中，小国起不了决定性作用，所以如果出了纷争，责任主要在大国，只有大国才能改变局面。

春秋时期，周天子还保有一些道义上的权威，老子的意思是在邦国冲突中，周王朝应该站在小国的一边，制约大国的行动。这个原则，拿到今天来也有一定的参考意义。

通译

大国是天下海纳百川的地方，是天下资源交汇的地方，是天下的一个孕育之所。母牛总是以它的安静战胜公牛，靠的是处下。

　　大国在小国面前放低姿态，能取得小国的尊敬；小国积极做好自己的分工，就能够取得大国的信任。大国以低下来取得尊敬，小国以服务来取得信任。大国不要放纵自己的欲望，想去兼并小国；小国也不要过于强调自尊，而应该主动做好本分。

　　大国、小国各得其所，方能和平共处。但总体来说，大国的责任是首要的。

小结

　　大国是天下资源的枢纽，应该承担起大国的义务，大度大气，能容天下之事，这样自身也能更加稳定长久。

　　小国应当以一种积极合作的姿态增进大国的信任，要面对现实，积极向大国学习，积极做好自己的长处，不要夜郎自大。

　　大国、小国的外交，客观上大国占有主动，因此大国有责任调整姿态来主导和平共处。大国主导得体，大小国之间才能各司其职、各得其所。实际的关系处理好了，才有和平可言。

第六十二章　道无弃人

道者，万物之奥，善人之宝，不善人之所保。

美言可以市尊，美行可以加人。人之不善，何弃之有？故立天子，置三公，虽有拱璧以先驷马，不如坐进此道。

古之所以贵此道者何？不曰以求得，有罪以免邪？故为天下贵。

这一章讲社会宽容。

老子讲的社会宽容，就是要尊重人的不同特性，给出相对多元的发展道路。社会并不是真正完备的系统，并不能为每个人都提供合适的机会，因此大多数人走进社会，都会成为不擅长做事的人。这些人需要决策层耐心引导，才能走向正确、高效的轨道。

大道于一切众生平等，众生在大自然中发展各自的生存策略。社会不能做到完全的平等，就要尽量发展教育和引导路径，让每一个人都有机会发光发热、实现自我。

道者，万物之奥，善人之宝，不善人之所保。

大道是万物终极的庇护所。对擅长做事的

人，道是他们保守的原则；对不擅长做事的人来说，道是他们的保护人。

道是万物的庇护所，好生之德不断地促使新事物升起，但并不是说就要把已经成功的老事物逼死。擅长做事的人，会寻找事情的玄牝，寻找自己与社会的接口，不断调整自己。现实生活中，有些人能靠三寸不烂之舌说动三军、说动投资。他们之所以能这样，是因为掌握了做事的门道。

但社会上不止只有善人，还有不善人，也就是不擅长做事的人，他们也是道所保护的对象。为什么大道要保护不善之人呢？

美言可以市尊，美行可以加人。人之不善，何弃之有？

老子说，要改变一个人并没有那么难，我们多说一点好话，都可以使别人对我们变得更加尊重；我们做一点好事，都会使别人对我们多一些信任。那些不善于行事之人，有什么值得我们厌弃的呢？

这话实在，哪怕只是做点表面工作，都可以使老百姓对领导层更信任、更尊敬，可见这件事并不难，只看领导层愿不愿意做罢了。因此如果有人不善于处理生活和事业，领导层又有什么理由嫌弃他们呢？显然，挖掘不善之人的优点，正是领导层的责任所在。

现代社会，鼓励孩子们在起跑线上相互厮杀，恨不得杜绝人性最基本的淳朴，其中的短视和贪婪令人发指。我们不能不问一句，那些斗败了的到底要怎么处理呢？从幼年就分出个成王败寇，真的能营造出社会的整体发展？难道我们一代代的小孩，他们活着没有本身的价值？

高仓健在一篇回忆文章中说，一辈子都想得到妈妈的认可，直到妈妈去世后才明白了她的心意。高仓健期待妈妈的褒奖，而妈妈关心的永远是高仓健的生活好不好。某次，高仓健拍出一部很出色的武侠电影，打电话向妈妈报信，电话那头，妈妈没有说电影，而是问，你的脚后跟是不是冻裂了？我看见电影里你脚后跟贴着橡皮膏了。高仓健听了，不觉泪水双流。这个故事，真是值得当下的父母们来读一读。

众生平等的精神诚然是不易的，甚至我们对自己的孩子，很多时候难以做到真正的平等、真正的尊重。很久以前，佛门就已经意识到，孩子是另外一个人，不是一个附属品，他来到这个世界，不过是借用了父母的基因和机缘，我们应该尊重他们。进一步讲，正如巴菲特所说，假如我们再次投胎，我们希望碰见什么样的父母，是希望他们带领我们一同演化，还是希望他们用奖惩制度来做训狗的把戏？

奖惩制度无非是强化的条件反射，条件反射的极致就是电击疗法。这里把话说到尽，或许会对今天刚强的父母们有所触动。

另一方面讲，如果我们放下刚强的"必须做到"，换作伴随演化的开明心态，对那些不善之人来说，可能就有了新的生机。

这一句王弼本、河上公本等均为"美言可以市尊，行可以加人"，显然缺字。《淮南子·人间训》有引文为"美言可以市尊，美行可以加人"，文理通达，故据之做了修订。

故立天子，置三公，虽有拱璧以先驷马，不如坐进此道。

要让社会宽容友爱，也不能完全指望体制和制度。体制和制度发展到极致，可能会走向自闭。无数个好的要求叠加上去，会把能干的人也压倒。

老子说，周朝实行立天子、置三公的王治，兼顾文武之道，同时还设立了"前有拱璧、后有驷马"为喻的礼乐体系，然而这仍然是不可靠的，不如在社会治理中贯彻大道的原则。

三公指太师、太傅、太保，其中太师是哲学性的，太傅代表文，太保代表武。三公与天子平起平坐，坐而论道，这在古代已经是非常合理的制度：一个秉承天意的统治者，配合着强有力的防范错误的智囊团，有非常完整的礼制来进行具体社会管理。天子出行之时，玉璧先行，代表着温润的德性；驷马在后，代表天子的威严。这些制度设计，可以说是非常完美了。

老子的态度很坚决，他说，制度设计得再精妙，都不如把无为而治贯彻到社会生态中去。为什么？从三十八章的道理来说，失去了道，任何精妙的制度，都会立即开始它衰变的过程。

深一步讲，老子实际上否定了工具理性可以治世的思想。《周易》是中国文化最早的工具理性，按照民间的说法，运用《周易》衍生的算法，可以定一个国家540年的大运，掐头去尾，可以得到二三百年的王朝。这是东方工具理性所能够达到的极致。我们且不论这种说法是否真实，问题在于，这其中流露出的都是"取天下"的强横意志，哪里有真心为百姓服务的统治合法性可言？它一开始就不是奔着可持续去设计的。不过是两三百年富贵，就满足了"宏愿"，完全不顾"尧舜有天下，子孙无置锥之地"的惨剧一次次上演。所谓奇人异士，揭穿了不过是技术高超的占有欲煽动家。

中国古代经典，《道德经》是真正的天道思维、可持续发展之道，讲的是尊重社会的本体地位，在此基础上确立治世的合法性，追求打破王朝的抛物线衰变，演化成波浪式前进的道路。《周易》固然伟大，但它作为工具理性，只有为治世的合法性服务时，才能发挥正面的作用。

古之所以贵此道者何？不曰以求得，有罪以免邪？故为天下贵。

为什么古代的圣王以道为贵，原因就在这里：想求个安稳，行道就能够得到安稳。如果过去做了错事，行道以后也能慢慢化解。罪有自投罗网之意，统治者执着于占有把控，相当于自投天网。正因为如此，如果能够领会道，真正为社会服务，也就能化解过去的罪过。

"故为天下贵"，这就是道尊德贵的原因，因为它能够击穿衰变的曲线。实际上，也只有行道能够超越兴衰，工具理性再发达，它也做不到。

通译

道是万物的庇护，通晓做事的人以道为宝，不通晓做事的人也受到道的保护。

说一点好话尚且可以让别人尊重，做一点好事尚且可以获得人们的认同。那么不善于做事的人，社会又有什么理由要抛弃他们呢？就算是最好的体制，天子与三公精诚合作，前有拱璧，后有驷马，也不如能够行道。

古代的先王为什么以道为贵？因为这样的话，求安稳可得，求免罪也可得，因此说道为天下之贵。

小结

大道平等庇佑万物，以此类推，社会治理也绝不应该把人视作工具和对象。工具理性必须服从道的运作，才能发挥正面的效用。

决策者的过错怎么样去化解？决策难免会做错一些事情，遭遇很多压力和无可奈何的处境，怎样能够保证自身安稳安全？还是回到根本，以道的方式慢慢地挫其锐、解其纷、和其光、同其尘，不断地正本清源，返璞归真。

第六十三章　大小多少

为无为，事无事，味无味。

大小多少，报怨以德。图难于其易，为大于其细。天下难事必作于易，天下大事必作于细。是以圣人终不为大，故能成其大。

夫轻诺必寡信，多易必多难。是以圣人犹难之，故终无难矣。

这一章讲的是成大事的修为：为无为，事无事，味无味。用今天的话说，就是促进社会自组织的运作、精简社会治理方法、化解决策层的功利冲动。

通过决策层的自我调整，脚踏实地，最大限度调动社会自身的活力，可以实现由小及大、以少御多的事业成长。

为无为，事无事，味无味。

"为无为"，这是无为的本意，促进社会朝自组织的方向发展，让各个阶层、各个群体的利益交互在一起、相互支持，也相互制约。这样就可以"事无事"，不用那么多人为了奖惩激励，少做一些违背人性的事情。"事无事",整个社会制度、组织模式趋向于精简,而社会和组织生态的演化则趋向于健康和有效。

"味无味",说的是内心的状态。一个领导者,以社会健康为目标,就能抵御浮华的诱惑,他的内心应该以无味为真味。领导者"味无味",社会系统不必照着某种强制性方向发展,它可以非常多元、容纳更多的个性化成长。

佛教说:"诸行无常,是生灭法,生灭灭已,寂灭为乐。"说的是人生由各种强迫性行为所驱使,然而它们终归是不可依赖的。为了逃避不利的结果,又会造成新的强迫和苦果。如果这些生生灭灭的事情全部熄灭,空明无我的状态才是最快乐的。"寂灭为乐",可以与"味无味"互参。

"味无味"这一句,打通了个人修为与社会管理之间的关系。内心虚静不但可以用来治身,而且可以用来治国。如果能够把内心刚强的意志慢慢消磨掉,改之以虚静容受造化,一个良性循环就会形成了。

大小多少,报怨以德。

思路变了,整个价值观随之改变。老子说,要"大小多少,报怨以德",这就是说,作为领导者,要以小为大、以少为多,要以玄德去应对社会各种批评意见。

以小为大,与"见小曰明,守柔曰强"是一个意思。放下尊贵的自我夸耀,从小事做起,逐步改变社会生态,承担起服务万事万物的枢纽职能,这是以小为大。

以少为多,与"少则得,多则惑"一脉相承。不以占有为乐,而是以尽量少的资源去撬动更大资源的运作为乐;以掌握住社会的基本运作法则为乐,而不是去追求控制的精细入微。

以小为大，小处着手；以少为多，积少成多，这样彻底地调整价值观，内心虚静了，人就活了。

"报怨以德"一句稍显突兀，不少注家认为是错简。孔子有"以惪抱怨"之说，老子说"报怨以德"，大概是说领导者面对社会怨尤，要心怀大度的意思。

图难于其易，为大于其细。天下难事必作于易，天下大事必作于细。

越是难事，越要找相对容易的切入口；越是大事，越要分解为一个个的小目标。

要克服困难，做成一件事，可以先分析困难的机制，然后从相对不那么复杂的地方介入，逐步改变环境和要素。要做成大事，需要考虑方方面面的情况，从底层的每一个小环节开始做起，做到一定程度，玄牝的结构出来了，事业自身会提出某种要求，这时就能看到驱动力和方向了。

简单地说，不管是难事还是大事，都有发生发展的路径，当然也应该有转换和退出的路径。要想做成难事和大事，眼光盯着难和大是没有用的，应该放下心来，从易处和小处入手，寻找发展的节奏。

是以圣人终不为大，故能成其大。

所以圣人从来不强行要做大事，他永远在做底层代码的事情，把事情的入口做好，然后让事情自己运转起来，滚雪球般壮大。把希望寄托于事情本身的活力，做好维护格局枢纽的工作，是《道德经》一贯的思维方式。

由小做大，以简驭繁，无论什么时候，都是值得注意的思路。诸如大数据、人工智能之类的技术越是发达，人类要面对的局面也会越复杂、越开阔，指望依靠这些技术来全面掌控是一种自我封闭的幻想，人类现在比过去任何时候都更需要更为开放、更为有效的社会治理之道。

夫轻诺必寡信，多易必多难。是以圣人犹难之，故终无难矣。

轻易承诺必然会损失信用，贪图容易必定会遇到更多困难。圣人在这些问题上做好充分的准备，所以最终都能解决问题。

轻诺的人，大多心有贪求。高来高去的人，常常到处轻诺，为的是以无博有，整合按常理来说碰不着的资源。还有一种，一碰到难事，就跑到菩萨神佛面前许愿，菩萨倒是不敢轻诺，许愿的人十有八九却会失信。这些都是普通人，做得不对，大不了面子上难看一些，但作为领导者，如果也这样轻诺，等于失信于全社会。领导者抱一为天下式，关键就是维护信用，一旦失信，就会动摇社会治理的基础。

"轻诺必寡信"，老子又追加一句"多易必多难"，大致把领导者轻诺的心态描绘出来了，就是对事情的难度没有充分的预估，贪便宜图容易，不愿意下真功夫。真功夫需要耐心地寻找切入口，从小做起，这些都是枯燥的，没法向外炫耀的。然而本章苦口婆心，正是要说明这一点，领导这件事情，本质上是在克服困难，小心翼翼地呵护事业的发展。这本来就是受累，不是什么享受的事情。

回到领导者应有的初心，叫做"圣人犹难之"。圣人一开始就充分预估事业的难度，多留冗余空间，一开始就注意把底层代码做好，费劲儿要费在根上，到后面越来越容易。

事业的发展，越到大时越考验底层的架构，与其后期左右招架，不如在前期把基础打牢靠一些。

通译

促进社会的自组织，精简各种制度，减少人为干涉，把超然物外的虚静作为自己真正的归宿。

以小为大，以少为多。完成难的事情，从容易的切入口开始；做大的事情，把它拆分成细节。天下再难的事，也是从容易开始；再大的事，也是从细小的环节起步。因为圣人终究不把眼光盯在大上，所以能够成就大事。

轻易承诺，必然会导致信用败坏；贪图容易，未来会遭遇更多的困难。因为圣人一开始就充分预估困难，做好基础，所以未来的难事就会越来越少。

小结

大道柔弱的功用，是做事业很重要的一个参照。凡事都是从无到有，我们应该找到自己人生路径的切入口，也就是造化事业的相对起点。

心态要随时地格式化，内心随时要回到虚静。一旦内心产生了雄壮感和炫耀的欲望，就应该立即给自己初始化。埋头做好基础工作，可以为未来克服困难未雨绸缪。

如果要承诺同行者，与其承诺以结果，不如在道路上予以共许。大家共同行道，人生会变得丰富起来。人生在世百年，所得转眼都会成为过去，只有悟道的思想和行道的境界可以流传于后世。

第六十四章　辅万物之自然

　　其安易持，其未兆易谋，其脆易泮，其微易散。为之于未有，治之于未乱。

　　合抱之木，生于毫末；九层之台，起于垒土；千里之行，始于足下。民之从事，常于几成而败之。慎终如始，则无败事。

　　是以圣人欲不欲，不贵难得之货；学不学，复众人之所过，以辅万物之自然，而不敢为。

　　这一章讲组织稳定之道。

　　稳定的发展是一种生态平衡，需要决策者高明的经营与维护。对组织生态，既不能放任自流，也不能动辄强制，而要时刻保持观察与测试，尽早发现乱象，并以此为入口，用柔性手法处理深层次的矛盾。

　　决策者治乱不是为了治住谁，而是为组织的健康稳定服务。救助大家的利益是主要的，而不是一味地划分正邪善恶。

　　其安易持，其未兆易谋，其脆易泮，其微易散。为之于未有，治之于未乱。

　　"其安易持，其未兆易谋"，这是居安思危之意。当感觉社会安定的时候，也是容易种下隐患的时候，所以要反过来想问题，把社会稳定的这段时间看做是治乱的准备期。治理社会和治病相似，最可贵是治未病。"其未兆易谋"，情况还没有明显征兆，各方利益还没有做出反应的时候，比较容易谋划解决方案。一旦问题爆发，各方介入进来，再要解决问题，就必须等待问题发展到某个节点，大家容易取得共识的时候。

"其脆易泮，其微易散"，这是防微杜渐之意，大致是在说组织内部派系的问题。所谓派系，是组织内部出现了分化，出现了另一重组织化。"其脆易泮，其微易散"，是要在这种派系还比较脆弱、没有形成规模的时候进行分化，不能等到它们把投名状等各种潜规则都做完善、利益绑定完整。对于组织内派别，在其成型后治理，固然可以强力连根拔起，但也会造成组织失血、元气大伤。

默默地把组织分化消弭于无形，叫做"为之于未有，治之于未乱"，乱了未必不能治，但成本太大。

至于具体怎么治，各有各的手法，但总体上说，离不开大处着眼、小处着手的思路。对于那些还没成形的小组织，用一些测试性的政策，就可以令其成员显示真实意图，然后根据其合理性予以安置。作为领导者，没有必要把谁当成敌人。

就现代来说，大数据最大的用途，不在于分配资源，而在于观测社会的各种微小动向。大数据本身没有思维方式，用它做整个社会治理的主要手段，它就陷入了自体循环，再也无法获得准确的数据。但是如果把大数据作为社会观测手段，作为抛出小的政策，测试社会成员反应的试剂，就有可能为社会治理提供很好的决策参考。用大数据来做头脑，还是用大数据来做神经系统，这是两种完全不同的思路。显然后一种能给社会发展带来更开放的决策空间。用大数据做观测、调控的工具，它可以撬动很多事情，如果用做细节控制的工具，大数据自己都活不下去。

还是那句老话，要以小御大，以少御多，无论何时，都要有"不出户，知天下"的决策智慧，而不要指望所谓的信息全面。

合抱之木，生于毫末；九层之台，起于垒土；千里之行，始于足下。

合抱粗的大树，从小小的种子开始成长；九层高台，从地基开始垒土；千里的路程，总是一步步走出来的。

这里都是名言，讲积少成多的必然性。世间事物，无论好坏，都有生长发展的过程。作为事业来说，找到了可行的目标，更需要安下心来，坚持自己的道路，日积月累，总不会一无所有。年轻人如果认清自己的能力，不随波逐流，即便只是坚持理财复利，也能给生活增色不少。

需要注意的是，前文讨论"为之于未有，治之于未乱"，可见这几句的意思是中性的，各种乱局也不是凭空而来，也有成长放大的过程。

民之从事，常于几成而败之。慎终如始，则无败事。

老百姓做事，经常到了快成功的时候失败，是因为没有保持最初的认真和努力。如果能够始终如一地认真努力，就不会功亏一篑了。

事情快要成功的时候出变数，常常是因为前期用力过猛，到了后期难以保持自己存在的价值。例如，做资源整合的人，有时在两边业务接洽完毕的时候被甩了出来，这时应该检讨的主要还是进退是否有度的问题。如果自己的价值不能始终如一，那么在适当的节点变现退出也不失为明智之举。

所谓三十年河东、三十年河西，看社会、看人的发展，需要看一个周期，大潮来时满地机遇，这时是看不出人的品性的。大潮退时，还能保有自己的事业的，他们的成功更值得研究。

王弼本在这一句后原有"为者败之，执者失之。是以圣人无为，故无败；无执，故无失"，应为错简，已调整至第二十九章。

是以圣人欲不欲，不贵难得之货；学不学，复众人之所过，以辅万物之自然，而不敢为。

"圣人欲不欲"，他"处众人之所恶"，总在考虑大家都不愿意做的那些事情，对于那些刺激大家欲望的事情，反而一概不予推崇。

"学不学"，说明他志心于道，而不是醉心于权谋之学。但凡当了领导，有人来自荐权谋之学，也有人来自荐道德仁爱，对此都要淡然处之，不要把自己卷进去。

"复众人之所过"，无论什么人，出于什么意图，背后是什么利益，总体上都要以社会的进一步发展来回归和弥合，这是领导者的重要使命。这个使命就是帮助贵族们摆脱狭隘、弥补过错，使整个社会回归整体。

前文已经提过，大自然的回归是温和而渐进的，但人类社会与自然不同，它的演化速度太快，因此不能任由其迅速发展而到崩溃。老子强调，领导者要以辅助自然之道的态度，来帮助万物回归朴实、回归本性，这叫做"辅万物之自然，而不敢为"。

道人最大的社会功用，是以谦逊的姿态辅助天道，把天道在社会中不太容易运化好的那部分做好，使老百姓少受点罪。即便是这件事情，也需要保持谦逊的态度，不能做得太刚强，变成主观意志的强加，变成占有天道。

对于这一段，河上公解释说："圣人学人所不能学。人学智诈，圣人学自然；人学治世，圣人学治身；守道真也。"贵族们都要去做各种权谋，圣人偏偏守着自然而然的方法。贵族都希望把世间控制在手，圣人偏偏注重管好自己，尽量做好社会服务工作。

通译

组织在安定的时候容易保持，问题还没有显露出苗头的时候容易处理。事物刚成形的时候容易化解，派别规模比较小的时候容易打散。因此工作要尽量做在前头，治乱要赶在问题表面化之前。

就算是合抱的大树，也是从微小的种子长起来；就算是九层的高台，也是一层一层用土垒上去的；就算是千里长路，也是从当下开始走的。天底下没有突然冒出来的事情。

老百姓做事，经常在快要成功的时候失败。如果能始终如一地谨慎和努力，就不会失败。所以圣人做那些贵族们不想做的事情，而不去推崇财货贪求，他持守着贵族们不想学的原则，帮助贵族们返还自己的过失。他的主体思路是，能够帮助万物返回自然的本性，即便如此，他也不敢强迫社会。

小结

平安是筹谋的时机，乱象是治理的入口。总体上是要防微杜渐，防患于未然，持之以恒地去化解各种潜在矛盾。明明可以未雨绸缪，却故意等着矛盾放大了再去治理，未免落于形迹。

　　底层基因是一切大业的前提。如果真想做大事，底部的架构至关重要，在基础上吃的每一分辛苦，未来都有可能带来巨大的回报。

　　慎终如始是事业圆满的必要条件。老百姓的慎终如始，是努力如初；管理者的慎终如始，是始终无为。

第六十五章　相反相成

古之善为道者，非以明民，将以愚之。

民之难治，以其上之智多。故以智治国，国之贼；不以智治国，国之福。

知此两者，亦稽式。常知稽式，是谓玄德。玄德深矣，远矣，与物反矣，然后乃至大顺。

本章是对权谋治国的深入批评，在历史上常被误认为是倡导愚民政策，然而文中用激烈的语言说："以智治国，国之贼；不以智治国，国之福"，可见还是老子一贯的社会本位思想。

权谋治国的，是智者；不以权谋治国的，是愚者。决策者的大局观与精英层炒作社会的欲望走相反路线，才是真正的大智若愚的玄德。因此，本章也是对玄德的又一次深入论述。

古之善为道者，非以明民，将以愚之。

古代善于治理社会的明君，他们不会把老百姓推向必须智计百出才能生存的局面，而是宁可老百姓什么也不用想。

"愚"这个字值得深究。第二十章里说，"众人皆有余，而我独若遗，我愚人之心也哉"，一个明君，面对贵族阶层争风吃醋、争权夺利的做派，他完全没有掺和进去的想法，宁可自己像愚人一般。第十九章说，"绝圣弃智，民利百倍"，管理者去除自以为是的态度，去除权谋之智，老百姓的日子好过一百倍。如果说本章是倡导愚民政策，那是不是可以说前文是在倡导愚君政策呢？

再看一个例子，《论语》中，孔子说："宁武子，邦有道则知，邦无道则愚。其知可及也，其愚不可及。"君主有道的时候，宁武子就积极作为，君主无道的时候，宁武子就变得好像愚痴无知。孔子赞扬说，宁武子的智慧容易学，他的愚痴可不好学。实际上是说，明辨形势、通进退是一种更高明的智慧。

《三国志》中说："公达外愚内智，外怯内勇，外弱内强，不伐善，无施劳，智可及，愚不可及，虽颜子、宁武不能过也。"公达即荀攸，曹操尊敬的谋士，他看起来愚暗，实际上聪明；看起来怯懦，实际上勇敢；看起来柔弱，实际上强韧。他不自吹正确，不烦劳事务，他也是那种"智可及，愚不可及"的明白人。

从以上对愚的分析看来，本章第一句，老子的本意，是不要让老百姓卷入到一堆权谋引发的竞争中，烦劳终日而弥贫，宁可他们都可以保持自己的本性，不必邯郸学步地去学习各种阴谋诡计。

老百姓的淳朴是社会治理成功的标志，这是最原初的治世理念。《尚书》记载，启的儿子太康没有德性，被后羿驱逐出去了。太康的诸子跑到黄河边上，回顾先王的教训说："皇祖有训，民可近，不可下。民惟邦本，本固邦宁。予视天下愚夫愚妇，一能胜予，一人三失，怨岂在明，不见是图。予临兆民，懔乎若朽索之驭六马，为人上者，奈何不敬？"按照这段歌文，大禹曾经教导说，老百姓是国家的根本，作为帝王，看待天下的愚夫愚妇都要很谦恭，心怀敬畏。这段文字完全可以与《道德经》的思想相互印证。

民之难治，以其上之智多。故以智治国，国之贼；不以智治国，国之福。

为什么不要煽动社会？不能破坏老百姓的淳朴？因为那样会使得老百姓变得难以治理。为什么老百姓会变成滑不溜秋？是因为统治者以权谋治国。以权谋治国的，是国之大贼。只有摒弃权谋的君王，才是国家的福气。

这一句，王弼本原为"民之难治，以其智多"，参考第七十五章"民之难治，以其上之有为"，此处明显有脱字，应为"民之难治，以其上之智多"，这样才能与后文顺利接续。老百姓只不过是消极抵抗，哪里能称得上智多？智多向来是领导层的事情，这样往下理解就通顺了。

老子接着以非常严厉的语言说："故以智治国，国之贼"，这就点明了以智治国的用心——窃国，公器私用，不顾万民的死活，玩弄权谋，浑水摸鱼。"不以智治国，国之福"，民惟邦本，老百姓安身了，国家也就稳定发展了。

以民为本，尊重社会生态，而非以君王为本，窃国自居，这是《道德经》一贯的态度。

知此两者，亦稽式。常知稽式，是谓玄德。玄德深矣，远矣，与物反矣，然后乃至大顺。

"以智治国"和"不以智治国"，是两种常见的治国模式，其中蕴含着政治的原则。怎么选择？端看统治阶层的长远眼光和智慧。如果明白这两种常见模式的优劣，就是通晓了玄德——事情本来是可以无为而无不为的，贯彻主观的强横贪欲，反而会把事情搞得一团糟。所以说玄德与人们通常的强迫症思路是相反的，相反才能相成，终至于获得万事和顺的状况。

"玄德深矣，远矣，与物反矣"，这话暗含着某种余地。天底下并没有一个学问能够确保成功，但是确实有这么一种玄德，总会给人带来生存发展的机会。实际做起来，还需要看具体的社会条件，也考验着自己的真才实干，因此没有固定的解决方案，只有不断去探索求生之道。

通译

远古的那些善于为道之人，他们不愿意把老百姓往精明的方向推，而是宁可他们安安稳稳、不追求智谋。

老百姓不好治理，就是因为领导者用的权谋太多。用权谋治国的，就是窃国之贼；不用权谋治国的，才是一国之福。

明白两种常见治理模式的实质区别，就叫做明白了治理社会的基本道理。明白了这个基本道理，就是领悟了玄德。玄德是非常深刻的，它的运作模式是难以一言以尽之的，它和人们想象的方向往往是相反的。通过这样相反的运作，最后能够理顺社会的运行。

小结

激化人民的欲望和矛盾，目的只有一个，就是窃取社会财富，这是上千年来的社会治理经验。只有分清楚无为和有为，通晓相反相成，才有可能修为让社会顺利发展的玄德。

中国古代社会，在某些层面上确实一直贯彻着愚民政策，尤其是元、清两代，落后的少数民族统治多数民族，不但在社会制度上倒退，在文化上也恨不得打断中华文明的脊梁。其中尤以清王朝的文化政策贻害甚深，大面积、深层次地抹黑华夏文化传统，奴化民族个性，其恶劣影响延续至今。愚民政策会带来社会生态退化、科学技术落后的严重后果，这是决策层本身的励精图治所不能抵消的。故而清代虽几无怠政之君，在近现代史上，对外敌的入侵，却毫无还手之力。

第六十六章　百川归海

江海所以能为百谷王者，以其善下之，故能为百谷王。

是以欲上民，必以言下之。欲先民，必以身后之。是以圣人处上而民不重，处前而民不害。是以天下乐推而不厌。

以其不争，故天下莫能与之争。

这一章讲治理成本。

人类社会的权力一旦运行起来，就容易自矜为天经地义的存在，但从根本上说，权力只是组织运行的一种所需，时时刻刻都在发生成本。好的社会治理，确实能提升组织运行的效率，但权力本身也很容易滑向负面，成为组织甩之不去的累赘。

道家一向主张尽所能地缩减权力运行的成本，充分保障社会的本位作用。

江海所以能为百谷王者，以其善下之，故能为百谷王。

大江大海能成为小溪小流的归宿，是因为它更低下，所以能够包容天下的水流来汇集。反过来讲，也正是天下的水流来汇集，大江大海才有了百谷王的地位。

从这里来看，百谷王的地位来自于它服务于天下的功能，而不是强权暴力，或者是君权天授。转换到社会治理领域，能够承担维护社会枢纽的功能，才能为君王，这是统治的合法性所在。

西方政治学认为权力必须来自于人民的让渡，即统治必须经过被统治者的同意，主要考虑的是程序的合法性。但从历史和现实中，权力的形成路径都是多样的，《道德经》强调服务社会的功能，有更深层面的普世意义，

是以欲上民，必以言下之。欲先民，必以身后之。是以圣人处上而民不重，处前而民不害。是以天下乐推而不厌。

圣人想站在人民的上方来发号施令，那么这些命令就必然是服务于人民的。这不是说给人民说好话，领导者怎么可能每天变着法子说好话？群众的眼睛都是雪亮的，制度号令到底对谁有好处，经过一段时间都会明白过来。老百姓愿意圣人站在他们上方，是因为他们需要一个整合利益的人。

"欲先民，必以身后之"。如果想走在人民的前面去领导他们，得把自己的身家利益往后放一点，老百姓才放心。领导者的身家利益往后放一放，贵族们也就不好随便伸手，进一步讲，领导者自我约束，也能减少无谓的领导岗位竞争。领导者把自己身家往前放，等于诱惑各种各样的掠食动物在暗地里摩拳擦掌、磨刀霍霍，如果到了那种程度，那么除了集体黑箱操作抢劫社会之外，别无他途可走。

能够真心诚意地为百姓服务，又能控制住整个贵族阶层的利益膨胀，这样的领导者，才是社会治理成本最低的领导者，可以

说是"圣人处上而民不重，处前而民不害"，他们不会给老百姓带来额外的压力和伤害。至于为了百姓去发展社会，那是下一步的话。

好的君王站在高处，不会给老百姓添加更多的成本。他走在前面，老百姓不觉得受到伤害。现实的情况可能是，雇佣一个保姆时间长了，她都可能在家里作威作福。领导权本身是一种特权，必须有某种机制来做好自我约束。任何时代，作为统治集团内部，都要对此有所考量，不能毫无思考。

在这里，老子追加了一句，强调说："是以天下乐推而不厌"，那么如果天下不再乐推，厌倦了这种统治，后果又会如何？很显然，只有管束住特权，减少民众付出的总体成本，统治才能可持续。

以其不争，故天下莫能与之争。

为什么天下莫能与之争，一是老百姓支持他，二是跟他争也没好处，也争不来好处，跟他争来的都是服务社会的负担。从开明合理的社会治理模式，转向私欲优先的模式，同样需要极大的成本。一个社会如果能够形成良好的政治传统，确实能奠定长治久安的基础。

通译

大江大海能够成为天下溪流的归宿，是因为低下。正因为低下，成就了它们的博大。所以说领导者如果想要站在人民的上风，他发号施令就应该服务于人民；想要领导人民，走在人民的前面，自己的身家利益就要放在人民的后面。

好的领导者，他站在人民的上方，人民不觉得沉重；他带领人民的方向，人民不觉得受累。他不会张扬他的特权，所以天下人乐于推高他，而不会厌倦他的领导。

正因为他与世无争，不争私利特权，所以天下也没有其他势力可以跟他争领导地位。

小结

百川归海，转换到社会，就是领导者服务于天下，做一号服务员，做人民的公仆。

减少社会管理成本，与控制特权是相辅相成的，这是管理合法性的基础。

想要别人不来争，核心是要守住本位的职能，降低与之相关的利益，不与老百姓争利。这也是对人生意义认知上的升华——不必贪求名利双收，转而投身于事业本身的可持续发展。

第六十七章　不敢为天下先

天下皆谓我道大，似不肖。夫唯大，故似不肖。若肖，久矣其细也夫！

我有三宝，持而保之。一曰慈，二曰俭，三曰不敢为天下先。慈故能勇；俭故能广；不敢为天下先，故能成器长。今舍慈且勇，舍俭且广，舍后且先，死矣！

夫慈以战则胜，以守则固。天将救之，以慈卫之。

这一章讲长久博弈的原则。

针对精英群体关于道能否具体应用的质疑，老子回答以"三宝"：待人以慈，俭约自律，决策不僭越社会本位。以此为决策立场，能够不失大义、把握大局、战守兼备。

读者需要注意，本章"不敢为天下先"一句，在现代常反用为"敢为天下先"，意为担当时代责任、突破教条桎梏、锐意进取，与《道德经》原意有所区别。

天下皆谓我道大，似不肖。夫唯大，故似不肖。若肖，久矣其细也夫！

首先提出肖与不肖的问题，肖，就是可以具

体把握。"天下皆谓我道大，似不肖"，天下都说我提倡的道大而无当，不能具体把握、实际应用。由此可见，当时的贵族阶层，在社会治理上持权谋说或是暴力说的已经占了大多数，因此才有"天下皆谓我道大"的批评之声。

老子提出辩护，"夫唯大，故似不肖"。为什么道不能够被具体的言传和把握？因为它是普适性的法则，而不是工具，所有工具都依赖它起作用。这就像是数学的基础公理，是不能具体证明的，但如果没有这些公理，所有的定理也无从论证和应用。客观地说，权谋、暴力等说，应用的也是道的力量，只不过路径上是不可持续的，而老子提倡的合道，则是可持续的发展路径。

"若肖，久矣其细也夫"！如果能够具体描述，它还能叫道吗？那它就成了具体的万物了。在这个问题上，中西方文化有区别。中国文化的出发点是模拟，西方文化的出发点是假设。中国文化观察天地的运作方式，是为了在自己身上进行模拟，在社会治理上进行模拟，起点是现存的自然，而不是人假设出来的某种概念。这或许就是为什么几何学原理最初没有从中国发端的原因。几何学上所有的基本概念都是人造的，大自然当中没有直线，没有绝对的平面，更没有绝对的三角。

西方文明是从公理假设出发，然后进行逻辑上的演化，因而擅长于建构，它的发展是添砖加瓦式的，结构严谨；而东方文明更具有包容性，它强调系统间的调适，不容易因变迁而崩溃，更符合适者生存的原理。

所谓天人合一，实际上是生命模仿天地运作的方式而获得长生的一种思路，出发点并不是哲学概念上的"本体"，因此老子讲的道大，和西方哲学的逻格斯不能混为一谈。我们可以用西方本体论哲学来研究道，但道本身并不属于本体论，它仍然是可体悟、可实践的存在，体现在一切事物发展的过程当中。

我有三宝，持而保之。一曰慈，二曰俭，三曰不敢为天下先。

既然大家都说道大，不知道怎么应用，那么老子就提出领导者的三宝，也就是三个必须坚守的大原则："一曰慈，二曰俭，三曰不敢为天下先。"待民以慈、俭以约己、不用自己的意志去僭越天下的发展规律。

慈、俭、不敢为天下先，这三者是有逻辑关系的，基础是慈。所谓慈，是柔软、保护的意思。母亲对孩子慈，并不是满足他的一切欲求，而是以柔软的态度，给他发展的空间，尽可能地发展他的天性。慈的反面是害，比如把梅花修剪得弯弯扭扭，让它服从于我们的审美观念，如果梅花有意识的话，最厌恶的应该就是人类。所以慈隐含着好生之德的意思，它是一种共鸣、一种庇护万物的勇气。

王道政治，最忌讳麻木。为了保持内心的敏锐，孔子甚至提出"君子远庖厨"的教育要求，这和现今宫斗戏里把所有人都变成心机婊的剧情完全是两码事。慈心与人的基本生存需要相适应，一旦失去慈心，斗争就会沦落为无底线的相互毁灭，这对社会系统的稳定是极端不利的。因此无论出于什么目的开启斗争模式，其烈度都应该有所规范，不能变成网络游戏里的乱斗。

慈心，必然带来自我约束，这就是俭。俭的反义词是繁，即无限细化的规则、动辄得咎的环境。对于利益集团来讲，他们可以利用各种细化的规则来群殴，但老百姓根本没有精力来应付，因此即便是非常理想化的繁，也有可能让老百姓的小小事业陷入倒闭。

史书一向说秦暴虐，然而今天出土的文物说明，秦律的考虑其实非常周到。比方说一家人中，如果老公偷了别人东西，老婆不知道，不必连坐。类似的情况还很多。那么秦朝为什么两代而亡？很可能是因为繁！秦律太过于细致，甚至把人一天所有的事情都规定好了，这样一来，它的文化适应性就很差，用在秦地可能反应不大，但推广到天下，会给各地不同习俗、不同文化的老百姓带来无穷无尽的烦恼。所以古代繁苛并用，**繁**某种意义上等同于苛。

由慈入俭，到"不敢为天下先"，就是修养好生之德，尊重社会发展的客观方向，尊重老百姓的意愿，尊重社会生态的自我繁荣，而不把自己的意志过多地强加进去。总体上讲，"俭"和"不敢为天下先"，都是在慈的基础上演化出来的。

有人可能会问，如果这样的话会不会少了一些创新的能力？这倒不必担忧。创新从来是来自于社会本身、来自于每一个人的独立精神，如果都靠管理者的要求或者引导，效率是非常低下的。国家能做到的，是在社会万众创新的基础上进行整合，深入保护来自个体的创新精神。

慈故能勇；俭故能广；不敢为天下先，故能成器长。

到这里就不难理解了，有慈爱的心、爱护生态的心，而不是出自于自私自利，因此从心底里来讲是有勇气的。勇气来自于对生命的尊重。因为尊重生命，尊重百姓，因而能够自我约束，追求俭约的治理方式。这样效率高了，事业才会广大。最终的情况是，正因为"不敢为天下先"，能够维护住社会枢纽，所以能成为"器长"，即掌握各种社会治理工具的人，也就是说获得了领导群众的合法性。

今舍慈且勇，舍俭且广，舍后且先，死矣！

老子说，现在有些人舍了慈心，还要往前强冲，火急火燎地驱赶着老百姓，去实现统治层的利益；本身已经"多言数穷"了，连转圜的余地都没有了，还要一个劲儿地扩大统治的范围；本来应该做统合协调、总揽全局的角色，现在自己冲锋陷阵、到处插手，这样的统治者会如何？两个字判断：死矣！

《道德经》苦口婆心，无非是劝说统治者要把眼光放在老百姓身上，放在社会生态上，而不要放在没有根基的主观意志上。所有思路都应该集中在如何演化下去，如何通达未来，而不是占有什么、得到多少。做大不等于做强，做强不等于长久，这本来是人世间的常识，但人们都喜欢求一时的轰轰烈烈，忽略长生的根本。

夫慈以战则胜，以守则固。天将救之，以慈卫之。

如果能坚持对待百姓的慈心，坚持好生之德，用来打仗能够获胜，用来防守能够稳固。老天想救谁，也是用好生之德来保护他。好生之德，就是得道多助、失道寡助的原因。

正义，应该是出于慈心，而不是用冷冰冰的铁则让人间失去温度，这是"慈故能勇"的真实含义。换句话说，正义本来就来自于对人性的关怀，来自于众人的需要，它属于百姓，统治者是受托代理，无权随意操纵。

中国文化并不主张单一的正义规则。桃应问孟子说："一个官员，老爸犯了死罪，该怎么办？"孟子的回答让人惊叹，他说："把官印扔了，背着老爸逃跑，快快乐乐地过下辈子呀！"这里所讨论的官员并非他人，正是圣人舜帝。由此可见，以帝王名位为理由，丧失最基本的人性，是孟子不愿意看到的事情。类似的情况，西方发展到现代之后，有不能逼迫亲人去指证凶手的保护原则，这些原则对社会治理的积极意义是非常深远的。

通译

天下人都说我提倡的道大而无当，没有办法具体执行。然而正因为道是普适的，所以它不可能被具体描绘，如果能够具体描绘，那它就太小了，就成为万物之一了。

我有三宝，一直遵守它，靠它去治理社会。第一，好生之德的慈心；第二，自我约束，俭约行事；第三，不把自己的意志凌驾于天下之上。因为有这样的好生之德，所以有真实的勇气；因为俭约行事，事业才会广大；因为不把自己的意志凌驾在天下之上，所以天下尊我为共主。现在有些人舍弃了好生之德，还使劲往前冲；舍弃了自我约束，还想扩张更大的事业；舍弃了谦虚谨慎，还要到处冲锋陷阵，真是死路一条。

要知道，慈心用来打仗可以打得赢，用来守护可以守得住。老天要救谁，也是用慈心的好生之德去帮助他。

小结

是以大道为宝，还是以自己的主观意志为宝，是遵守道还是屈服于自己的贪欲，这是个原则性的问题。贪欲能够驱使人做各种事情，但它只是片段性的人格代码；完整人格是平衡的，着眼于生命循环再生的机制。庄子说人分假人和真人，也是这个意思，假人被片段性代码左右，制造各种理由（大多时候都是高尚理由）去追逐各种并不需要的事情。

现代社会，精英常常把自己玩死，可以说是"舍慈且勇、舍俭且广"的生动体现。万千荣耀，伟大事业，不过是心里放不下的虚荣心与安全感在作祟罢了。安全感演化出占有欲，占有欲上升为权力欲，权力欲打扮出成就感，这样层层矫饰，终身奔忙，所作所为与人类的真实需求其实扯不上半毛关系。

　　社会不是某几个利益集团的围猎场，它属于天下人。领导者持守三宝，震慑贵族精英人群泛滥的争斗，是对老百姓最好的回报。

第六十八章　不争之德

善为士者不武，善战者不怒，善胜敌者不与，善用人者为之下。

是谓不争之德，是谓用人之力，是谓配天，古之极。

这章讲不争之德，也就是决策者以低下包容的服务精神，用人所长，服务社会，从而自己达到与世无争的思路。

本章上下文理路显得有些残缺，很可能有丢失的字句。

善为士者不武，善战者不怒，善胜敌者不与，善用人者为之下。

"善为士者不武"，士最早是王者身边的侍卫，要求文武双全、文质彬彬，后逐步转换成能断事务的意思，变成了文官的代称。"善为士者"，善于代表王者做事的人，他不依靠威严去压服人。依靠王者的威严，办事的过程会很容易，但结果不会好，会积累怨怼。

"善战者不怒"，善战的将领不会被轻易激怒。中国古代打仗讲究激怒对方，所以要先骂阵，而且是事先编好了歌谣，然后用各种各样的腔调去骂。面对骂阵，将领必须保持冷静，调整好整个队伍的心态，不为任何外来宣传所动。

"善胜敌者不与"，打胜仗的人不纠缠，掌握自己的节奏和目标，不为对手的各种伪装所动。这和打架同一个道理，武功高手可以以一敌多，但必须保持自己的节奏，每次只打一个，一个个打趴下。

"善用人者为之下"，善于用人的人，能够低下身段，为人才做好服务。用人，理想的是用某个方面比自己能干的人，所以要为人才服务，用自己的管理才能去补足人才的短板，这样就不会轻易失去人才。

说到打仗骂阵与战争宣传，水平确有高下之分。文学作品里有姜子牙骂商纣王的十大罪状，全部是骂纣王失德，诸如不敬天地、虐杀发妻、丧尽人伦、残害大臣、奸淫臣妻、听信谗言、奢靡浪费等等，可谓个个击中社会关心的痛点，虽然只是文学描绘，但水平实在不低。

真实历史中，骆宾王讨伐武则天的檄文很受历代文人赞赏，但如果分析起来，骆宾王显然未得战阵宣传的三昧。骆宾王说："伪临朝武氏者，性非和顺，地实寒微。昔充太宗下陈，曾以更衣入侍"，说武则天个性不好，出身寒微，过去嫁到皇室里就不是明媒正娶，而是一个卑贱的陪嫁，趁着给太宗更衣上厕所的时候去服侍太宗，才引起皇上的注意。又说："洎乎晚节，秽乱春宫。潜隐先帝之私，阴图后房之嬖。入门见嫉，蛾眉不肯让人；掩袖工谗，狐媚偏能惑主"，指责武则天到老了晚节不保，还要找男人鬼混。先帝对她那么好，她都只字不提，倒是把后宫之宠全部都给握在自己手上。不但如此，武则天特别能嫉妒别人。不让老公选妃，尤其还特别会谄媚先帝，偏偏又能迷惑了先帝。

这种檄文，整个就是玩弄词句、卖弄风骚、攻击女性，完全没有战争宣传的章法。作为战斗檄文，最重要的是攻击武则天执政的合法性，刺激世家和重臣的利益需求，但骆宾王这篇檄文却没能突出重点。

据说武则天看到檄文之后，并未大怒，反而夸奖说骆宾王文笔不错，然后又装作很失望地批评大臣们失察，竟然没有提前笼络骆宾王这样的大才。其实，以武则天的政治眼光，当时就明白了其中的奥妙，根本就是个秀才造反、三年不成的活生生的例子。

合作或者竞争，无非两条大的原则，第一要抓住大义，第二要抓住利益上的关窍点。这两条抓住，事情就定性了，并不需要酒桌上喝得酩酊大醉，或者在媒体上撕得体无完肤。

是谓不争之德，是谓用人之力，是谓配天，古之极。

这就是不争的德性。所谓不争，就是领导者做好本位，善用人才，让人才发挥作用。能够抓住每个人的特点，为之提供匹配的环境和条件，这就是与天道相匹配的德性，也是古代君王最高的境界了。

通译

善于做士人的，他不用权威压服人；善于打仗的人，他不会被激怒；善于胜敌的人，不纠缠于战场得失；善于用人的人，能够很好地为人才服务。

这是不争的德行，也就是能很好地掌握每个人的特性，促使他们发挥作用。这种德性，是和天道匹配的，也是古代君王的最高境界。

小结

用人的基本原则，在于以服务的平台整合人才的力量。能够让更有才华的人积极工作起来，才能说是合格的领导者。

领导者不与百姓争利，同样也不要与人才争功。能够帮助各种各样的人才各行其是，领导者自己却是与世无争的。

第六十九章　哀兵易胜

用兵有言：吾不敢为主而为客，不敢进寸而退尺。是谓行无行，攘无臂，仍无敌，执无兵。

祸莫大于轻敌，轻敌几丧吾宝。

故抗兵相加，哀者胜矣。

这一章讲战争心理。

得失让人迷惑，存亡间有大恐怖。如何正确对待武力，使其成为促成合作与进步的力量，考验着决策者的智慧与心胸。

本章强调和平国家更要做好战争准备，不要存有侥幸心理，要坚持正义的立场，积极赢取战争的胜利。

用兵有言：吾不敢为主而为客，不敢进寸而退尺。

"用兵有言"，说明老子是在引用过去的兵书。"吾不敢为主而为客，不敢进寸而退尺"，这是说作为将领，不能有任意驱使胜负的骄傲想法。

在道家看来，做好任何事情，都需要存诚，对自然法则保有敬畏，战争也不例外。例如，围棋是战争在现实生活中的模拟，最忌下滑了手，判断对方不如自己，就百般轻视，下出无理棋来，故意欺负对手。这和遇见了高手就破罐子破摔其实是一个道理。棋手讲究棋道，做好自己的本分，不应该因为对手的水平而取舍滑心、不能自己。

吴清源先生是整个二十世纪最伟大的棋手，对于大家都很关心的胜负，吴先生反而主张超脱。他认为围棋的胜负，本质上是一场合作。如果黑方这一子下去得到了好处，那是因为白棋下得不对，造成当下的形势有利于我方，我方因此多分割了合理的利益。一切都是形势所至，而不是谁有欺负谁的权利。因此围棋的胜负是公平合作的体现。

"吾不敢为主而为客"，放到现实的做法上，大概是指师出有名一类的事情。春秋战国时期是多国格局，打仗师出无名，容易遭到各国的联合讨伐。"不敢进寸而退尺"，可能也有类似的意思。

这一句也有解为从不主动进攻，永远是防御反击的。但战争本身也有规律，当主动时不主动，也不合道，因此"不敢为主而为客"这一句，解释为不怀侵略之心、但又永远谨慎应敌更为妥当。至于仗该怎么打，正所谓"以奇用兵"，并无定式。

是谓行无行，攘无臂，仍无敌，执无兵。

古代战争当中，步兵是成阵列的。两军混战，步兵厮杀到一起，会形成一个个小块的战斗，这样一来，排兵布阵就成了大学问，决定着小块战斗的效率。

对这一句，传统的解释是：行无行，行军打仗不需要阵列；攘无臂，击退敌人不需要动手；仍无敌，前方没有敌人需要抓捕；执无兵，手上也不需要抓着兵器。很玄妙但也未免太过于让人费解，与前后文也难以联系。

如果确认本章主导思想为不侵略、不轻敌，这一句的意思就清楚了，应该是提前做好万全准备，即还没有行军，预先已经准备好阵列；还没有动手，已经做好了战斗的训练；还没有遇敌，已经做好了抓捕的准备；还没有拿起兵器，已经做好战斗的姿态。

和平来自于充分的军事准备，来自于实力均衡，这是人类历史的宝贵经验。

祸莫大于轻敌，轻敌几丧吾宝。故抗兵相加，哀者胜矣。

祸莫过于轻敌，轻敌等于丧失了我方坚守的原则。

我方的原则是什么："一曰慈，二曰俭，三曰不敢为天下先。慈故能勇，俭故能广，不敢为天下先，故能为器长。"

一旦动了欺负人的心思，就是失了慈心。舍慈且勇，不尊重战争的规律，等于作死。

"故抗兵相加，哀者胜矣"，如果是兵力差不多的军队打在一块，有好生之德的那一方会获胜，尊重战争规律、慈心应敌、感觉到正义使命的一方将会获胜。哀兵，未必是逼到绝路的军队，此处应指大义所在、对生命充满慈心，因而理直气壮、不得不拿起武器的一方。老子断定，有正义感的军队获胜的几率更大。

通译

古代的兵书说，我不敢做进攻的那一方，我宁可做防守的这一方。我不敢往前多进一寸，我宁可为了安全预留一尺。

任何时候，都要做好战备。还没有行军，先准备好阵列；还没有动手，先训练搏击；还没有遇敌，先做好抓捕的准备；还没有拿起兵器，随时可以进入战斗姿态。

祸事没有大过轻敌的了，轻敌就是丧失了治国之宝。所以说力量差不多的军队相互对垒，秉承着正义的那一方容易获胜。

小结

得道多助，失道寡助。在战争当中，应该坚持正义的、解决问题的立场，而不是侵略扩张的立场。实力相当的时候，好生之德的一方胜算更大。

战场是国家实力的照妖镜，是整个社会资源和体制的直接碰撞。西方文明常常检讨帝国的腐朽，就是贵族阶层都不维护体制，而是利用体制去做权谋，陷入无穷无尽的内耗。这样的情况，一旦发生战争，只能死生由命了。

竞争是一种合作，比的不是谁把谁压倒，而是谁能够更好地掌握形势、发挥自己的能量。心理上比较弱的人、过于善良的人，可以从这个角度多想一想，在竞争当中不要那么孱弱，可以通过培养自己的慈心，因慈而勇，追求公平公正。所以竞争也是一面照妖镜，照出来的是我们的德性和心理素质。

第七十章　被褐怀玉

吾言甚易知，甚易行，天下莫能知，莫能行。

言有宗，事有君。夫唯无知，是以不我知。

知我者希，则我者贵，是以圣人被褐怀玉。

本章讲治统，在今天来说，就是创建事业的初心。

人类的社会制度并非凭空想象而来，每一种制度都有着历史的渊源，同时随着社会情况的变化而不断演化。因此，一方面，要根据形势变迁，积极进行组织制度的变革；另一方面，又要把握自家制度的初始逻辑，不断统合与回归。

治统是历史的宝贵财富，沉淀着太多复杂的内容，必须严肃对待，不宜夸夸其谈。

吾言甚易知，甚易行，天下莫能知，莫能行。

老子说，大道其实很容易理解，也很容易去实践，但是天下人很少能够真正理解，也很少人能够真正照它去做。

大道没有隐瞒造化之道，它显明在万物周而复始的生生死死之中。圣人也不隐瞒治世之道，甚至于道理说多了，人们纷纷嘲笑说大而无当——照着正路走，太漫长、太乏味了，如何展开一生轰轰烈烈的既视感呢？贵族们朝生暮死的思维定势已经形成，他们拒绝自己经验之外的任何事物。

言有宗，事有君。

"言有宗"，言教法令总有个来由，它是一层层累积而来。人类最早的法律都是惯例法，预置框架的大陆法系是后来慢慢发展起来的。知道一项法令最初的缘由，也就了解它的根本精神和真正的适用环境。

比如，佛门的淫戒是怎么来的？古印度有个规定，如果男主人出家修行，家里没有继承人的话，田产就会被家族充公。一个僧人的妈妈就找到他说，你得给我留个子嗣，要不然我和儿媳妇就没法过日子了。这个僧人听了，就在树林里与过去的夫人又发生了两次关系，还生了两个儿子。这件事传开了，佛陀认为影响了僧团的声誉，会让社会上认为僧人们一边修行还一边享受世俗的生活，于是制定了淫戒。由于僧团立戒的原则参照世间的惯例法，并不往前追究，所以并没有惩戒这位僧人。我们了解淫戒的来由，就该放下"万恶淫为首"之类的夸张观念，更不要明明一个大俗人，偏要去套"淫戒"的规定。

"事有君"，一旦规则开始执行，就会衍生出各种各样的子规则，本来是为了调节社会利益纠纷，渐渐又会催生出新的博弈方式。这个时候必须要有某种统合性的力量，对规则的异化进行回归，不能让社会利益博弈愈演愈烈。

领导者能够观大局，而普通人则在局部利益上考虑问题，渐渐就可能走向极端。如果想让大家的观念回到道上，一方面要追溯初心，另一方面还需要建构统合机制，这样才能不断地重构社会制度、弥合社会分歧。因此无论什么时候，形势判断都是一种非常重要的素质，体现着高水平的思维方法。

夫唯无知，是以不我知。

正因为人们很少能够追溯初心，当时的社会可能又缺乏返还机制，人们才会误以为功利做法就是正确的、必须的。这就好像吃了六块烧饼饱了肚子，就误以为第六块烧饼是功臣一样。"不我知"，不明白我所说大道的真实意思。

另一方面讲，"言有宗，事有君"确实也不能不分场合地随意探讨。长期的发展中，不知道夹杂多少难以说清的事情。所以真正掌握底层代码、治世思路的人，也不会到处炫耀这件事。

今天来看，事业的成功与延续未必没有秘诀，但这事如人饮水，冷暖自知。家族里可以传承，子孙可以体会，却不可能著书立说，公诸于世。为什么说延续三代才能叫贵？不是说它积累了某种气质、规范、礼仪，它积累的是独特的思维方式和形势判断能力。

知我者希，则我者贵，是以圣人被褐怀玉。

真正明白我的人很少，我只能说大原则，不能揭开具体统治的机密。但大原则既然公开了，聪明人就能明白，就会按照大原则来行事处世，形成自己的事业轨道，这是很可贵的。老子暗示，这些人就是下一代领导层的候选人。

真正的明白人没有出来炫道的。因此想要求道却去找名道，怎么可能求到真道？"圣人披褐怀玉"，真东西不能拿出来，它只能是小范围、非常有信用的一种交流。

通译

我讲的道很容易明白，也很容易做到，但是天下却很少人明白、根本就做不到。

法令都有源头，然后因社会变迁而不断变化。随着规则、法令的演化，社会事务变得藤蔓四起，就需要某种统合的力量来让它分化返还。人们基于局部眼光，不能追根溯源、判断形势，所以他们就明白不了道、行不了道。而一旦明白了道，就不会再热衷于权谋之道，更不会出来炫耀。

了悟大道的人太少了，积极行道的人太可贵了，要知道有道之人，都好像是穿着粗布麻衣、怀揣着最珍贵的宝玉。

小结

领会大道不难，但需要突破认识习惯的局限，追溯人类社会治理的源代码，理解当下治理方式的形成背景和原因。

领导者也是社会演化的产物，最早并不是先有人悟道了，然后再去做领导。事实上是在社会治理的过程当中，有些人逐步领会了道。因此悟道行道之人，始终都是一个社会最可宝贵的财富。

权力并非天授，组织结构都在不断演化之中。复杂演化与正本清源，是制度发展中的一种微妙的节奏把握，一旦拿出来公开讨论，难免会引发新一轮的勾心斗角。因此决策者本质上都是孤独的，他们必须保持谦下与敏锐、心无挂碍，在不断地发展中，默默做好演化与统合的双重工作。

第七十一章　人贵自知

知不知，上；不知知，病。

夫唯病病，是以不病。

圣人不病，以其病病，是以不病。

这一章文字极少，讲的却是特别复杂的问题：人性的弱点与认识的局限。

古希腊哲学家说过，所知越多，未知越多。我们的认知就像是一个圆，圆的面积越大，接触到的未知面积就越大，就越会觉得自己无知。

道家主张，决策者更应该充分自省认知本身的局限，规避自以为是的认知病态。

知不知，上；不知知，病。

"知不知"，知道自己认知能力的局限，接受这种情况，并能够自我警醒，这样是很好的。"不知知"，以不知为知，明明自己不明白，却认为自己明白，这是认知上受到了误导，老子对此的评价很糟糕：病态。

认知是人与自然之间的桥梁，有时候也是一堵墙。很多时候，人们甚至不知道自己在钻研的根本是个伪问题。即便是明白认知的局限，我们往往也搞不清楚我们不知道的事情到底是哪些。儿时当我们接受教育的时候，所谓的未知都是前人已经指明的已知，而到了成年后独立面对社会时就会发现，能够弄清楚问题的所在都是大福分，因为那意味着至少有了解决问题的方向。

夫唯病病，是以不病。

不知道自己不知道什么，我们只能在既有的知识圈内向外面眺望，这是人类认知的困局，因此在认知上，永远要保持谦逊和开放，要做好准备，永远会有更新的东西出现。"夫唯病病，是以不病"，有了对认知局限的预警，人类就有可能不断地进步，至少不会陷入以不知为知的泥沼。

圣人不病，以其病病，是以不病。

圣人之所以不会陷入认知的病态，是因为他深刻了解认知病态的有害，坚决保持认知上的谦逊和开放，所以就有效规避了认知误区。

用现代的话说，人的认知永远不可能达到真理，这世界深广、变化的可能性，远远超过我们认知的范围。人类幼年的认知，认为科学＝正确，真理在握，而人类成熟的认知，明了科学只是一种高度实用的知识，是在证伪中发展的一种方法，它只能反映这个世界的某个侧面。真理是一个追求的过程，这种追求将与永不停息的造化为友，从来没有也不需要一蹴而就的结果。

任何一种认知工具，包括科学在内，都有其方法本身的局限性。如果用某一种工具去替代所有工具，例如认为凡是科学不能研究的现象都是错误的、不存在的，就是典型的认知病态。

进一步讲，"玄之又玄，众妙之门"，事物总在不断地运动变化之中，如果强求这世间一切现象可以确切解释，或者用一种模式去解释所有现象，一样也是一种认知病态。

通译

知道自己认知的局限是好事；不知道局限，认为自己都知道，是一种认知的病态。

能够看明白认知的局限，以其为病，这样的心态是健康的。

圣人的心态是健康的，正是因为他接受自己认知的局限，所以他的认知是健康的。

小结

认识到认知本身的局限，这是人类认识论的解毒剂，否则就会困在过去的认识当中裹足不前，陷入经验主义的傲慢当中。

认识到人性的弱点，可以有效地规避恶果。人本来就是有缺陷的，不必追求完美，更不必苛责他人。真正的出路，是做一个开放的人、可以顺畅演化的人。

第七十二章　民有大威

民不畏威，大威至矣。

无狎其所居，无厌其所生。夫唯弗厌，是以不厌。

是以圣人自知不自见，自爱不自贵。故去彼取此。

这一章讲百姓心理，警告决策层不要试探百姓的底线。

百姓的底线并无城府，只是生计。如果生计已无保障，生存只是负担，那么任何恐吓与惩罚将失效。迎接贵族阶层的，将是社会性的毁灭力量。因此老子警告说："民不畏威，大威至矣"。

民意反映天意，欺民如欺天。保护百姓的财产安全和发展权利，是构建政治伦理的真实基石。

民不畏威，大威至矣。

作为统治者，常觉得自己是很威风的，是有某种官威的，实际工作中，习惯于压倒下属、压服老百姓，但是这件事情终归是有个限度的。当有一天老百姓不再害怕权威，或者说他们认定了怕也没用的时候，天底下最大的一种威势就要到来了，那才是天威。

儒家说"欺民如欺天"，认为民意就是天意，和《道德经》强调的是基本一致的。

不过，深究一些的话，民意与天意不能完全等同，它很容易受蛊惑、被操纵。某种意义上，现代传播学研究的就是这件事。广告当中，电子产品可以与民族情怀挂起钩来，洗发水和男人对自己的态度成正比，这都是人为地在操纵受众的情感。商家这么做，有社会领导层来治理；领导层如果也这么做，谁又能制止他呢？因此《道德经》强调，领导者是舆情安全的保障，不要进行各种"尚贤""见可欲""贵难得之货"的权谋蛊惑。

本章讲民不畏威，是权谋之治失败之后的事情。

无狎其所居，无厌其所生。

"无狎其所居，无厌其所生"，狎通"狭"，有释为不要让老百姓住得狭窄、不要让他们生活没趣味，似乎有点字面了。房地产炒作最早起源于香港的炒楼花，其本质是玩贷款、炒预期。春秋时期人口那么少，又没有金融工具，根本炒不起来。

"居"，指居积更好一些。"穷家值万贯"，老百姓积累那么一点点生产资料，为来年做打算的，官吏们不要给他夺得一干二净。古代资源匮乏，很多老百姓连过冬的粮食可能都攒不起，如果再遭遇酷吏，真的是没法活了。

"生"指生计，生计就是老百姓的活路。笔者的父亲九十岁辞世，此前几年，他写了几句传家的话给儿女们，其中提到一句："拂晓创业如土针挑"，大意是说，我和你们的母亲当年做小买卖养活六个孩子，想要挣点钱太难了，就像用针去挑土一样。我们没有资本，没有工具，完全得靠双手去扒拉一点营生。

这就是老百姓真实的生活，他们没有工具，没有资本，没有权势，没有信息，只有追求美好生活的愿望和吃苦耐劳的精神。这样的人是最不能欺压的。

"无厌其所生"，"厌"就是压制、挑剔，对老百姓的营生进行苛责。老百姓在路边随便摆摊，确实影响市容，但如果你费点心做好管理服务，未必不能成为一道市井风景线。城市的美好不是谁的想象，它应该包容着每一个老百姓的生活追求，他们才是城市生活的主体。压制老百姓的生计，是社会治理的大忌。

夫唯弗厌，是以不厌。

统治者不苛责百姓，百姓不会无缘无故地抱怨谁。如果老百姓觉得生无可趣、民不聊生，已经没有什么好活的时候，那就是大威将至，一切虚伪的骗局都会被怒火烧毁。

原始佛典《杂阿含经》里说，对于老百姓来说，要善加守护自己的生计，其中防范"王"是第一位的，也就是说要注意防范来自统治者错误政策的灾难。第二要防范的是盗贼，其后才是自然灾害。换句话说，大难都是人祸。2600多年前，话已经这么说了。

那么，作为老百姓该怎么致富呢？佛陀又指出来，首先需要购置的是生产工具，在当时就是耕牛；第二是置田地；第三才是置房产。由此来看，佛陀其实是个有社会治理经验的人，他做太子十几年，不可能像后期佛经上描绘的那样不食人间烟火。

如果把"厌"作为苛责讲，"食不厌精，脍不厌细"可能也有新解，就是吃饭不苛求精美，做饭不可求细致。说孔子吃饭挑剔得不行，实在是有些说不通。至于说后一句"割不正"，估计是指不吃屠宰不符合人道、或者说虐杀的动物。按孔子的态度，不只是虐杀的不吃，盗泉之水也不能喝，取财更需有道。

是以圣人自知不自见，自爱不自贵。故去彼取此。

圣人是"自知"的，"知不知"，明白凡人智慧的局限，因此不会刻意展示自己的远见卓识。他会把老百姓的事处理好，而不会仗着聪明就把老百姓驱赶得到处奔忙。

圣人是"自爱"的，他爱惜自己，所以就不会刻意抬高自己。百姓过得本就不容易，如果领导层还不以百姓为贵，那社会生活就会一片昏暗了。

所以好的领导者思想是深邃的、心胸是宽广的，他们深明应该取舍什么。是控制百姓，还是约束管理层；是苛责百姓的生计，还是为他们维护生存环境，这完全是两条道路。

通译

老百姓被逼到不需要惧怕官府权威的时候，天底下最大的威权就要爆发了。

作为统治者，千万不要去剥夺老百姓那么一点点可怜的积蓄，不要对他们百般不易的一点生计苛责挑剔。你不挑剔老百姓，老百姓才不会有积怨。

所以说作为好的统治者，他心里像明镜一样，他不对外表现，他爱惜自己而不抬高自己。应该走哪条道路，取舍其实是很明确的。

小结

一旦民众忍无可忍，爆发的力量将是势不可挡的，这种力量代表天意，是一种压抑已久的极端返还方式。

如果想与老百姓相安无事，就不要阻挡老百姓的生计。民间有"光棍不挡人财路"的谚语。老百姓那么一点财路背后，有很多的含义，妻子等着米下锅，孩子等着交学费，老人等着看病，他们的困苦不是精英贵族们可以体验的。

决策层要注意自我的提升，而不是挖空心思去控制老百姓。领导学修为的主要思路，在于放下自我的偏执、慈心应世、进入到与万物共生的和气之中。这是修身与治国一以贯之的道。

第七十三章　天网恢恢

勇于敢则杀，勇于不敢则活，此两者或利或害。天之所恶，孰知其故？是以圣人犹难之。

天之道，不争而善胜，不言而善应，不召而自来，繟然而善谋。

天网恢恢，疏而不失。

这一章讲发展的大局观。

首先提出问题，态度上的积极与消极谁更有利于发展？老子回答说，盲目积极比消极更糟糕，积极追求如果僭越了社会的大方向，同样会很快崩盘。

引领事业的发展，必须推动潮流，争取主动，然而长期的主动不能靠强争，要靠对大形势的正确引导和运用。在开放、公平、通畅的环境中，大家可以各自实现利益，同时不断地返还于社会，从而达到稳定与发展的平衡。

勇于敢则杀，勇于不敢则活，此两者或利或害。

"勇"，是积极地去做事情，放开胆量；"敢"，带有以下犯上之意，所谓"匹夫一怒，血溅三尺"，是敢的代表；"不敢为天下先"，也有以天下为上、不去冒犯天下的意思。

当然，近现代都讲"敢为天下先"，用的是勇于为天下承担责任的意思，与老子的本意并不冲突。

"勇于敢则杀"，积极、放开胆量地去追逐，把自己的意志凌驾于天下之上，这样的做法会很快穷途末路。"勇于不敢则活"，同样是积极的态度，但把努力用在尊重天下潮流上，这样的统治者至少也能保全自身。"活"，也有找到生机出路的意思。

那么多大胆妄为的，一时间得意云霄，然而很快就死了；那些保有敬畏之心的，看起来甚至挺窝囊的，总是协调这边、妥协那边，但他也是很有勇气的，他能够自我约束、不怕社会眼光，坚决不碰天下的底线。

"此两者或利或害"，这其中的利害关系，还真是让人费琢磨。

天之所恶，孰知其故？是以圣人犹难之。

对于前面探讨的问题，老子也不由一声叹息。老天讨厌的事情，谁能知道其中的缘故？这些事情，前面已经说得多了，大自然并不认同道德上的目的，大自然只是在不断地执行"挫其锐，解其纷，和其光，同其尘"的返还工作，这是天网，不管谁落入其中，无论你主观上觉得自己是善是恶，待遇都是一样的。

这真是老爷子掏心窝子的话。奈何人们总是从一己的立场出发，自以为行善积德，要把世界改造成自己的想象，却常常触了自然法则的霉头，更别说那些偏执求私的人了。

以史为鉴，历史上有多少满心好意的改革都失败了，甚至改革者自身也死无葬身之地。有史学研究者说，中国古代社会的改革，只成功一例——商鞅变法，结果还是自己死于非命。诸如王安石之类的做改革，做到后来连基本的道德水平都不顾了。反对派对某政策提出意见，宋神宗咨询王安石的意见，王安石根本不听意见是什么，只问提意见的人是谁。改革派和反对派都说自己秉持大义，然而王安石的做法，到底还是"勇于敢"多了些，缺少对当时社会实际情况的尊重和形势判断。

改革派并不天然代表大义，任何变革的背后，都是一种实际利益的导向。顺着这个导向会兴起新的一批人，然后靠这批人的事业发展，把原来的桎梏打破。改革者如果不能正视利益各方的诉求，准确判断社会潮流的走向，遭遇败局又有什么奇怪的呢？

"天之所恶，孰知其故"？人们可能觉得自己有道理，但老天讨厌这个事情。这是天机，老子不愿意说透。

"是以圣人犹难之"，这一句可能是误入，也可能不是。总之，精确的形势判断本身是一种妄求，因此圣人尽量虚静自我、多留余地，让社会自我运作。有些时候，形势可能坏到极点了，坏到极点就意味着当中蕴含着巨大的张力，圣人会利用这种张力去做转换，而不是正面硬扛。

天之道，不争而善胜，不言而善应，不召而自来，繟然而善谋。

老天处理整个自然界资源平衡的时候，他是不跟谁争的，但是时间长了都是他赢。他不去发号施令，但是他通过一定的变化节律，例如春夏秋冬、日升月落，万物就成长起来了。老天通过这种方式回应万物的要求。生命在要求什么？信用。

天道对待众生，总是提供平台、梳理通道，于是众生不招自来，相安无事。同样，大国的发展，大国间博弈，本质也不是谋略的比拼，而要看谁能为百姓创造更开放的生存空间、更公平更通畅的发展路径。

天道是不需要祈祷的，不用万物去跟它索取，它就在万物之间自然地流通。天道的运作看起来好像很稀疏，没有直接点到谁的头上，叫你怎么样，叫他怎么样，但是所有事情都在天道的大规划当中。

天网恢恢，疏而不失。

天道的底线是模糊的，社会的底线也是模糊的，在这个底线之上，为拼搏者留了巨大的空间，因此聪明人似乎总是能找到腾挪的空间。这会带来一种错觉，觉得自己做再多的坏事都可以得到转化。

然而老子说，"天网恢恢，疏而不失"，虽然底线是很模糊的，但是一旦触碰到它，就会如影随形，摆脱不了后果。因此人无论出于什么目的去拼搏、去索取，都不能失去对自然法则的敬畏。

什么是不能越界的底线？我们需要回到中国人的老话，以史为鉴。天道总是支持新生事物，当新生事物产生的时候，不可触犯的原则很少，但它成长到一定时候、与社会结合起来的时候，就需要认真地维护自己的合法性。

几年前摩拜单车是一个新生事物，融资情况不错，发展情况也不错，但稍有发展就开始放昏招：充一百二算两百。这是典型的为了竞争而竞争，碰触了自身合法性的底线。摩拜单车生存的合法性，是倾向于社会公益方式的长线商业运营，以极低的收费去获得微利，现在连微利也不要了，怎么能可持续？

又如首汽约车，一个高端网约车平台，也曾做过类似的事情，充一百送一百，充值上限没对外公布，于是很多人就充了好几万。首汽约车关起门来算账，发现自己赔了，它的成本线是充一百送五十，而且它的业务是铁打的，不需要融资，所以做这样的赔钱买卖，伤的是企业本身的元气。企业自伤元气，也是对社会的不负责任。

以上举的都还是比较正面的例子，那些比较负面的，情况会更糟糕。

通译

勇于去敢为天下先的，往往早早败亡；能够顶住嘲笑，勇于不敢为天下先的，却能长存，这两种态度都有自己的理由，结果却大为不同。老天的好恶，谁知道尽知其中的奥妙？所以圣人做事，都有非常谨慎谦逊的预估。

老天不去跟谁争，但凡事最后总转回到它这儿来。它不发号施令，但是天下的万物都感应它；它不用召唤什么，资源就派发出去，他好像漫不经心，其实早就把大局定好了。

天网看起来疏松不整，但无论谁碰到了这个底线，都逃不过去。

小结

积极与消极不在于态度本身，而在于寻求真正的主动。有余地才有主动性。积极地去为无为，长久看来是有益的；大凡过度追求短期利益的，把希望寄托在风口的可持续上，与赌博无异。

对于拼搏者来说，要做好形势判断，尤其是要正确对待那些不可能预判的形势。为无为，不是放弃独立人格、任人安排，而是"勇于不敢"，时刻争取主动去顺应时势，保有转圜的空间。

　　天道为万物预留了巨大的运作空间，社会治理也需要眼光长远，不要求全责备。

第七十四章　死生有天

民不畏死，奈何以死惧之？

若使民常畏死，而为奇者，吾得执而杀之，孰敢？

常有司杀者杀，夫代司杀者杀，是谓代大匠斫，夫代大匠斫者，希有不伤其手矣。

这一章是对杀伐原则的反思。

无论是百姓走投无路的反抗，还是百姓富足之后出现的异类少数，老子都坚决反对采用杀伐政策进行治理。社会的多元化是生态健康的标志，不应该按照某种单一价值观去刻板修剪、为所欲为。

当下一些人做事业做红了眼，好谈杀伐果断、弱肉强食，把遇上风口的红利误以为是自己手段暴烈的结果，把自己幸运的原因归结于给别人造成不幸，更需要借本章多做一些反思。

民不畏死，奈何以死惧之？

老百姓已经不怕死了，一点点生路都没有了，活着还不如死了好，你还用死去恐吓他吗？"惧"就是恐吓。

朱元璋说，"见本经云：民不畏死，奈何以死惧之？当是时，天下初定，民顽吏弊，虽朝有十人而弃市，暮有百人而仍为之，如此者岂不应经之所云？朕乃罢极刑而囚役之，不逾年而朕心减恐"。朱元璋承认，杀人杀得越多，问题却越是严重，于是自己也陷入恐惧。

朱元璋早年主要是治吏，多杀贪官，对老百姓的态度，有时是非常优厚宽容的，甚至于有些老百姓把当地的贪官绑到京城，朱元璋也曾加以褒奖，这在古代政治里是难以想象的。朱元璋杀了贪官之后，把尸体扒皮填草，挂在庙里风干示众，但没有用，贪官还是一波一波地来，像潮水一样。

老百姓不怕死，是因为没有活路了，贪官竟然也不怕死，到底是为什么呢？这大概是中国古代社会的千古之谜。其实问题没那么复杂。既然掉脑袋还要当官，只能说是当官这件事有某种绝对不可替代的利益，用其他任何方法都拿不到。马克思曾经评价资本说：如果利润有300％，"就会使人不怕犯罪，甚至不怕绞首的危险"。但中国古代社会资源在官路上的垄断程度，以及与之配套的社会等级制度，即便是马克思看了，大概也是要很惊诧的。

不是利大就能让人不怕死，利出一孔才会让人冒死冲杀。千军万马冲独木桥，人们不死在桥边，还能死在哪里？这不是人死心眼，而是社会没有提供多元化的出路。

若使民常畏死，而为奇者，吾得执而杀之，孰敢？

如果让老百姓都很怕死，这是什么意思呢？就是过得挺富足、挺愉快的，家里几个孩子隔三差五就要娶媳妇，这时候他还出来闹事吗？如果这种情况下，"而为奇者"，还有人闹事、做那些出格的事情，我把他抓过来给杀了，谁还敢"为奇"呢？这是常规的解释。

据说美国人很惜命，征兵遇到的大多是中产阶级家的孩子，常常是前方还没打，后方中产阶级各种推特、脸书已经闹作一团，和平主义呼吁铺天盖地，其实就是不想让孩子打仗，加上各种待遇、赔偿又特别高，因此打仗的成本也特别高。于是得出结论，民众越是富裕，国家行为越是趋向和平。按照这种说法，美国应该是发动战争最少的国家才对，可惜了，"然而不是这样"。

其实我们应该问的是，总是压制少数，驱逐边缘人，把那些标新立异的出头鸟一个个打掉，对社会的运行来说真是好事吗？大家都老老实实地种地，只有几个人想要出门跑买卖，到底应该如何看待这几个人的价值呢？主流如果有权力弄死少数，不等于是把一个族群的创造性力量都给窒息吗？

主流只是一种社会状况，它和正确不能划等号。在科学领域，甚至没有主流意见这一说，而只有在不同领域的不同进展。科学理论难道能靠投票决定吗？创新的常常是少数，他们之所以显得奇怪和陌生，只是因为主流认知还没有拓展到那个领域罢了。实际上正是少数在不断拓展社会发展的可能性空间，他们是生机所在。

西方政治学认为，如果不保护少数的权利，最后必然连大多数的权利也保障不了，因为每个人在某些问题上都会成为少数，这是西方宽容主义的由来。试想，如果真的贯彻道德绝对主义，那谁还能活呢？恐怕是谁都活不了。

《圣经·约翰福音》记录着一个很感人的故事。法利赛人和一些头脸人士捉拿了一个妓女，来到耶稣面前，说："这个妓女正在行淫时被我们捉拿了，按照《摩西律法》上的要求，应该用石头打死她，您看该怎么办？"这些人想通过此事来抓住耶稣犯罪的把柄，耶稣却对他们说："你们中间谁是没有罪的，谁就可以先拿石头打她。"听到这话，被教唆的老老少少们一个个都离开了。耶稣问那个妓女："妇人，那些人在哪里呢，没有人定你的罪么？"妓女回答说："主啊！没有。"于是耶稣说："我也不定你的罪。去吧，从此不要再犯罪了。"

"若使民常畏死，而为奇者，吾得执而杀之，孰敢"？老百姓们活得有点人样了，不拼死抵抗了，他们的创造力出来了，还想要追求更多了，就要把他们抓起来杀掉，这是哪门子扯淡道理！？因此老子说："孰敢？"作为社会的维护者，怎么敢这么僭越天道呢？

常有司杀者杀，夫代司杀者杀，是谓代大匠斫，夫代大匠斫者，希有不伤其手矣。

这个世间，只有大自然主生杀，人主不应该僭越自然法则。"常有司杀者杀"，做到极端的，自投罗网，不是统治者主观上要决定谁的生死。如果是社会生态的多样性，人君偏要按照自己的意志去修剪，满足自己的审美癖好，那就好像是一个外行夺了大匠手中斧头去砍树一样，很少有不伤到自己手的。

老子的意思，如果翻译到今天，就是法律的合法性来自于自然法则，不应该出于领导层的主观意志。

通译

老百姓已经不怕死了，你还用死去吓唬他吗？如果能够使老百姓经常怕死，活得不错，这其中出了一些稀奇古怪的人，我们把他抓过来杀了，这样就天下在我手了。但这样岂不是僭越天道吗？

要知道天下有专门主杀的，那就是大自然，谁替代主杀的力量去杀，就像替代大匠去砍树一样，很少有不伤了自己的手的。

小结

社会是生态的。即便人人都富足自爱，我们仍然需要爱惜少数群体的创造性。一个人人自危的社会不好，一个平静无波的社会也不好，我们需要一个有活力的社会，有巨大宽容空间的社会。

万物生来死返，谁也没有资格在这一点上做文章。老天生万物，万物不是靠权力来养活的，倒是权力必须有赖于社会的成全。生命的尊严是天然的、老天赋予的，权力不应该干涉生命的基本存在方式。

第七十五章　贵生自爱

民之饥，以其上食税之多，是以饥。

民之难治，以其上之有为，是以难治。

民之轻死，以其上求生之厚，是以轻死。

夫唯无以生为者，是贤于贵生。

这一章讲贵生。贵生，是尊重生命的价值。厚生，是服从欲望的要求。

老百姓的状态与决策者成反比。决策者厚待自己，则老百姓必然遭轻贱。老百姓轻死反抗，则决策者无立锥之地。是厚待自己，还是贵生自爱，对于决策者而言需要有清醒的认识和坚定的取舍。

懂得贵生自爱，才是真正的贤达。

民之饥，以其上食税之多，是以饥。

开门见山。老百姓为什么会饿肚子？为什么会赤贫？是因为统治阶层拿走了太多的税收，而且这个"税"都让统治阶层给"食"了，没有真正取之于民、用之于民。统治者没有公共服务的概念，老百姓被当做取用食税的羊群，当然就会饥饿贫穷。

古代生产力落后，统治阶层的膨胀直接影响百姓的基本生活。比如西藏吐蕃王朝时期，曾实行七户养一僧的制度，这就已经是藏民承受的极限了。如果有人来研究汉地官吏系统与劳动力之间的比例的话，情况可能也会超出预料的糟糕。

民之难治，以其上之有为，是以难治。

老百姓吃不饱肚子了，矛盾一点就着，再加上统治层采取各种权谋手法，刺激他们的贪欲，玩弄各种各样的规则，渐渐就形成上有政策、下有对策的惯性情况，老百姓被迫变精明了，"是以难治"。

跟谁耍小心思，也别耍到老百姓头上。各种教化、权谋、欺诈的手法用尽了，老百姓其实已经只剩下两个字的判断方法：实惠。这样下去，何以新民？

民之轻死，以其上求生之厚，是以轻死。

这里王弼本原为"以其求生之厚"，漏了一个"上"字，整句应为"民之轻死，以其上求生之厚，是以轻死"。如果说是老百姓自己求奢华享受，享受不到就寻死觅活，于理不通。老百姓想过好日子不错，但也不至于不要命。实际情况是，他们从来就挣扎在饥饿线上，何谈求生之厚？

"求生之厚"，就是好好伺候自己，相当于今天社会上大家眉飞色舞地谈论享受生命，然后又推论说，享受生命的前提是什么？财务自由。但是心不安宁，财务怎么可能自由？如果没有"知止不殆"的自觉，人总会想要更多，玩了跑车还想玩飞机；

玩了飞机还想上太空，永无尽头。这是在追求"生之厚"。

厚此则薄彼，至于别人怎么过日子，就无所谓了。老百姓也不是傻子，他明白自己辛辛苦苦再怎么干活，也满足不了统治者那么厚的奢求。就算是自己养孩子耗心血，心甘情愿了，也不带那样对父母鞭抽叱骂的吧。当一个统治层需要大家拿出吃奶的劲头工作都满足不了的时候，老百姓就会觉得不如一起去死。

"时日曷丧，予及汝偕亡"！横竖不过是同归于尽。

夫唯无以生为者，是贤于贵生。

这句话自古就有很多人看不懂，我们可以先看后半句，"贤于贵生"，在贵生这件事情上是贤明的。统治者贵生，把身家性命看重一点，不要把宝贵的生命消耗在欲望上，搞成"强梁者不得其死"的惨剧，这是道家一贯的态度。

回到"无以生为者"，意思就是不为了厚生而有为的人，才算是在贵生这件事情上贤达的人。真正懂得享受生命的，他不会去破坏身家长生久视的基础。

"奈何万乘之主，以身轻天下"？那么高贵的地位了，还要与天下夺利，确实是不爱惜自己。

通译

老百姓之所以贫穷饥饿，是因为统治者享用的税收太多了，那样老百姓才会困顿不堪。老百姓之所以难以治理，是因为统治阶层太过于有为了，总是按照自己的意志去操纵社会，所以老百姓就难管。老百姓舍生赴死来反抗，是因为统治阶层追求得太多太奢，老百姓就算舍生忘死地干活也满足不了，只好舍生忘死地来反抗。

什么样的统治者是好的呢？就是他不为了厚生、不为了享受生命而去有为地操纵社会，这才是真正懂得贵生的贤达之人。

小结

老百姓的困境，首先应该归咎于决策层。老百姓如果有难题了，大多是决策层没有做好。老百姓本身是很能忍耐的。

决策层提取合理的报酬还是巧取豪夺，决定社会的贫富。生产与分配要均衡，社会才有活力。今天虽然有强大的货币工具来做这件事情，但仍然应该有十二分的谨慎。

决策层爱生贵生，老百姓才不会轻死。老百姓如果被逼轻死了，其实是决策层自己作死。

第七十六章　柔弱主生

人之生也柔弱，其死也坚强。万物草木之生也柔脆，其死也枯槁。

故坚强者死之徒，柔弱者生之徒。

是以兵强则不胜，木强则折。强大处下，柔弱处上。

本章复习了"柔弱"的含义。

道总是把事物推向变异，这种力量柔弱细微，却无所不在。这提示我们，系统越是巨大，越要依靠柔弱全面的方式来促使其自我演变。强撸强为，不能驾驭大的局面。

强不御强，弱能御强，只有以弱御强，才能制约住不管不顾的偏执与贪欲，获得大自然生命力的青睐。

人之生也柔弱，其死也坚强。万物草木之生也柔脆，其死也枯槁。

人活着的时候，身体都是柔软有弹性的，死后就僵硬了；草木也一样，活着的时候很柔软、很水灵，死了之后就是枯木一块、衰草一堆。

前面讲过，"万物负阴而抱阳，冲气以为

和"。万物生命，本质上都是负阴抱阳，元气在阴阳两面中循环资源，叫做生。所以内在越是空虚，元气运转就越是顺利；元气运转得越顺利，生命的外在表现就越柔软、越是有弹性。

我们观察一个人有没有生命力，关键是看他的柔韧性。怎么打都打不翻的，才是生命力的强大。一个人的状态对了，会得到元气的护持。

怎样得到元气呢？调整自己的姿态，放下执念，放松身体，往虚静的方向去调整。虚静与元气，是相互促进的。

阴阳被哲学化，是一件很让人遗憾的事情。阴阳本来是天文学的概念，我们可以子时和午时为两个节点来探讨这个问题，从子时开始，也就是夜里十二点左右这个时段，地表的阳气开始往上走，实际上是太阳的阳气开始一点点灌入，阴消阳长；午时则是从最高点往下逐步退守，太阳灌入的能量一点点衰减，地表的阳气往下行，阳消阴长。

由此看来，阴阳最早指的是太阳跟地球之间的关系，而后人哲学化地认为"阴阳互根"，好像阴阳可以离开外部太阳的供给而自存一样。这种思想也成为后世王朝封闭社会的理论基础，重视管制社会、愚化万民，而不知道社会存在的根源，是要从大自然获取资源，这需要社会生态的高度繁荣才能做到。陈鼓应先生说得好："就思想的原创性和完整性而言，《易传》都不如老、庄。"

系统必须与外部交换资源才能生存，而不是自己阴阳平衡了就行。这是道家贵柔弱、贵虚静的根本原因，也是易学所未能触及的深度。

故坚强者死之徒，柔弱者生之徒。

"坚强者死之徒"，刚强了、僵硬了，制度失去弹性，管理上越来越死板，越来越条块化，不让人动弹，那就证明它内在的生机出了问题。"柔弱者生之徒"，生机勃勃，看起来都有点乱糟糟的，但证明它正是在上升期。

是以兵强则不胜，木强则折。强大处下，柔弱处上。

用兵纪律要严明，但出奇才能致胜，本身还是要有创造性、灵活性。《孙子兵法》讲"将在外，君命有所不受"，正是这个意思。军纪严明，又要富有活力，不拘谨，不教条，这样的军队会打胜仗。这里的"强"，可以理解为僵化。

战争也是在打资源配置，善于配置己方的资源，切断对方的通道，是致胜的保障。"强大处下，柔弱处上"，让僵化教条的将领来管全局，还是让有弹性、审时度势的将领来管理全局呢？

做领导是需要心胸和格局的，这不是某种具体的技能，也不是单纯的头脑聪明，而是一种品质、状态和能力的复合体，这种复合体就是德。有德才有领导力。

强不遇强，强中更有强中手。要把一伙很强硬的人整合到一起，必须要有柔弱之德。过于刚强不适合做领导，原因就是在这里。真正的领导力，正是为强者们提供协调机制和平台。

"木强则折"一句，王弼本作"木强则兵"，河上公本作"木强则共"，都难以解释。《列子·黄帝》中引用此句为"兵强则灭，木强则折"，文义通顺，因此据之修订。

通译

人活着的时候身体都很柔软，到死的时候就僵硬了；万物草木活着的时候也都柔软有韧性，到死的时候就枯槁了。所以僵硬的是奔着死去的，柔弱的是奔着生去的。

要知道用兵如果太强横了就打不赢，草木如果过于僵硬了就会折断。那种僵硬、强横、想要管制一切的倾向，恰恰是需要管控的。柔弱、富有余地、富有生机的更适合做领导者，以柔弱御刚强。

小结

柔弱能够容纳变化，蓄势才有大用。柔弱能够蓄势，强是蓄不了势的，全部用在外面了，反馈的压力也越来越大。

刚强会失去余地，路绝就是身死。刚强最大的问题，是容易把棋往尽头走，这样走错一步就陷入绝境。车技高的人拉超高速成功一百次，但一次不慎就死；泳技好的人，喜欢随时下水，抽一次筋就极其危险。越是能力好，越要知白守黑；把能力往尽头使，是取死之道。

生机超越死气，柔弱统御刚强。大自然总是站在生机这一面的，站在新生事物这一面，所以柔弱能够统御刚强，这其实也是一个形与势的问题。工作做得好的干将，常觉得被领导玩弄，是需要反思的。从一个干将走向真正领导的岗位，有一道看不见的坎，要不有人指点，要不自己学道，自己顿悟的可能性很小。

第七十七章　天道返还

　　天之道，其犹张弓与？高者抑之，下者举之；有余者损之，不足者补之。天之道，损有余而补不足。

　　人之道则不然，损不足以奉有余。孰能有余以奉天下，唯有道者。

　　是以圣人为而不恃，功成而不处，其不欲见贤。

　　这一章讲的是聚散，用今天的话说，就是生产与分配。

　　天道总是补偿不足，因而生态长久，不断不绝；人道总是追求垄断，因而合久必分，定期崩盘。天长地久的原因，在于无私无欲，总是弥合生态的鸿沟；人类社会的痼疾，在于利益的板结，无惧无畏地制造两极分化。

　　老子指出，要想让人道效仿天道、避免定期崩盘的悲剧，仅仅靠人性自身是不够的，决策层首当其责，既得利益群体也要多一些清醒与明智。只有决策层下定决心践行天道，才有可能治愈人类社会发展不可持续的痼疾。

**　　天之道，其犹张弓与？高者抑之，下者举之；有余者损之，不足者补之。天之道，损有**

余而补不足。

老天做事情，就像是张弓射箭一样，首先要把目标瞄准，瞄高了就下压一点，瞄低了就抬高一点，这叫"高者抑之，下者举之"。目标要正常，既不能谈一个过高的目标，也不能趴在地上得过且过。

然后是力度问题，"有余者损之，不足者补之"。力量过大的就去掉一些，力量不够的就补足一些。这比喻的是资源，有人能力大，会得到更多；有人能力不够，一口饭可能也吃不好，这是社会的常态。但老天的态度，是不断地弥合差距，让人们总还能有爬起来的机会。

"天之道"运作方式是"损有余以补不足"，这也是整部《道德经》的主题，希望统治者能够向天道学习，社会运作能向大自然学习。

人之道则不然，损不足以奉有余。

有一段时间，经济学里流行讲马太效应（《圣经》里的马太效应其实另有含义），比喻在某个方面的积累带来更多的优势，直到形成某种垄断。这是经济学所研究的社会效应，属于人道。《道德经》讲天道，主张人道应该学习大自然的可持续发展，所以紧接着就讲"人之道则不然，损不足以奉有余"，批评社会的不平等与阶层分裂。

"人道"与"天道"是不一样的，社会一旦组建起来，它是会向着天道的反方向运作的。为什么？因为社会作为一个有机体，它并没有一个明确的主体意识，每个人只能尝试领会自己的命运，然而为了安全感，到底占有多少才算是够呢！

作为个体来说，只要社会来刺激它，肯定会产生财务自由一类不可言传的目标。财务自由再往前进一步是什么？应该是身心自由，然而如果我们关注各路言论就会发现，大多都在考虑如何巩固既有的财务地位。这其中暗含的意思，说白了无非是让自己的邻人永世为奴，而自己永远占优。

本是为了自由而追求财务，现在财务成了压倒性目标，即便以社会分化为代价也在所不惜。如果我们毫无身家性命的自觉，完全按照主奴思想来展开一生的追求，这就失了好生之德，其实也丢了灵魂。

看不明白财务自由的悖论，一辈子也不会自由。

人的追求常常是这样，先是想着财务自由，有所得了马上内分泌失调，累得不行了又自艾自怜，觉得都是为别人做嫁衣裳。但是到老了还是放不下，又想把产业传递给子孙，让他们永远做主子。问题是子孙还未必买账，这不难理解——上一辈的因果，他们怎么能负担得起。

这事没完，还有然后。然后就积极化身教主，到处宣讲各种成功经验，甚至上升到道德高度，各种赞扬失败、美誉气节。再然后，偶尔发呆，还要想着面向大海，春暖花开。整个过程，没有主体人格显现，连一个自洽的系统都没有，心里满满的困扰，身体却很诚实，始终在某种社会观念逼迫下给自己打造安全笼，一会儿要做这个目标，一会儿要做到那个目标，一口气也松不得。

最初的想法，不过是想安全一点、活得自由一点，慢慢目标就变了，变得匪夷所思。最近很多人已经在探讨永生的问题了，要把意识转移到机器人身上，还到处开大会，列时间表。且不论机器意识算不算意识，单说竟然认为机器社会能够可持续就够荒唐了，真是幻灭的节奏！

如果我们希望社会可持续，它必然是聚散有道的。首先它肯定会形成一些资源的节点，构成一定的势能，这样才能运作起来，如果整个社会没有高低、聚散、分合，那就是死水一潭。所以从整个社会的角度来说，它期待的是聚散有道。

但如何聚散是个大问题，按照自由市场经济学的角度来看，应该全然由市场决定，它两极分化到一定程度就会崩盘，然后重建，于是资源又平衡了。这是一种比中国古代王朝周期还要频繁的现象，但人们似乎安之若素。

大道生混沌，混沌生天地，天地生万物与人，人构建社会，信息的完整度是逐层递减的。社会可以承担很多，个人承担不了。社会可以20年之后再重建，个人再不可能重现青春。大自然承受能力更强，完全可以承受整个人类都灭亡，但人类显然无法承受这样的结果。

有国外人士进行模拟计算，就算全球70亿人全部死去，然后把尸体堆在一起，也填不满科罗拉多大峡谷。甚至于把历史上存在过的1060亿人类全部算在一起，也填不满。所以人类的灭亡，大自然完全可以不当回事。

《道德经》有个重要的观念，就是人不能等待天道自动去平衡资源，必须要有人站出来，辅助天道提前做好流通，否则到了崩盘的时候，大自然无所谓，而社会承担不了；社会可能无所谓，个体却会无比痛苦。《道德经》有一种非常深刻的人文关怀，它永远在劝说子孙：你要提前一点，不要等待天道反复。

孰能有余以奉天下，唯有道者。

谁能站出来帮助社会更有效地流通资源、回归平衡？只有那些有道之人。

我们不能等社会自然崩盘，然后再自然恢复平衡。社会作为一个人为的生态系统，它的容受也是有极限的，最近已经有生态学家提出警示，如果地球升温再不停止，人类将在2050年左右迎来衰变的节点。事实上，人类的现代化科技与生产体系并没有自己想象的那么强韧，它也是一个高度复杂的研发、生产、销售、消费的链条。一旦环境或者某些资源要素出现重大变化，这个体系完全有可能出现连锁反应式的崩塌。

所以老子就讲，"孰能有余以奉天下，唯有道者"。谁能够把两极分化重新弥合，对每一个人都有好处。对每一个人都有好处的事情，并不是每一个人都愿意去做，但必须有一批人去做。这件事单单依靠制度是不够的，制度只是一个游戏规则，怎样维护规则，还需要具备某种全局眼光的人。

无为而治的社会，大家按照游戏规则去办事，生态协调，但是制度又靠谁呢？靠大家自然状态的博弈，真的能够让制度可持续吗？从这个角度来看，社会需要这么一批人，肯定也存在这么一批人，他们的思维方式和行为方式能与功利主义拉开距离，他们是隐形的决策者。人类文明的复杂性，可能远远地超过我们当下的想象。

两千多年前佛陀说，解脱者是世间福田，然而没有解释其中的原因。所谓解脱者，就是彻底斩断贪欲偏执的人。从《道德经》角度来看，这一类人确实给被贪欲封闭的人类文明带来了开放性。

是以圣人为而不恃，功成而不处，其不欲见贤。

"为而不恃"，帮助社会返还的人，并不以此而变得有所依恃，他依然谦逊而开放地面对未来。所谓有所依恃，可以理解为满足于功劳，不再积极作为。比如闭关锁国，认为自家什么都有，其实是忽略了整个世界的变迁大势。

对待系统外的态度是《道德经》讲的关键问题，"万物负阴而抱阳，冲气以为和"，一切内部结构的努力，都是为了从外部获取能量，离此别无其他价值。

"功成而不处"，事情做好了，但社会演化并没有尽头，所以辅天道这件事情应该成为常态，与时俱进应该成为常态。辅天道和"饮食男女"一样，本来就是人类社会的基本需要。

"其不欲见贤"，如果辅天道而为这样的事情在社会上又成为一种高尚观念，它就会被利用，说明它还没有落实到社会生活中去。这和"不见贤，使民不争"是一个道理。

某种意义上，这件事与每一个人相关，却有赖于少数"隐形的决策者"去做，他们没有必要去争论孰对孰错，只能默默地去做。渐渐地，社会的基本观念也会发生变化。

通译

天道的运行，就好像是张弓射箭，如果目标高了一点，就把它往下按一按；如果低了一点，就往上抬一抬。如果劲儿用大了，就压制一点；如果劲儿小了，就再增加一点。天之道，永远是要抹平那些过度的，去补偿那些不足的。

社会运行之道往往背离了天道，恰恰是剥夺了那些不足的，去奉养那些有余的。谁能够把有余抹平、去奉养天下人？只有有道之人。

圣人做辅天道的事情，他摒弃贪欲，始终坚持不懈，不会因为一时的成果而放松警惕。他甚至不愿意公开表达这件事。

小结

天道的法则，是促进资源的有效配置。它的目标是让更多的物种能够满足需求，从而养活更多的物种。养活更多的物种，生态就更为健康。在一个平衡繁荣的生态当中，人们的情绪会趋于正常。

人类社会的痼疾，在于利益板结、两极分化。两极分化意味着资源没法循环，一方面是不愿意分配给劳动者足够的财富，另一方面又希望他们购买足够多的产品，这完全是个悖论。过去几百年，解决问题的办法是殖民，把过剩的产品卖到别人的市场里去；过去几十年，解决问题的办法是代际承负，就是让后面几代人欠债来提前消费，六个荷包合并起来买房，然后几十年埋头还债。然而全球化的今天，人类其实已经没有多大可开发地区了，下一代也已经掏空了所有创造力，因此下一步的办法，必须是改善分配，而不是继续扩大差异。

人道要返还天道，需要更广阔的智慧。道家思想并不是简单地模拟天道，它还意识到天道的"不足"，用人道的正确做法去积极弥补。天道的"不足"是相对于人类社会的高速发展的，但我们没有必要纠结于是天道太慢还是人道太快。圣人之道，就是以合天道的方式，去加快社会资源的运化。如果这件事成为常态，人性会回归淳朴，人类社会的喧嚣也有可能平息下来。

第七十八章　以柔克刚

天下莫柔弱于水，而攻坚强者莫之能胜，其无以易之。

弱之胜强，柔之胜刚，天下莫不知，莫能行。

是以圣人云：受国之垢，是谓社稷主；受国不祥，是为天下王。正言若反。

这一章再次强调水的德性，规劝决策者要以柔弱胜刚强，追求事业的稳定持续发展。

柔弱胜刚强，看起来不符合常识，却是领导学的必然要求。事业越大，管理的人越多，上下的力量就越是不成比例，因此以少御多、以弱御强是不可或缺的心法。

治世自修身起，事业壮大与心性修炼必须同步。能从刚强的掌控欲中解放出来，像水一样为所有人服务，管控潜在风险，担当不为人所理解的重大责任的，才是高水平的决策者。

天下莫柔弱于水，而攻坚强者莫之能胜，其无以易之。

上善若水，水具备七种德性：居善地，心善渊，与善仁，言善信，正善治，事善能，动善时。这七种德性，就是对柔弱的解读。具备这七种德性，就能够攻坚强，用全面的系统性发展，战胜单向思维的对手。

　　坚强者是什么样？我们把水的德性倒过来想一想就知道了，基本上就是：高高在上，刚愎自用，与人为敌，朝令夕改，分配不公，任人不明，妄求妄动。显然这里的"坚强者"并不是指积极奋斗的人，而是指内心偏执、不择手段的那一类。"强梁者不得其死""物壮则老"，都是对这一类人的劝告。

　　弱之胜强，柔之胜刚，天下莫不知，莫能行。

　　柔弱胜刚强，不是说说就行，它也有一个艰苦忍耐、反复博弈的过程。刚强者飞黄腾达时会寻找各种战略资源，下降时也会主动腾挪求存，在这个过程中，谁也没法精确预测他们崩坏的那个点。因此柔弱者必须坚持大的系统运作，坚守本位，一直坚持到合适的机会到来。这是很不容易的，所以老子说"天下莫不知，莫能行"。

　　"弱之胜强，柔之胜刚"，与其说是要败敌，不如说是要战胜自己。这个道理很多人都明白，尤其是管理岗位的人，但能不能屏蔽掉短期获益的贪欲，真不好说。事到临头，出于安全感的考虑，人们还是会习惯性地往最大化上做，往不留余地的极限上推。禅宗有一句老话叫"三岁孩儿虽道得，八十老翁却行不得"，大概可以描绘这种知行不一的状态。

　　一辈子被刚强的心态操纵，执着追求命运而命运其实全不由己，这是非常悲惨的事情，简直就是鬼上身，在心理学里，叫做片段人格占据了主体人格。

　　秉持柔弱之德的人，更要积极地追求发展，只是方式与目标与刚强者有根本的区别。但这种区别在具体运作中，也可能是非常微妙的。几年前，有人说"风"来了，猪站到风口上都能飞起来。那么，我们不妨问，积极站上风口，到底算是柔弱还是刚强？如果我们秉承柔弱胜刚强的思想，要不要积极地去寻找风口？

当然是要，大趋势出现了，还不能及时应对，怎么能称得上柔弱？柔弱者留有更大的余地，调整起来应该更快、更有效才是道理。先站到风口上，然后才有风口的运作之道，这正是实践上善若水的好时候，最低限度"动善时"总是要做到的。抱残守缺、坚决不与潮流起舞的，不也是一种观念的僵化与刚强吗？

是以圣人云：受国之垢，是谓社稷主；受国不祥，是为天下王。正言若反。

今天社会的变迁，百年不遇，甚至说是千年不遇也不过分。但任何大的社会变迁，包括产业科技革命，都不是一次性完成的，它要反反复复好几波震荡。对于个体来说，与这样的时代狭路相逢，是祸是福，就要看他能不能模拟水的七种德性了。实际上只要抓住一次机会，就有可能奠定一辈子的基础。

对决策层而言，情况要复杂很多。时代变迁越是激烈，决策层辅助天道返还的任务就越重，越容易导致方方面面的不满，自身就越是处于旋涡之中。这个时候，谁挺身而出，屎盆子就往谁的头上扣。对此老子语重心长地说，能够承受一个邦国的污垢，可以称得上是社稷之主；能够承担全天下各种邦国的动荡不安，才是天下之王。

社稷，是祭祀谷神和土地神的地方，是古人立家立国的精神支柱。

到了最严重的时刻，领导者要站得住，与时代共舞，与所有利益博弈方共舞，想尽办法去调整、去返还，所以老子说"正言若反"，这事情确实不是一般人能拿得住的。

通译

论柔弱，天下没有比水更柔弱的，但是攻坚强，没有谁能超过水的力量。弱小胜过强大，柔韧胜过僵化，天下人谁都知道，谁都不愿意做。

所以圣人就说，能够承担一个邦国的污垢，可以做社稷之主；能够承担诸邦国最艰难的时刻，他就可以做天下之王。好多时候话都好像是反着说的。

小结

柔弱胜刚强，是人们刻意忽略的常识。不愿意这么做，还是因为过于看重短期利益、希望博一时的运气。

以强凌弱是一种单向思维，合作共赢才是真正的强者之道。某经济学家分析中美的不同说，美国人是彻底的枪杆子打天下，所以它干涉哪个国家，就要颠覆那里的政府，然后再扶植一个。这样做的弊端其实很大，那个国家的政治上一旦又乱了，美国人的成果也就毁掉了。中国人则比较合乎于道，明确说到他国去帮助搞建设，追求长期共赢，有钱大家挣。这些说的都是大实话，并不居高临下地干涉谁、教训谁。所以长远看来，中国的影响力会超过美国。

总之，以柔弱之德化解社会的刚强走向，是决策者必须的担当，社会层面如此，组织层面也是如此。

第七十九章　天道无亲

和大怨，必有余怨，安可以为善？

是以圣人执左契，而不责于人。有德司契，无德司彻。

天道无亲，常与善人。

这一章讲契约精神。

社会的信用枢纽不是儿戏，百姓的生活也不是游戏。制度是刚性的，但它不应该冷血。所谓"有德司契"，坚持信用的枢纽，却不去伤害大众的实际利益；所谓"无德司彻"，是利用游戏规则，抓住百姓的认知障碍，去疯狂地剥夺他们。

一个社会不能阻挡聪明人，更不能纵容聪明人。"无德司彻"会带来难以消弭的社会撕裂，因此社会治理必须站在"有德司契"这一边。

和大怨，必有余怨，安可以为善？

就算是自我纠偏，事后再去安抚受害的群众，终归会留下一些怨气。大道的力量是周遍运行的，但人道偏向从上而下的调控，本来就很难细化到每一个家庭、每一个个体。如果再搞一刀切，那肯定会留下很多偏颇的问题，有偏颇则有怨恨，只是不知道"余怨"什么时候爆发出来罢了。

这些情况，做基层工作的人员了然于胸。如果上头留有余地，基层可以做迂回调整；如果上头偏执激烈，基层也只能硬着头皮去伤害无辜。

老子说，如果是出了错误的政策，伤害了老百姓，就算上面自己回过神了，竭力去弥补，又怎么能做到完善呢？这是话里有话，试想自上而下的调控本身就有做不周全的弊端，现在又用调控来弥补，肯定又会造成新的不平衡，所以必须进行治理方式层面的反思。

换一个角度来讲，在上一轮错误政策里获益的那些人，现在再予以惩戒，这算不算是善政呢？社会已经到了积了大怨的地步了，现在去惩治，本身当然是好事，但是这能够叫做妥善吗？被惩治的那些人，就一点儿也不冤枉了吗？每一个人是在他当时的社会环境下做选择的，社会环境则是决策层营造的。说他们完全不该有怨，恐怕也难以服人。

"国家昏乱，安有忠臣"？大环境昏乱了，人性也必然被搅得五迷三道，这个时候突然进行强力整治，会伤及各种人群。事情虽然做得对，但从社会治理角度来讲，不能说是妥善。因此所谓大乱大治，是没有办法的事情，不能作为一种社会治理的常态去考虑。

是以圣人执左契，而不责于人。

妥善的社会治理方式是什么样的？老子说，圣人在治理社会的时候，他把信用的这一边紧紧地抓在手上，他首先看自己是不是做好了契约，是不是把治理的边界划清楚、把责任和义务分清楚了。圣人守住社会契约，首先检查自己的责任，而不去责难那些在社会环境变迁时做出各种趋利选择的人。某种意义上,那些人恰恰也是应该被拯救的。

我们要牢记,不管人性本身是善是恶,抑或每个人的人性生来都不一样,他们的现实选择毕竟受到社会环境的制约。因此营造良性的社会环境,维护信用枢纽,才是社会治理的根本办法。判断善恶,甄别贤愚,不是有效的决策前提。道德是相对性的,本身是社会环境发展的产物。

有德司契,无德司彻。

"契"是契约;"彻"指车辙,车轮子压过去的痕迹。有德的领导者,他主要维护社会信用,去完善规则,这样社会运作的枢纽完善了,社会渐渐就会归于良性运转。没有德性的领导者,他老是去盯着别人的行为,甚至想要给每一个社会成员制定规定动作,烦劳大众。

是自我修为,关注社会制度的维护和变革,还是防范所有社会成员,试图控制社会运行细节,这在治理水平上是天壤之别。

"司彻"还可以进一步探讨。无德并不是品德差,而是没有掌握住社会治理之道。对于好心办坏事的领导来讲,他们先入为主的观念从哪里来?他们是以什么标准来要求别人的行为的呢?答案是传统的制度。从这个角度看,无德司彻,有时也是因为缺乏时代感、泥古不化。

天道无亲,常与善人。

不管是谁,如果把事情做对了,总会得到天道的庇佑。怎么样才算是做对了?就是要保护新生事物的生长,不断地运转、返还社会资源。社会成员都在考虑如何追赶新的潮流、如何牟利，这正是社会发展的动力所在。但作为决策者，应该考虑如何维护社会的信用枢纽，如何不断磨灭刚强的占有和垄断，防止社会阶层固化，不断地把资源分配到下一代的新生事物中去。

在老子看来，这是一种天道信用在社会中的体现，因此圣人如果能够为老百姓做背书，天道就会为圣人做背书，一以贯之。社会返还的工作，短期看来是不容易的，但一旦上了轨道，就能看到长生久视的希望。毕竟在这种发展背后，有绵绵不绝的源动力。

通译

把社会搞的怨恨丛生了，再去惩治和安抚，总会有各种各样的新的不平衡，余怨难了，这怎能说是妥当的治理？

要知道好的决策者，他们抓的是信用，管的是自己，而不是考虑怎么责难别人。有德性的人，他注意贯彻制度；没有德行的人，老是挑别人的毛病。

天道是没有亲疏之别的，他总是为那些善于行道的领导者做背书。

小结

先掠夺，再补偿；先混乱，再惩治，这不是社会治理的稳妥之策。穷人是老百姓，精英也从老百姓中来，他们都应该得到妥善地对待。

稳妥之策，是关注信用的枢纽，而不是社会成员的过失。修补社会的信用枢纽，根据社会形势灵活变革，社会有可能达到动态平衡。

　　决策层为百姓背书，天道就会为决策层背书，这是一以贯之的一个从自然到社会的信用系统。

第八十章　小国寡民

小国寡民。

使有什佰之器而不用，使民重死而不远徙。虽有舟舆，无所乘之；虽有甲兵，无所陈之。

使人复结绳而用之，甘其食，美其服，安其居，乐其俗。邻国相望，鸡犬之声相闻，民至老死，不相往来。

这一章讲扁平化治理，大概是历史上误会最多的一章。

按照老子的看法，一个社会，治理的层级越多，管闲事的人就越多，上传下达的沟通就越难。人民难以选择自己的生活方式，幸福感大打折扣。

小国寡民，是说管理分区要小、人口规模要小。这样一来，上层不必担忧地方坐大，同时社会利益分散于各阶层，不再出于一孔，老百姓的日子也会和平安定。小国寡民，邻国相望，何来深仇大恨？何须不死不休？因此"鸡犬之声相闻，民至老死不相往来"。"往来"，原是兵家委婉的战事用语。

小国寡民。

邦国分封要小，邦国治下的人民要少。

把"小国寡民"误解为国家要小、人民要少，属于常识性错误。《道德经》讲的国是诸侯国，春秋时期的分封，大者称邦，小者称国，天下才相当于今天所说的国家。所以"小国寡民"的真实意思是，分封一定要分封得碎一点，邦国一定要小一些，人口规模要小一点，不要让任何邦国坐大。

据《孟子》上说，上古的邦国有两万个，到了商代还有上千个，周王朝时期只剩下上百个，可见集中速度非常快，世俗权力快速放大。老子对这样的趋势，是持反对态度的。按本章的意思，天下有个共主，而后分封的地块越小越好，利于统治，不容易起不可调和的纷争。

柏拉图设计的理想国，同样主张小国寡民。他说邦国要小到人们站在当地最高的建筑上，能看到整个领土；人民要少到每个人之间彼此都认识，这样的话就不容易发生不正义的事情。

使有什佰之器而不用，使民重死而不远徙。

什佰之器有两个常见说法，一种指生活工具，另一种指兵器。老百姓是朴实的，他们追求方便和效率，因此不可能说抛开锅碗瓢盆等生活用具不用，因此什佰之器指日常生活工具的说法不合理。

什佰之器，帛书本作"十百人之器"，河上公本作"什佰人之器"，也就是十人、百人组织起来才能用的大型器械，而古代大型器械无非是用于战争与社会工程建设，老子从来也不反对社会工程，故而什佰之器说为武器似乎更合理一些。

具备大型器械，却不需要使用，也就是邦国之间不会发生大规模战争的意思。

没有战争的阴云，老百姓就可以"重死而不远徙"了。什佰之器隐含的意思，是高度组织化的军队。既然不用，就不会有拉壮丁作炮灰的事情发生。老百姓本来就留恋故土，条件许可了，他们没有必要到处迁徙。

老百姓重视生死、不离乡土还有另一个原因，那就是区域发展相对平衡，他用不着跑出去冒死求生。小煤窑那么危险，还有那么多人去，无非是因为家乡挣不着钱。如果区域之间相对平衡，大家都有活路，社会底层的矛盾会大大疏解，就不会出现"民之难治"的情况。

老百姓过得安身，社会治理的难度也会大大降低，这是本章的目的。

虽有舟舆，无所乘之；虽有甲兵，无所陈之。

虽然有大型的车船，却没有运兵的需求；虽然有披坚执锐的军队，却没有对阵的必要。

这里显然不是在说百姓生活，如果说有船有车，老百姓都没兴趣坐，简直是莫名其妙了。这里讲的是邦国的事情。打仗无非是为了争夺资源和领地，现在把邦国限制得小小的，人口规模也不大，侯王们的野心也难以膨胀。

使人复结绳而用之，甘其食，美其服，安其居，乐其俗。

结绳最早是结网的意思，结网是为了捕鱼。"使人复结绳而用之"，是说让贵族们也回复平实的意思。

"结绳而用之"，如果解为"结绳记事"是非常勉强的。《道德经》中，人指贵族，指管理层，民结绳记事或许勉强说得通，贵族怎么可能结绳记事呢？更扯不上什么老子不让统治层搞教育之类的话，老子本人就是专门教育王子们的。统治层过朴实无华的生活，才是老子一直提倡的事情。

这样一来就顺畅了，接着说"甘其食，美其服，安其居，乐其俗"，邦国上下风清气正、安居乐俗。他们喜爱自己的食物，以自己的服饰为美，安住在自己的居所，乐于按照习俗去办事，实实在在是一个乡规民约的社会。习俗这件事，不需要多大的来头，但大家就是个习惯、就是高兴，它用一种轻松的形式把人们连接在一起。

邻国相望，鸡犬之声相闻，民至老死，不相往来。

邦国之间遥遥相望，鸡鸣犬吠彼此都能听得见，老百姓享受和平生活，终身不必在战场上相见。

如果说老百姓们终身没有来往，简直是没有常识了。中国很早就有了同姓不通婚的习俗，和平时期，邦国之间的老百姓婚丧嫁娶的往来只会更为频繁和顺畅。

"往来"本是兵家的用语，你来我往彼此交锋的意思。老死不相往来，是老百姓从生到死都不用经历那种骨肉相残的战乱，大家彼此都认识，他们家狗叫一声我都听见了，还打什么打！

中国人对生活的愿景，大概都包括在这一章里了。笔者曾偶尔去北京昌平的白羊沟郊游。白羊沟总长大概十二公里，沟的东边一个村子，西边一个村子，郊游时恰好遇见一条大黄狗领着几只杂色小狗一路走来，大概是去走亲戚。开车的友人说，这狗是早上就从这边的村子出发，顺白羊沟里的公路走 12 公里，到那个村子去看望它的小狗，然后它又走回来。这或许也是"鸡犬之声相闻、老死不相往来"的一类景象吧。

中国古人幻想的美好生活，大概就是安安静静地过一辈子，酸甜苦辣尝遍，只要没有过不去的坎儿，就算是安安身身过一辈子。今天想求这样的生活也不容易，昨儿逃离大都市进了终南山，明儿回来，就没地方住了。

通译

分封邦国要小，邦国的人口要少。

要让邦国没有必要征兵作业，让老百姓用不着为了求生而到处迁徙。邦国虽然有船有车，没有运兵的需求；虽然有披甲戴盔的军队，也没有地方可用。

要让管理层也重新回到淳朴的生活，以自己的食物为好，以自己的服饰为美，安住于自己的居所，乐于自己的习俗。邻邦之间相望，鸡犬之声互相都能听到，老百姓从生下来一直到去世，都不需要经历战乱。

小结

扁平化管理和地区自治更为有效。在一个中央的基础上，把底下分得更细，而且扁平化，不要一层一层地往下走。按照老子的说法，最好就是两层，基层直接采用乡规民约，这样没有中间层上下其手，效率最高。

区域发展平衡了，人民就会留恋故土。社会风气淳朴了，人民就能够享有幸福、完整的人生。

第八十一章　好生之德

信言不美，美言不信。

善者不辩，辩者不善。知者不博，博者不知。

圣人不积，既以为人，己愈有；既以与人，己愈多。

天之道，利而不害；圣人之道，为而不争。

这一章是对整个天道与圣人之道的总结。

圣人之道是向天道学习而来。天之道，在于生养万物、利益一切众生；圣人之道，是在人类社会践行好生之德，而不争表面利益与一时长短。

社会治理之道，永远服务于社会生态。决策层前置社会整体的利益，而把自己的利益后置，以社会整体的发展来证明决策层的价值。

信言不美，美言不信。

前文说过，羊大为美，羊的头角特别大，叫做美，后来引申为夸大其词。如果说请谁在在领导面前美言几句，其实就是说带有诱导性的话。"信言"直面实际情况，直指人心，而实际情况总是复杂的，或者是有瑕疵的，常常不符合人们的心意，因此说不美。

大家都喜欢听美言，且容易以己度人。越是没价值的，越让人愿意相信。在公园里跑步，都能看到有妈妈对两岁的孩子大喊"你真棒！你能做到的"！又据说每天对着镜子大喊"我好崇拜你"，能增加自信。文学作品常常嘲笑皇帝的新装，但实际上位者对各种美言的免疫力要大大高过普通百姓，遗憾地是他们每天面对的各种烟幕言语实在太多了。因此他们更需要修为自己的淡泊，少私寡欲。

这一句，其实是劝导领导者要勇于面对实情、听取实话。

善者不辩，辩者不善。

"辩"，混淆名类，混淆概念。例如，指鹿为马，叫做"辩"。善于做事的人，他不会故意去混淆概念。好辩是个大麻烦，唐以后的修真家、佛学者不知不觉地都陷入了辩当中，把佛家、道家的概念掺和在一起，连入定与入静都混为一谈。

经济学家好辩，制造各种新概念，是为了自圆其说；决策层好辩，一般是为了社会教化和舆论引导。所谓"善者不辩"，善于治理社会的，一切落在实处，不需要各种夸大的舆情。

现代社会，各国都讲究管控舆情，然而在对待舆情的根本思路上，尚存在争论。按《道德经》的看法，最好不要依赖于舆情引导，舆情的力量一旦发动起来，就难以预测其真正走向和效果。比如社会上一度炒作华为手机干掉苹果、三星，舆情变异很快，以至于任正非很恼火，在内部讲话时要求对这一类言论实行罚款。又如马云的996热点，本来说的是一种个人意见，经过舆情的渲染，就变成了为富不仁的典型。这些舆情，对社会生态的健康并无半点益处。

从实际情况看，真正做事业的人，会正确对待宣传，但绝不会依靠各种"辩"来抬升自己。所以说"辩者不善",总依靠舆论、总依靠忽悠人心来办事的,说明治理上存在问题。如果治理思路通达,事情无形之间办好了,就没有必要造出各种舆论。

知者不博,博者不知。

"知者不博",有些人总是幻想依靠着全面信息来进行决策,实际上信息在采样的那一刻,就带有价值观和选择性。这世界上根本就不存在全面而客观的信息,所以真正的明白人,他重视信息而不依赖信息、不依赖预测,他注重的是决策思路。

"博者不知",什么都知道的人,好像掌握了全盘信息,其实他不知道怎么决策。经验主义的决策思路,但凡遇到形势变动,就会落于被动、左右为难。这是纸上谈兵的必然结果。

圣人不积,既以为人,己愈有;既以与人,己愈多。

老子重申圣人为整个社会服务的理念。圣人工作的目标,从来不是为了给自己积攒什么,他总是不断地想办法把资源在全社会做融通,这是真正为大家着想。他越是这么做,社会就越健康,他自己也越是安全,地位也越是稳固。"有",是安然存在的意思。

圣人在社会制度、社会变革上的关怀越多,他给大家带来的利益也就越多,他自己所拥有也就越多。圣人拥有的,可远远不是财富那么简单,那是财富背后的底层代码——全社会的信任。

作为个人来说,想明白了,也应该尽量朝这个方向做。就算拥有无尽的财富,如果不能提升自身修为、推进社会发展,也不过是一串数字而已。

天之道，利而不害；圣人之道，为而不争。

"天之道"，在于托举新生事物，不断地有利于所有众生。它不去刻意害谁；有些人毁灭了，那是他们自己与整个社会发展潮流对抗，把自己的小利益凌驾于社会之上，自己撞上了恢恢天网。天道并不刻意惩罚谁。

"圣人之道"，不断地去做推动无为的事情，维护社会运转的枢纽，不断完善和变革制度，推动社会生态的平衡发展。做这样的领导者，是不需要与谁争利的。他不与社会争利，不争名头，不争对错，不争功劳，实际上也就不会离开决策的本位。

通译

直指人心的话没那么好听，好听的话没有真实的价值。善于做事的人不依赖名辩，依赖名辩的，说明他不善于做事。明白人决策，不必依赖信息的精确；觉得自己全面洞察的人，其实不懂怎么决策，因为他找不着路。

圣人不为自己多储备什么，他总是为全社会着想，所以他自己就越来越安全，他总是给予别人，他自己的真实财富也就越来越多。

天之道，总是利益一切众生；圣人之道，总是推动社会的无为，安守本位，与世无争。

小结

知识是不能引导方向的，甚至所知所见也不能引导方向。一个优秀的决策者，透过对社会与自然的观察，可以领会天道。他对于自然法则永远抱有敬畏，在决策中永远留有余地。

生命是个过程，个体与周围资源交换的顺畅程度，决定生存的安全程度。组织本身就是一种资源与信息的集合体，必须与社会共生，才能可持续发展、变革创新。

天道好生，永远支持一切生命。谁要是能够辅天道而为，潜移默化地去做事，那真是无量福生，这种福分是没有办法表达的，它是一种内心的满足，安然而快乐。

第八十一章是整部《道德经》的总结。大的原则，还是回到虚静容受、辅天道而为，让生命朝向未来开放、生生不息。

后记

　　道家思想与古希腊思想，并称人类古代两大思想体系，这不是虚言。道家在最初就摆脱了造物神范畴的窠臼，建构起以自组织、自演化为基本特点的完整世界观，这为理性、开放的思维方式找到了基石，也使可持续的社会治理活动成为可能。道家思想，实际上是整个东方文明的思想根源。

　　承认世间万物运作的背后，有一种周遍无极的源动力，是道家思想的基本前提。很多时候，这种重视外部动力的思想被研究者们忽略了。这大概是因为，近百年来西方关于物质守恒、能量守恒的观念被大众广为接受。我们需要提出来，守恒观念本质上是一个假设，它只是人类思考和探索世界的一个前提设定。守恒观念的特点，是试图建构某种资源只在内部循环，因而无需与外部进行新陈代谢的最大边界系统，因此不管这个系统有多大，从哲学上讲都是一个封闭系统的想象。守恒观念设定了发展的天花板，因而在行动上总是习惯性地导向零和博弈，显现出某种冷血的倾向。

　　在道家的观念中，有形世界永远有源动力在

输入着。生命之所以能生存，是因为不断地从地球生态中摄取能量；地球生态之所以能维持，是因为太阳不断地能量输入；宇宙之所以能够存在，是因为这个大泡泡是飘浮在无尽的混沌之中，可以不断从混沌中汲取能量。因此道家最重视的是开放性，万物与人都需要向着外部世界开放，获取来自外部的能量，才能顺利地新陈代谢，维系自身系统的一段稳定过程——这就是生的本质。既然混沌是无边的，那么宇宙这个大泡泡的生长也充满着不可估量的可能性。这种开放的观念，在行动上导向共赢的生态博弈，天然地带着生命的温暖。

基于开放性的世界观，中国传统文化的某些常见观念也需要厘清。例如，重视反躬自省，万事"反求诸己"的观念，如果正本清源的话，不如说是虚己待物更为妥当。反求诸己是需要方向的，只有提升了与外部世界运作相匹配的素质才会有效，否则就会变成孤芳自赏的道德强迫症。

道家指出，所谓修德，主要就是去除成心，去体会自然的造化。就个人来讲，身心虚静了，身体的机能会渐趋正常；就社会而言，决策上无为一些，社会的自组织会更有活力。活力来自于有机体的自组织，而不是来自于主观意志；社会是决策服务的母体，而不是任人玩弄的对象，这是道家修身治世的思想前提。

本书的底稿，来自于 2017 年在北京金融街开设的《道德经》系列讲座录音整理。这个系列讲座从 2011 年在各种场合开设以来，已经完整地进行了七轮，每轮 16 讲，有时甚至根据情况延至 20 讲，每轮前后需要大半年时间。2018 年初，讲座的录音剪辑经"一路听天下"的努力，在喜马拉雅、三联中读、华为音乐、蜻蜓 FM、凤凰 FM、爱音斯坦 FM 等全国大多数音频平台同步上线。课程原名"《道德经》与修身养性"，上线后，改为"黄明哲正解《道德经》"，取正心正意解读、不事戏说趣谈之意。在写作过程中，又用大半年重新对所有内容进行核对和修改，因此现在展现在读者面前的，是八年来研究与讲课的心血与成果。

从道家的思路来观察，当下正是一个人类社会变迁的重大时期，过去两千年的所有历史变革加总起来，可能也不会像未来二十年的变革那样，深刻地改变人类文明的面貌，影响每一个国家、每一个人的命运。回顾八年来讲座的过程，我们确实看到了盛世宏图与世界变局碰撞、技术产业革命与个体人生轨迹交织，在这个时候，能够一起回溯文明的源头、汲取祖先智慧，以道眼观世，见证历史，真是无比幸运。

人类社会的发展波澜壮阔，潮流滚滚，有方向而无定数。具体如何演变，还要看人类自身能否超越弱肉强食、零和博弈的死脑筋，发展出更为开放的思维方式，更有弹性的博弈方式。无论如何，我们都应该打开心胸，开放地面向未来，主动创造自己的命运。

再一次感谢八年来所有参与现场讲座的朋友，感谢所有订阅线上课程的朋友，感谢各大音频平台、一路听天下、中华书局的支持！最后，我要感谢人生这八年的丰盛机缘！

欢迎读者诸君批评指正！愿与读者诸君一起道眼观世、决策未来！

黄明哲

二〇一九年八月于北京